U0024357

話中有劃
——美中戰略經濟對話

翁知銘　著

致謝辭

　　回想研究所的生涯，就像幻燈片一樣一張張在眼前掃過。只記得當初懷著一顆忐忑的心進入淡江。憑著一股腦的熱情踏入了有點陌生又新鮮的國際事務與戰略研究領域。回想是有點魯莽，但就有如大家常掛在嘴邊的那一句話，唸戰略的，熱血嘛！

　　研究所的路上要感謝的人很多，且容我一一感謝。首先感謝一路上教育我的師長。林中斌老師、王高成老師、魏萼老師、翁明賢老師、黃介正老師、施正權老師、李大中老師、沈明室老師、張京育老師、林郁方老師、許智偉老師、蔡政文老師。在您們身上我學到對學術的堅持和價值，這也是我最寶貴的資產。謝謝沈明室老師和李大中老師抽空參與我的論文口試，給了論文許多寶貴的意見和修正的方向。在此更特別要感謝論文指導我的林中斌老師。在淡江這兩年半，您給予我的不只是學術上的養分，待人處世以及自身人文素養的滋潤更是讓我成長。無論是在課業上、待人處事上、唸書方法上，我都學到了很多，在老師身上，我看到了對於學術的堅持和學者的風骨，老師說過，世界上有一種付出了全力和所有的成本，卻得不到回饋的生意，那個東西就是教育，聽到了，我很感動。您讓我對自己有更高的期待，我不知道我能夠跑得多快，跳得多高，但我知道，我已經跟以前的我有了很大的轉變和不同，再次謝謝老師的指導，我會更努力不會讓老師失望，畢竟我的手還不夠髒，從老師身上挖的還不夠多。對您的感謝我僅能以這些文字回應，真的謝謝您，辛苦了老師！

其此要感謝的是我的家人。無時無刻總是在我的身邊給我最好的支持。也讓我能夠不畏懼任何事情勇於挑戰。因為當我遇到挫折，我永遠知道身後會有一股默默支持的力量。也許在你們心中會覺得我的表現能讓你們感到欣慰，但我更為有你們的全心全力不求回報的付出而感到幸福。

最後，要謝謝在我身邊的每一位好朋友。謝謝對我鼓勵提攜的學長姐。翊達、柏彥、穎佑、正峯、嘉徹、琬婷、柏翔、桂斌、豪鍵。謝謝你們的鼓勵提攜，因為你們，目標的方向變的清楚多了。謝謝班上大家的相互扶持。俊毅、友銘、盧暉、子龍、麗心、政峰、育宏、聖翔、幸枝、詠揚、紹輝、育寬、孟哲、照棠、David。謝謝你們！因為你們路變的平坦多了。謝謝學弟妹們的教學相長。引珊、宜燈、曉雲、芳儀、永翰、肇威、奕祈、崴得、光宇、Ilkay、Sam。謝謝你們！因為你們，成長變得不是壓力，而是種渴望。另外，要特別感謝助教子鈴，如果沒有你的細心提醒，糊塗的我不知道何時才能順利畢業，你真的是我的心中的「影子班代」，謝謝你！謝謝一路陪伴我的好友們，雖然沒辦法跟以前一樣常常在一起。但每當想起你們的陪伴，心情就會變的開朗，人生變的有趣，這些無形的幫助也是我能繼續努力的力量。

有人說，研究生要能夠忍受孤獨。但對我來說，也許在研究上要能忍受孤獨才能夠有所獲得。但若沒有身邊支持你的力量，偉大的發現都只能是冷冰冰的文字，而無法轉化成令人感動的力量。

回首過去，放眼未來。研究生生涯成為我生命的一個重要轉折點。我花費了時間與精神去面對它。也得到了人生中能夠承擔許多挫折的勇氣、毅力與決心。這絕非我個人自己能單獨完成的，而是我身邊的人、事、物所教導我的。感謝讓我經歷了這一切，感謝老天爺能夠讓我年紀輕輕就能體認到天下沒有白走的路這個道理。我沒有時間等待，因為下一段旅程已經在我面前展開。祝福身邊每個人都能開創屬於自己的未來。一起加油吧，朋友！

推薦序

二〇〇九年美國新任國務卿希拉蕊柯林頓訪問北京前宣布，華府與北京將擴大官方談會範圍。原來之「戰略經濟對話」將提升為「戰略對話」。其內容包括安全、外交、經濟、環保等多項領域。

巧的是，在二〇〇八年十一月，翁知銘先生在碩士論文答辯時已經預言此一重要歷史之里程碑。他之所以可以洞燭機先是因為碩士論文資料豐富，架構完整，觀察深入之故。

北京與華府之間的關係一直是眾所注目的焦點。在國際政治中，北京身為一個新興的亞太區域強權，對於和平安全與穩定議題上有一定的影響力，使得雙邊關係特別引人注意。在華府的政策下，不斷擴張與加深與北京間的經濟、政治、軍事的往來。尤其是經濟議題上，更是雙邊互動最頻繁的一環。

本書主要在探討美中戰略經濟對話（U.S.-China Strategic Economic Dialogues）之後的中美關係轉變，並與過去做出比較，最後結論試圖為台灣在北京和華府對話機制建立後的未來發展上提出見解。

第一章的美中雙邊展開對話的背景部份。從探討中國加入 WTO 之後的轉變和影響開始，並探討華府對於北京實力提升而做出的反應。並討論北京對於華府一連串措施的作法所做出的反應作為。進而歸納出戰略經濟對話機制的蘊釀。

第二章是談及美中戰略對話機制的發展過程。首先對已完成的戰略經濟對話作出具體的描述，進而探討對話之後實際所達成之成果。將成果歸納為航權、金融、環境等議題加以論述。之後將對話並未完成的議題提及，最後將將成果和未完成議題的背後浮現的趨勢做出論述。

第三章探討美中戰略經濟對話後的實際效應。切入面向分別從政治、經濟、社會、文化方面點出對話後的轉變。並將每個面向分為雙邊都產生的效應、對中國的效應、對美國的效應加以解釋。

第四章探討美中戰略經濟對話後的各方評估。首先先提出非官方在對話展開前和過程中的預期和對話後的反應，做出整理和歸納。接著探討北京和華府雙方在對話後仍有的認同和歧見。最後討論北京與華府在對對話的實際想法。

第五章探討美中戰略經濟對話後的前景預估。先探討戰略經濟對話中的助力，在對話過程中扮演什麼樣的角色。接下來探討阻力，在對話過程中對整體對話產生了如何的改變。最後並探討在對話過程中雙方發生有毒玩具的事件以及此一事件對於戰略經濟對話產生了何種的效應。

最後，第六章是研究發現。首先，將戰略經濟對話過程中與之後筆者個人的發現加以整理，並整理成八大項加以探討。其次，探討北京與華府展開戰略經濟對話後對台灣的影響，並嘗試對台灣提出自身的建議。最後，對美中戰略經濟對話之後的研究方向做出本身的預期和歸納。

美中戰略經濟對話是為加強兩國在經濟領域的對話與合作而形成的一種機制。因經貿關係一直是雙邊關係中最穩定的部份。隨著雙邊經貿關係往來的不斷擴大。雙邊社會的跨國利益不斷增加。透過戰略經濟對話就是北京與華府的最新做法。

　　本書主要探討北京加入世界貿易組織到第五次美中戰略經濟對話至今。美中關係的重要變化和主要問題。探討的不只是雙邊的經貿關係，而是透過經貿展開對話後所建立的全方位關係。

淡江大學國際事務與戰略所教授
前陸委會副主委、國防部副部長

林中斌　博士

推薦序

　　翁知銘先生的這本佳作，旨在分析後冷戰時期北京與華府針對經貿議題，所進行的戰略層次磋商，它除了介紹美國與中共對話之背景、過程和效應外，更討論雙方對於這一對話有不同的認知以及未來走向。這些特點增添了本書的價值。

　　翁先生不僅勤於蒐集資料，論點也公正客觀，筆調則生動流暢，無論是此一領域的初學者或涉獵中美問題已久的專家，都會發現本書的可讀性很高！

　　翁知銘先生不僅思慮清晰，對問題也有許多獨到的見解，是一位優秀的年輕學者，這也是我樂於推薦本書的原因

立法委員　林郁方

目　次

第一章　背景

　　戰略經濟對話的背景源自於中國與美國之間經濟貿易的相互依賴，依賴提升後所帶來的影響，是雙邊變的更加緊密。當緊密連結後便容易遇到難以單方面解決的問題。這些問題產生便會某種程度的對緊密的關係產生摩擦，摩擦會使的整體的利益產生下降，當下降到一定程度，影響力變大的時候就會造成對立。經貿的對立也許不至於動武，但若政治上的利益很大部分來自於經濟利益的推促，這股從下而上的推助力會促使雙邊政治的領導階層必須思考如何避免讓經貿利益打擊好不容易爭取而來的政治利益。這樣的原因也促使雙邊展開戰略經濟對話。

第一節　中國加入 WTO 的影響

　　加入 WTO 將給中國帶來重要的影響，是一場對世界經濟的革命。因為所造成的影響不僅是多方面的，同時也是長期的。WTO 的主要角色是確保貿易能根據國際法規來執行，而中國正是經由加入WTO，引進國際規範體系以取代過去不清楚、不透明的政策，借外力協助內部改革。一九七八年，中國經濟占不到世界的 7%，大約是一個半世紀前中國的四分之一。鄧小平一九九七年過世時，中國吸引國外直接投資金額高達四百億美元，僅次於美國所吸收的外資[1]。

---

[1] Supachai Panitchpakdi and Mark L. Clifford，《中國入世——你不知道的風險與

首先，中國的經濟體系將進一步融入國際經濟體系。從一九七八年之後，中國經濟已經有著很高程度的開放和對外連結[2]。加入WTO以後中國經濟更會進一步增加對外部的聯繫。然而，最大的影響是中國將被納入世貿組織規則體系中。如果說在此之前的中國的改革開放是一種自我調整和改變的過程，那麼，此後，中國將要按照國際規則對自己的體制和法規進行調整和改革。這將使中國的改革開放進入一個新的階段，也可以說是第二個階段。不僅包括宏觀體制，也包括微觀體制，甚至也包括人們的行為規範。當然，中國既要承擔必要的義務和責任，同時也會享受應得的權利，不再受到歧視性待遇。其結果是，中國將獲得有一個更為寬鬆的發展國際空間[3]。

表面上看，加入WTO已經把中國經濟帶入了一個新階段。實際上，無論是跨國集團或中國國內企業，到目前為止都無法確定加入WTO後會為自己帶來什麼樣的影響。但是，加入WTO對中國來說，是發展自身的好機會，但也伴隨新的不確定因素的挑戰。就總體而言，對中國來說機會大於挑戰，利大於弊。對世界亦是如此。因此，當中國面對挑戰，協助中國化挑戰為機會，實現經濟與社會發展的平衡點。是符合美國當前在世界的整體利益。

加入WTO以後，資金、技術、資訊、人員進出中國變得越來越便利。這不僅擴大外國商業甚至文化進入中國的機會，而且也會

危機》，台北：天下雜誌出版社，2002年，P.26。
[2] 中國的對外貿易依存度高達30%以上，吸收了3000多億美元的外來直接投資（FDI）。見附件三。
[3] 據估計，由於出口增加和外資流入增加，加入WTO後，每年可使中國提高GDP 0.5-2%。張蘊嶺、金熙德，〈加入WTO後的中國經濟及中日關係〉，《中華人民共和國國家統計局》，2006年1月9日，http://www.cass.net.cn/file/200304166159.html

有利於中國商業和文化走向全球化。加入 WTO 後，中國更成為一個重要的對外投資大國，會有大批中國的企業從事國際化經營。從過去改革開放後中國經濟發展來看，中國的企業競爭力是在開放競爭中提高。因此，加入 WTO 會加速國有企業的改革，推進中國非公有制企業能力的提高。競爭提高效益，在競爭中發展壯大，才符合中國本身的發展方向[4]。

　　其次，是加入 WTO 對中國國內產業競爭所造成衝擊。儘管中國經濟的總體實力顯著提高，但是，中國的大部分產業較比先進國家還是落後。包括國有企業和剛剛發展起來的中小企業。尤其是必須開放的那些國有壟斷部門的產業。中國內部落後的產業和企業將隨加入 WTO 而被暴露在激烈的國際競爭之中。受到挑戰最大的可能會是化工、汽車、電訊、農業和金融。中國的大多數化工業企業技術水準屬於中等或比較落後，缺乏較強的競爭力[5]。汽車行業的情況有所不同。目前，中國的汽車行業雖然是靠引進外資發展的，但是長期的高關稅保護和不合理的國內費稅，使得中國內部汽車的價格居高不下，缺乏競爭力[6]。消費者歡迎這種開

---

[4] 從 2001 年 12 月 11 日，中國正式成為世貿組織第 143 位元成員。中國國務院宣佈，將從 2004 年 1 月 1 日起把關稅總水準由原來的 15.3%降至約 12%，2005 年再進一步下降到 10%以下。服務性質領域，包括金融業、零售業、電信業、資產管理業、會計業、旅遊業，也立即按時間表向外資開放。陳麗瑛，〈兩岸加入 WTO，對大陸及台灣經濟、產業影響之衝擊分析〉，《兩岸經濟資訊知識庫》，2002 年 8 月，http://cset.cier.edu.tw/china_a.htm

[5] 如果把關稅降到 5-6%的水準，中國內部為數眾多的企業的產品難以與國外產品進行競爭。估計會有導致大量的失業。林祖嘉，〈中國大陸經濟發展的困境與挑戰〉，《大陸經濟高速成長對東亞各國之衝擊學術研究會論文》，喜瑪拉雅基金會，2001 年 12 月 14 日。

[6] 如果在 6 年內把關稅由目前的 80-100%降到 25%（元件降到 10%），中國內部汽車將會面臨巨大的競爭壓力。〈外資企業覬覦中國汽車零部件市場〉，《中

放，因為公眾會買到更加便宜的汽車。但仍會有部份產業受到影響，這樣的現況也令人擔心[7]。然而，不斷增大的貧富差距，產生的社會問題，對中國來說，美國是很好的學習教材，從其中學習經驗。

至於金融系統，開放的衝擊似乎比較嚴重。由於中國的國有銀行因承擔政策負擔擁有大量不良資產，加上經營方式落後，與外資銀行進行競爭將會非常困難。北京政府已經在採取措施，減輕銀行的不良資產負擔[8]。但是，衝擊將會是很大的。從短期看，加入 WTO 會使中國經濟受到國際經濟規則和國外先進企業的猛烈衝擊。但從發展的角度來看，中國內部體制改革與結構調整的步伐必將加快。加速落後產業和企業的倒閉、併購和重整過程。從中長期看，如果中國化挑戰為機遇，成功改革，使加入 WTO 將促使中國實現國內經濟體系和企業運營模式的一次重大轉型，使整個中國經濟朝成熟的市場經濟運行。

國機電企業網》，2007 年 8 月 23 日 http://big5.chinabgao.com/gate/big5/www.chinabgao.com/freereports/19506.html

[7] 目前中國國內的主要的糧食價格高於國際市場，在 4 年內把關稅降至 15-17%，將會使農產品（糧食）缺乏競爭力。〈WTO 將帶來什麼〉，《甌海區經貿區》，2005 年 12 月 6 日，http://www.ouhai.gov.cn/site/qufu/article.jsp?articleId=2353

[8] 在 1999 年這一年，由財政部全額撥款組建了 4 家專業化經營國有銀行不良資產的公司，即金融資產管理公司，它們分別是信達、東方、長城、華融。這四家金融資產管理公司運用出售、置換、資產重組、債券轉股權、資產證券化等手段，分別負責處理建行、中行、農行、工行的不良資產。〈2007 全國金融會議〉，《中國金融網》，2007 年 11 月，http://www.zgjrw.com/zhuanti/zt/2007119617/

一、風險與影響

即使到了今天，任何關於加入 WTO 給中國帶來的衝擊和影響的討論，仍然停留在預測性的階段。二〇〇三年，全球 30% 的玩具來自中國。二〇〇八年激增為 75%。中國不僅以玩具橫掃全球市場，鞋子、汽車零件、電腦等數千種產品也都來自於中國。源源不斷的廉價勞力吸引了西方跨國企業前來，逐漸成為許多產業的製造工廠。過去十年來，中國已成為世界最大的鞋業製造國，平均每三雙鞋就有一雙來自中國；二〇〇一年，中國出口零件總值達十三億美元，到了二〇〇五年時已成長達六十億美元的規模。一九九六年中國出口了兩百億美元的電腦、手機、CD 音響等消費性電子商品，二〇〇四年同類產品出口值衝到一千八百億美元的規模。中國以驚人的速度在改變，平均一天的出口金額就超越一九七八年整年的出口額。經濟開放讓中國享有全球影響力，改變中國勞工的生活，也改變了全世界[9]。

一九七八年的某個冬夜，小崗生產隊祕密集會，十八個農民按下手印，違背人民公社規定與毛澤東共產主義的核心理念，偷偷立下契約，實施「分田到戶、包產到戶」的責任制生產，在深紅紙印與密守誓約見證下，以革命性實驗將村內土地分開承包，每戶農家分配到一小塊地與責任生產額，到了收割季節，各戶穀物總產量達六萬九千四百公斤，幾乎是一年前一萬八千公斤收成的四倍。

如今中國政府把小崗村是為中國農村改革的發源地，從計劃經濟到現代市場經濟的濫觴。但是看待中國政府鼓吹的故事，我們多

---

[9] 1978 年中國出口額為九億七千萬美元，二〇〇三年出口總額增至四，三八〇億美元，拜外資廣設工廠之賜，中國改變了國際貿易形態，也改變各產業。方正輝，《中國改革與開放的故事》，2004 年，深圳：中國的故事出版社，P.23。

少得帶著份保留[10]。中國經濟看似一飛沖天，但是這段興起的過程並非一路平順。重新開放經濟初期時，許多企業一度懷著把商品銷售給十億人口的美夢，後來卻成為惡夢。一九九〇年代初，外資企業開始向中國市場探路[11]，一九九〇年代中期全面衝刺。在這段真正起飛期，美國和歐洲執行常夢想贏得十億名新消費者，但是不少過來人卻是傷痕累累。

　　首先是農業。在同一時候，由於海外產品和技術的進入將讓中國更快地接觸到最新技術，因此中國要在這個領域趕上發達國家也就較容易。而農業的命運則相反。由於加入 WTO 後基本農產品如小麥、棉花實行的進口配額沒有取消，只是適度增加。因此農業在短期內即使面對衝擊，也不難承受。不過，當配額進一步大幅增加，目前已存在的農民失業或就業不足問題極可能顯著惡化。

　　其次是失業問題。加入 WTO 將給中國帶來難以負荷的失業問題，從數據來看確是如此[12]，這種負面影響也應該是短暫的。實際上，無論加不加入 WTO，中國經濟的市場化，已發展到了非改革國有企業不可的階段。大批工人失業的現象也就因此在所難免。加入 WTO 有利於中國發揮貿易的比較優勢。而中國的比較優勢在於擁有

---

[10] 事實上，1975 年四川省曾執行過規模更大、更成功的計畫，比小崗村還早了三年。但這個案例很少被提及，因為計畫主持人是改革派的趙紫陽，至今中國對他的地位仍有爭議。一九七五年，趙紫陽擔任四川省委第一書記，1980 年他擔任國務院總理，並在十一屆三中全會被選為中共總書記，但後來因為反對戒嚴、軍事鎮壓六四而遭罷黜，並被軟禁至死，2005 年 1 月病逝於北京。

[11] 香港、新加坡、台灣等華裔所屬公司，率先到大陸設廠。隨後報到的有美國、歐洲、日本和韓國跨國公司。許多港商與台商的工廠，現在成了較大外國公司的供應商。

[12] 田君美，〈中國加入 WTO 後的失業問題〉，《大紀元》，，2002 年 11 月，http://news.epochtimes.com.tw/061/1901.htm

大量廉價勞動力。因此長遠來看，加入 WTO 應該會刺激的是中國
勞動密集型產品的出口，並在降低失業率上升所產生的危機。

可以肯定的是，作為一個幅員遼闊的國家，加入 WTO 對中國
的影響，對不同產業、不同的地區將是很不一樣的。有些領域或地
區，短期受到的衝擊很大，長期卻將受益。

二、解決問題

規格最高的美中經濟主管官員之間的對話，也為中國加入 WTO
過渡期的結束而被賦予重要的象徵意義。華府在人民幣匯率、智慧
財產權保護、貿易不平衡等問題上不斷向北京施壓。加入 WTO 過
渡期結束後的中國可能迎來一個更為複雜和微妙的雙邊經貿關係新
階段。而這階段需要處理的問題最需要的就是一個共同的機制加以
調整雙方的意見與步調。

首先是智慧財產權保護問題。智慧財產權是美國國家競爭優
勢所在，它關係到美國的生存。因此，它會竭盡全力予以保護。中
國是 WTO 的成員，自然會遵守國際規則。在妥善處理智慧財產權
問題上，中美雙方應當處理好三個關係：處理好維護國家利益和承
擔國際義務的關係，在維護國家主權和做負責任的大國之間保持
平衡。

智慧財產權的保護水準與本國的經濟和社會發展水準相適應，
不同的歷史發展階段保護的物件和重點有所不同。不能離開一國的
經濟和社會發展水準而抽象地只談知識產權保護問題。處理好智慧
財產權保護與市場競爭的關係，在促進技術創新與保持市場競爭之
間保持平衡。

其次是市場開放問題。美國希望進一步開放中國的金融、保險等服務業市場。實際上，中國也實現了當初加入 WTO 的承諾，其市場開放的條件逐步的調整至國際標準。然而，美國在市場開放問題上仍中國充滿疑慮。美國在市場開放問題上採取的做法，損害了美國企業的利益，增加了國際資本對美國投資環境的擔憂。美國商會和美國製造業協會等機構不支持國會的貿易保護主義法，是希望中美雙方共同努力，能進一步改善內部對外資的態度[13]。這樣的態度也由原本的遊說進階變成雙邊的對話。

最後是人民幣匯率問題。匯率干涉到一個國家的主權問題。人民幣匯率本身是一個經濟問題，如果把它同經濟問題不相干的政治問題聯繫起來，將使問題變得十分複雜。隨著中國經濟改革開放進程的加快，人民幣國際化速度也會進一步加快。與美國兩百多年的近趨成熟金融市場經濟管理相比，中國還面臨國內銀行系統能力差、國有企業大量呆賬等問題[14]。此外，中國還面臨國內消費不足、貧富差距大和人口失業等一系列經濟和社會問題，這些都決定了人民幣不能過快升值，否則會嚴重影響中國經濟發展，同時也不利於美國經濟的發展。

三、對話機制如何開始

在談戰略經濟對話之前，必須先談談戰略對話。美中戰略對話（美稱之為高層對話），最初由中國國家主席胡錦濤二〇〇四年在

---

[13] "Prepared Remarks by Treasury Secretary Henry M. Paulson, Jr. on the Growth and Future of China's Financial Markets", March 7, 2007, http://www.ustreas. gov/press/releases/hp301.htm.

[14] Supachai Panitchpakdi and Mark L. Clifford，《中國入世──你不知道的風險與危機》，天下雜誌出版社：台北，2002 年，P.167。

智利與美國總統小布希會晤時最先提議的[15]。這個由中美最高領導人共同推動落實的對話機制有幾個特點：一是對話超越兩國日常具體或細節問題，更多著眼事關兩國及全球的戰略性問題；二是通過對話更好地了解彼此利益，逐步形成兩國關係的戰略與理論框架；三是在看待兩國關係時，雙方都需要更多地考慮到各自的國內事務。對中美雙方來說，中美進一步增進了解，擴大共識，加深互信。

在雙邊建立戰略對話後，接下來才是美中戰略經濟對話。對話機制也是根據兩國領導人達成的重要共識，由美方提出，中方同意，再經雙方磋商後於二○○六年九月二十日正式啟動。二○○六年八月二十一日，中國國家主席胡錦濤與美國總統布希通過電話後確定。布希表示，美方希望兩國加強在經濟領域的對話與合作，使兩國經貿關係繼續保持強勁發展[16]。胡錦濤說，隨著中美經濟聯繫日益密切，加強雙方在經濟領域的對話，有利於兩國經貿合作和中美建設性合作關係的發展，對世界經濟增長和全球穩定安全也會產生影響。北京願同華府繼續就此保持聯繫。

二○○五年九月，美國副國務卿佐利克出於布希總統的授權和支持下，在紐約發表的演說，稱中國為利益攸關者（stakeholder）以來，都反映了美國基於中國的迅速崛起、影響力的迅速增長，以及一貫奉行的和平外交政策，對中美關係的重要性有了重新認識和定位，特別是中國對美國經濟、美國的國際地位、國家安全以及國際安全的重要性。

---

[15] 2006 陸委會大陸情勢分析，http://www.mac.gov.tw/，P.51。

[16] "President's Statement on Creation of the U.S.-China Strategic Economic Dialogue", September 20, 2006, http://www.whitehouse.gov/news/releases/2006/09/20060920.html.

　　佐利克在講話中表示，中國早已成為國際社會的一名重要成員，中國從現行國際體制中獲得許多好處，美中兩國現在都是「利益相關者」，中國現有義務和責任與美國合作，聯手完善現行國際秩序，使之符合中美和世界各國的利益[17]。

　　為落實兩國元首達成的重要共識，二〇〇六年九月十九日至二十二日，美國財政部長鮑爾森就建立美中戰略經濟對話事宜訪問中國。吳儀副總理與他舉行了會談，並共同宣佈建立對話機制。九月二十日，雙方發表《中美關於啟動兩國戰略經濟對話機制的共同聲明》[18]。根據共同聲明，美中戰略經濟對話將主要討論兩國共同感興趣和關切的雙邊和全球戰略性經濟問題。對話每年兩次，輪流在兩國首都舉行[19]。

　　透過美中經濟戰略對話，美國希望建立與北京高層在經濟、能源、環保以及其他廣泛領域的對話。同時，北京也希望在戰略經濟對話的基礎上，本著互利的精神，加強反恐、防擴散、防務、能源、航太、科技、教育、文化、衛生、青年等廣泛領域的交流合作，避免雙方產生誤解甚至引發更大的危機[20]。作為歷史上規格最高的美中經濟主管官員的交流活動，對話引起各方矚目。

---

[17] " Whither China: From Membership to Responsibility? ", September 21, 2005, http://www.state.gov/s/d/former/zoellick/rem/53682.htm.

[18] "The Joint Statement between the United States of America and The People Republic of China on the Inauguration of the U.S.-China Strategic Economic Dialogue", , September 20, 2006, http://www.ustreas.gov/press/releases/hp105.htm.

[19] 王龍琴，〈背景資料：中美戰略經濟對話機制〉，《新華網》，2007 年 5 月 23 日，http://news.xinhuanet.com/world /2007-05/23/content_6137582.htm

[20] 中美在能源和環保等領域的合作存在廣泛的空間。按照傳統的觀點，面臨全球能源供給短缺的挑戰，未來中美在能源問題上（尤其是在石油問題上）不可避免地發生矛盾和衝突。例如，在共同開發能源新技術（可再生能源、生

四、對話機制的新意

　　布希當選第一任總統時，白宮把柯林頓時代的中美「戰略合作夥伴關係」降為「戰略競爭對手」[21]，布希任第二任總統期間，將中美關係修訂為「建設性合作關係」，將中國定位為「負責任的利益相關者」和「全球經濟領袖」及「經濟戰略對話機制」的夥伴[22]。

　　華府不斷調整對北京的經濟政策，是由於中國在全球經濟中的地位和作用不斷提高的結果[23]。在經濟全球化進程加快的過程中，中美兩國成為推動世界經濟發展的兩個動力。在這種新的條件下，任何忽視中國經濟的做法，不僅對中美兩國經濟關係的正常發展，而且對全球經濟的健康發展，都將產生負面影響。

　　美中經濟戰略對話機制的啟動，反映華府對北京政策的歷史性轉變。戰略經濟對話的著眼在未來。世界銀行和國際貨幣基金組織根據購買力平價測算的全球 GDP 中，二〇〇四年美國佔全球20.9%，中國為 13.2%；到了二〇〇六年，美國佔全球降至 19.7%，中國則升至 15.1%。短短的兩年內，雙方差距縮小了 3.1%。雖然按照購買力平價折算的 GDP 不是現實的國力，但是它反映了未來的發

物能、核能、氫能、國際熱核子試驗反應堆），提高（石油、煤炭、電力、交通）能效、採用煤的清潔利用技術，加強能源資訊交流，完善能源搜集和統計體系等方面。

[21]　童振源，〈評柯林頓中國政策演說及中美關係〉，《世界日報》，1998 年 6 月 18 日，第 10 版。

[22]　"President Bush and President Hu of People's Republic of China Participate in Arrival Ceremony"，　April 20, 2006, http://www.whitehouse.gov/news/releases/2006/04/20060420.html.

[23]　自 80 年代實行改革開放政策以來，中國在世界經濟中所占的比例成長了兩倍，中國對全球經濟增長的比率超過 13%。1998 到 2008 十年間，中美兩國的雙邊貿易增長了 5 倍。

展實力。在美國眼中，中國具有極大的發展潛力。因此，要從中美長期戰略合作的高度來認識中美經貿關係[24]。雙方應從維護兩國國家利益的高度來加強兩國間的經貿合作，避免各種形式的貿易保護主義加深對立，透過對話解決經貿合作中的各種問題，這也是北京與華府之間合作關係不斷向前發展的主要原因。

過去雖有類似美中經濟戰略對話的機制，但未引起矚目[25]。美中戰略經濟對話機制與以往其他經濟協商機制相比，其新意在於，該對話機制是兩國元首共同發起的對話機制，也是歷史上規格最高的中美經濟官員的交流活動。參加戰略經濟對話的美國政府代表團級別之高，陣容之龐大，在中美雙邊經濟關係史上前所未有。首次的對話美方代表團就由七位部長級內閣成員組成，占美國部長級內閣成員的三分之一[26]。隨對話進展，參與的官員也越來越多。

對話由過去的事務性高度升級為戰論性高度，從單線解決某一議題改為尋求系統整合的辦法，不僅著眼細節問題，而且從全球戰略的高度審視二十一世紀全球的經濟，並重新定義中美之間的經濟關係。美中戰略經濟對話機制是世界上最大的發展中國家和最大的發達國家之間在經濟領域建立的戰略性對話。這個對話的內容關係到兩國的共同利益，主要涉及具有全局性、戰略性、長期性的經濟

---

[24] 潘銳，〈中美戰略經濟對話與中美關係〉，《國際觀察》，2007 年第 5 期。

[25] 中美商貿聯委會、經濟聯委會和科技聯委會等現有雙邊磋商機制之後，中美在經貿領域的又一項高級別的重大對話機制。陳增芝，〈布希訪中／江澤民：中美年內舉行經濟、商貿和科技三個聯委會議〉，《今日新聞》，2002 年 2 月 21 日，http://www.ettoday.com/2002/02/21/319-1265836.htm

[26] 綜合報導，〈誰在對話？〉，《財經網》，2007 年 5 月 23 日，http://www.caijing.com.cn/zmdh/2007-05-23/20216.shtml

議題。美中戰略經濟對話機制不僅改變美中雙方，更向全世界各國傳遞了一個重要資訊，美國和中國正在為了建立互利的關係而努力，這個關係包括減少經濟風險和減少政治和安全的風險。

總之，對話比對抗好，美中經濟戰略對話機制的啟動，對雙邊經貿關係的發展及推動世界經濟的可持續性發展，提供了一個平台。對解決雙方經貿爭端帶來的問題讓他避免成為雙邊關係的影響。

第二節　華府對北京實力提升的反應

在九一一事件之後，美國方面，在二○○六年三月十六日美國白宮公布《國家安全戰略報告》。宣示美國對全球局勢的看法以及因應的策略。傳達美國不會走向孤立主義的作法，並強調民主同盟的概念。報告指出，布希總統的國家安全戰略有兩大支柱：一、促進自由、公義、人類尊嚴、終結獨裁、提升有效民主、擴展繁榮；二、經由美國領導輔以有效多國合作，解決傳染病、防制恐怖主義、遏阻大規模毀滅性武器、人口走私、自然災害等問題。在這份報告中，美國點出對中國的不滿主要有三：首先是中國持續以不透明的方式擴張軍事；其次是中國擴展貿易，但有意鎖住（lock up）能源資源，指揮而不是控制市場；最後則是中國支持那些擁有豐富資源但卻在國內或國際有惡行的國家[27]。

---

[27] "The National Security Strategy ofthe United States of America", March 20 2006 http://www.whitehouse.gov/nsc/nss/2006/.

　　在美中之間的互動上，小布希政府的第二任期主要是經貿易議題在主導雙邊關係的發展。一系列的對中貿易制裁法案，一直在美國國會蠢蠢欲動，而其中最受關注的，就是由紐約州民主黨參議員舒默（Charles Schumer）與南卡州共和黨參議員葛拉翰（Lindsey Graham）所推動的法案，該法案主張中國政府應大幅調高人民幣匯率，否則將對中國進口的產品課徵 27.5%的稅率[28]。原本這項法案要在 3 月 31 日進行表決，但在兩位議員於三月底至中國訪問，並與中國官員深談之後，兩位參議員決定暫不推動並延緩表決。美中兩國經貿大戰的危機雖然因此暫時解決，但兩國經貿磨擦的問題，仍有可能在美國內部隨時引爆。從以上的案例就可窺知，華府在對北京的作法上，國會影響力大，北京也會藉由邀請等公關作法改善關係。

　　根據麥肯錫公司二〇〇五年針對中國活耀的美商進行調查，結果顯示，美商企業只占中國採購三成商品，但預計在二〇〇八年比例將提高到五成。外界看著中國的數字不斷成長，經濟沸騰、外銷猛漲、摩天高樓不斷冒出，接下來就是一震驚恐。因為看看貿易赤字；美國光是二〇〇五年對中國貿易逆差，就高達破紀錄的二，〇二〇億美元，這種一面倒的經貿情況再二〇〇六年更形擴大[29]。驚人的貿易逆差，其實很大部份可以追溯到西方企業在中國製造，然後運送回國的商品。中國前二十五大出口商中，只有四間是中國企業。

---

[28] "Sen. Schumer, 34 other lawmakers file petition calling for action agency China's unfair currency manipulation", April 2005,http://www.senate.gov/~schumer/SchumerWebsite/pressroom/press_releases/2005/PR41611.China%20Trade.042005.html.

[29] 從 2006 年 1 月至 10 月，美中貿易赤字攀升 14%，達到 1,910 億美元，相較於 2005 年同期，僅 1,670 億美元。

二〇〇五年外資和中國合資企業共生產了 88%的中國高科技出口品。而影響的因素也將歸納以下三項。

一、維持長遠經濟關係

　　首先，進入二十一世紀以後中國與美國成為世界經濟的兩個重要動力，因此維持廠遠的經濟關係至關重要。美國是最大的發達國家，為世界提供了巨大的市場，向世界提供高科技產品，儘管它自身的問題也很多，但發展還是很快。中國是最大的發展中國家，已經是世界第四大經濟體，第三大貿易國，經濟增長速度在加入 WTO以後更是在 10%左右。每年進出口大量產品，採購大量的原材料，對推動世界經濟起了很大作用。

　　此外，在 APEC 成員中，美國第一，中國第三。中國整體 GDPE更從 1 兆美元，變成了 2.3 兆美元，再過五年將有可能到達 4 兆，接近排在第二位的日本。所以亞太地區經濟的繁榮發展，也要取決於中國與美國間的合作。美國現在是中國的第二大貿易夥伴，和第一貿易夥伴歐盟只相差一點[30]。中美經濟相互依賴，雙方關係從沒像現在這樣密切過。這是改善中美關係的一個最重要因素。

　　過去這幾個世紀以來，最富裕的國家剛好人口都不多，但這只是歷史的偶然。美國是目前為止仍能獨占鰲頭的國家，因此一直是第一主角。不過，唯有在真正的大國陷於貧窮泥沼，無法或不願意採取可以讓自己成長政策的世界哩，美國才能享有這種優勢。現在巨人動起來了，以他們的塊頭來說，理所當然會在地圖上留下巨大的腳印。就算這些國家的平民以西方標準來說仍是貧民，他們的總

---

[30] 見附件四。

財富仍相當龐大。以數學來說，任何一個數字，不管多小，一但乘以十三億（相當於中國的總人口數），就是個大數目。起跑點門檻低和人口眾多這兩大因素，確立全球權力轉移的強度和本質[31]。

中國現在是世界上最大的鑽石市場之一。黛比爾斯每年卻只花約六百萬美元在廣告上，二〇〇五年的鑽石銷售額有十四億美元。在北京，有80%的新郎會給新娘鑽石戒指，只比美國的85%少一點點[32]。這些轉變都是在十多年間發生的。

對北京來說，鄧小平或許毀了毛澤東的名聲，他這麼做是為了保住毛澤東創立的政黨。中國共產黨領導人知道自己必須先完成雙重目標，讓中國現代化，為數十年停滯發展的國家與人民帶來繁榮財富。中國若無法達成8%的經濟年成長率，就會面臨抗議危機，導致共產黨被推翻。為了鞏固權力，共產黨領導人必須創造長期的巨龍經濟，而他們確實辦到了。特別是共產黨領導人重視政治穩定，願意改變黨的核心教義，接受資本主義以達成經濟成長的目標。

隨著中國經貿實力以及軍事力量的快速成長，美中之間的結構性問題正逐漸浮現，而美國也積極規劃長遠的因應作為。由過去美方官員的相關談話跟政策文件可以歸納得之，美國對中政策有四大主張：一、美中關係的本質是「複雜的」（complex），二、美國期待中國扮演一個「負責的利益相關者」（responsible stakeholder），三、推動所謂的「轉型外交」（transformational diplomacy），來促進中國的走向民主；四、對於未來中國的不確定性，美國必須採取「避險策略」（hedging strategy）。

---

[31] Fareed Zakaria，《後美國世界》，麥田出版社：台北，2008 年 10 月，P.44。
[32] Robyn Meredith，《龍與象》，遠流出版社：台北，2007 年 10 月，P.172。

　　事實上，美國必須對於一個強權或者崛起的強權在未來採取敵對途徑（hostile path）的可能性，採取避險的作法。在美國眼中，中國顯然是崛起的強國[33]。

　　對美國來說，會高度重視美中首次戰略經濟對話，其主要原因是出於美國國內經濟和政治的考慮。美國國會和政府之間的權力爭鬥和制衡，是影響美中戰略經濟對話機制的重要因素之一。美國二〇〇五年中期選舉後，民主黨控制了參眾兩院的多數席位。貿易保護主義色彩更濃的國會，將美中首次戰略經濟對話視為向中國施壓的機會。在美國現行的政治制度下，國會議員要對本選區的選民負責，他們的提案多數反映本地區選民的意願。有些涉及中美經濟關係的提案在局部地區來看，可能對保護當地經濟有利，但是從全局和戰略層面看，這些提案可能會損害美國的長期利益，也不利於中美經濟的持續性發展。

　　美國國會部分議員期待美中戰略經濟對話談出他們所滿意的成果。其實，美中經濟戰略對話機制正式啟動本身就是成功，兩國如此多的重量級高官聚集，已經不容易，研討雙邊的經貿問題本身就是一大成果[34]。不可能期待一次對話就解決中美雙方在經濟關係中的所有問題，也不可能期待雙方中的任何一方全面接受對方的所有

---

[33] "Quadrennial Defense Review Report", February 6, 2006, http://www.globalsecurity. org/military/library/policy/dod/qdr-2006-report.pdf.

[34] 吳儀在開幕辭中說，在經濟全球化深入發展的今天，加強中美在經濟領域的戰略對話，著重討論兩國共同關心的「全局性、戰略性、長期性」的宏觀經濟問題，有利於增信釋疑，有利於促進兩國經貿合作和中美建設性合作關係，對世界經濟的發展也必將產生積極影響。熊爭艷、林立平，〈簡訊：首次中美戰略經濟對話在北京舉行〉，《新華網》，2006 年 12 月 14 號，http://big5.xinhuanet.com/gate/big5/news.xinhuanet.com/fortune/2006-12/14/content_5485936.htm

要求。對話中的任何議題只要有利於雙邊人民的根本利益,即使一次沒法談出成果,也可以創造條件逐步來取得共識[35]。

為化解這種貿易主義一觸擊發的形勢,正是在貿易保護主義高漲的氣氛當中,北京也做了許多努力改善中美磨擦的現況[36]。例如當胡錦濤將要出訪之前,吳儀率領來自一百一十家中國公民營公司的超過兩百位企業人士,也在美國十三個州進行高達約一百六十二億美元的採購活動,中國大手筆採購的目的顯然是要來為美國國內的反制中國聲浪,進行降壓的動作,也為美國總統布希和中國國家主席胡錦濤的會談,塑造較為和諧的氣氛[37]。

總之,美國對於中國的政策,在戰略層次上已經愈來愈清楚,就是要去積極因應中國崛起的事實,這樣的政策未必等同於冷戰時期圍堵政策的複製,但所謂「避險」(hedge)策略的說法,已明確展現在美方的官方立場當中。布希政府在二〇〇六的《國家安全戰略》報告中,再度重申其國家安全戰略的首要支柱。即是「追求與支持每一個國家內部的民主運動與制度,以達成在世上消弭暴政的終極目標[38]。該報告指出,中國領導人必須瞭解,他們不能讓其人

---

[35] 鮑爾森在訪中前也表示,不要期待此行可以取得即時的成果,而要以長遠眼光看待美中關係。"Paulson sets out new US strategy on China", Financial Times, 2006.

[36] 綜合報導,〈中國副總理吳儀率團赴美就貿易赤字等交換意見〉《星島環球網》,2006 年 4 月 3 號,http://www.stnn.cc:82/global/world/t20060403_181193.html

[37] 其中包括了電子產品、飛機、汽車零件、農產品及其他物資等等,採購的對象包括知名的美國大公司如波音(80 架飛機訂單)、微軟、摩托羅拉、通用電器、IBM 和美國三大汽車公司等。綜合報導,〈輾轉 13 州 國務院副總理吳儀率團美國行〉,《21 世紀經濟》,2006 年 4 月 7 號,http://news.cnfol.com/060407/101,1277,1781409,00.shtml

[38] "Quadrennial Defense Review Report", , February 6, 2006, http://www.globalsecurity.

民逐漸體驗買賣與生產的自由，卻拒絕他們擁有集會、言論以及宗教的自由。因此，我們的戰略是要尋求鼓勵中國為它的人們採取正確的戰略選擇，但同時我們要對於中國的其它可能採取避險的作法。

　　從符合兩國共同利益的角度，必須從世界經濟全局性、戰略性、長期性、宏觀性的高度來處理中美雙邊問題，而非僅僅從局部性、戰術性、短期性、微觀性層面處理雙邊關係。從北京方面來看，能夠加快經濟改革的步伐，吸取美國市場經濟運作、管理等方面先進經驗。中美兩國從戰略的高度，而非戰術的角度，中美雙方正在透過戰略對話努力貫徹執行 WTO 的基本原則，共同反對貿易保護主義。

二、化解雙方矛盾

　　其次，美國對中國的戰略逐漸轉變，以化解雙邊矛盾為最高宗旨。由於改革開放以來，北京政府不遺餘力的推動中美關係的健康發展，使雙方瞭解逐漸增加。美國二○○五年提出「利益攸關者」的說法，這與過去「戰略競爭者」的說法有很大不同[39]。代表美國承認中國已經融入了世界體系，並希望與中國合作。根據國內和國際形勢，和中國維持更好關係更符合美國的國家利益。這一點在美國有一定的共識[40]。

---

org/military/library/policy/dod/qdr-2006-report.pdf.

[39] 綜合報導，〈布希中國觀五年劇變：戰略競爭者成共同經營者〉，《環球時報》，2005 年 11 月 18 號，http://news.sina.com.cn/w/2005-11-18/08257471978s.shtml

[40] "America's National Interests, The Commission on America's National Interests", July 2000, http://www.nixoncenter.org/publications/monographs/nationalinterests.pdf.

　　從中美關係原來的標準來看，現在中美間已經形成了一些固定的交流模式，現在資訊傳達、溝通已經不成問題了[41]。因此，中美間無論是民間事務，還是針對國際重大事件，雙方的意見表達方面都還算暢通。現在需要做的是超越正式的官方交往的管道和傳統的外交決策過程，在收集民意，梳理、歸納和判斷民意方面，雙方的互動還需要新的模式來突破。還需要更多的從對方角度考慮和處理問題。

　　隨著中國的崛起，中美間的結構性矛盾更加深刻。中國經濟高速發展，日益擴大的能源需求以及積極主動的外交策略必然加劇雙方在這些領域的矛盾。美國不斷強化軍備，在軍事上防範和威脅中國，也必然使中國針鋒相對地加速國防現代化。改革開放以來，中國大量引進外資，卻沒有很好的體制來管理外資。現在中國市場經濟在走向成熟，在加強對國內資本管理的同時，必然會加強對國外資本的管理。

　　中國崛起後最明顯的表現就是中國經濟對世界經濟的影響越來越大。與此同時，貿易摩擦也越來越多。因此經濟問題本身的重要性，在雙邊全盤關係中越來越突出。一方面，雙方越來越認識到不能在自己的根本利益上向對方輕易讓步，另一方面雙方都在尋求影響對方的經濟政策，使其朝有利於自己的方向發展。所以，確實需要一種系統的、戰略性的經濟對話，拓展自己在經濟領域的利益，拓寬合作的途徑。戰略經貿對話談的都是戰略性問題，這些問題不是任何一個貿易代表能夠談妥的具體事宜，因此只能採取表面務實的方式。用全局的觀點與對方討論全盤問題和未來趨勢。華府試圖

---

[41] "Deputy Secretary of State Robert B. Zoellick's Travel to East Asia", July 22, 2005, http://www.state.gov/r/pa/prs/ps/2005/49940.htm.

通過這種方式更有效地影響北京，讓北京更多地接受華府在貿易領域的要求，而北京也希望通過與華府進行全盤的經濟戰略對話，緩解美國國內對中國貿易保護主義的危機。

迅速崛起的國家之間，不可避免地存在各種結構性矛盾。儘管目前由於中國對美國的重要性和中國持之以恆的和平外交政策，以及總體和平的國際態勢，使這些矛盾尚未激化和彰顯出來，但現在無法肯定這些矛盾將來就會被解決。

照理說，兩國在經濟交往多了以後，應該可以使關係更為友好，但中國與美國的彼此不信任，對雙邊關係也造成了巨大的衝擊，比如 WTO 義務、貿易逆差、知識產權、中國市場開放等等[42]。

在能源問題上，認為這是零和遊戲，中國進口多了就會是美國的損失。然而，二〇〇六年的 G8 峰會上，俄羅斯總統普亭推動了能源安全的新概念[43]，胡錦濤也提出了中國的新能源安全觀[44]。現在能源安全新概念已逐步被美國接受，透過鮑爾森藉由美中經濟戰略對話平台來磋商能源合作問題，提出中美之間的能源合作是非常重要的。因此中美能源合作的合作範圍十分廣闊，潛力非常巨大。

中美之間一些具體的問題，雖然通過兩國的交流可以化解，但也存在結構性矛盾，其中一些已經有所緩和。比如台灣問題，雙方現在都希望保持現狀，不要發生突然的事變，希望維護台灣海峽的穩定。

---

[42] 〈中美關係中的不信任問題分析及對策研究〉，《曲阜師範大學歷史文化學院》，（山東 2007 年 9 月）。

[43] 綜合報導，〈G8 焦點人物普亭　集神秘威權於一身〉，《大紀元》，2006 年 6 月 17 日，http://news.epochtimes.com.tw/6/7/17/32289.htm

[44] 胡錦濤在 G8 演說全文，《新華網》，2006 年 7 月 17 日，http://news.sina.com.cn/c/2006-07-17/19349484896s.shtml

　　美國也對雙邊矛盾釐清，更加更明確了對中國戰略。一方面，繼續在戰略和軍事上防範中國，另一方面，美國也開始把兩國協調性合作的範圍擴大，盡可能地加強同中國的對話、協調與合作。

　　目前美國對中國戰略具有雙重性，第一是從制度和意識形態上的長遠戰略，美國不允許世界上有任何國家挑戰其超級大國地位，因此要遏制中國[45]。

　　第二是從務實的層面，隨著中國經濟實力、綜合實力的提高，華府更需要與北京合作。積極的加速中國融入世界體系對美國是現階段來說最安全也最有利的作法[46]。

　　所以與北京對話是要抓住相關問題，首先確定下來大方針，然後逐個問題解決。美中經濟戰略對話用戰略眼光來處理經濟問題，現在的中美關係已經超越了單純的討價還價，或將貿易政治化變成對話的前提。雙方現在都意識到要在追求一種戰略共贏的基礎上，在戰術上要採取更為靈活的手段，為自己的國家爭取多一點的利益。

　　如果中國把自己經濟外交和經濟建設看作第一要務，那麼美國兩百多年來現代化建設中正面和反面的經驗教訓，對中國還是具有極大的參考價值的。北京也需要和華府進行全面性對話。

三、全球化的難題

　　最後，面對人類共同的挑戰。比如環境污染、安全問題、金融問題，貿易不平衡問題，匯率關係等等，都需要兩國認真的進行對

---

[45] "America's National Interests", July 2000, http://www.nixoncenter.org/publications/monographs/nationalinterests.pdf.

[46] 米奇，〈佐利克：無中國合作美無法支撐國際經濟體系〉，《新華網》，2005年9月22日，http://news.xinhuanet.com/world/2005-09/22/content_3526820.htm

話、合作。特別是在 911 以後，美國的單邊主義使其陷入孤立，隨著國內反對伊拉克戰爭的呼聲越來越高，美國政府不得不開始檢討反恐戰略，政策上則更傾向於通過多邊的途徑來促進解決，比如在朝核問題、伊朗問題上，美國都需要中國的幫助，這也使得中美關係更加密切。因為全球化下需要的是實際的管理，沒有國家可以從全球化中離開獨自生存[47]。

　　無論是支持或對全球化有疑慮的人，都必須需面對一個重要的現實，二〇〇〇年到二〇〇七年間，世界經濟正以近四十年來最快的速度成長，每個人的平均所得成長速度（3.2%）更是比歷史上任何時期都來的快[48]。

　　德國的《明鏡》（DerSpiegel）週刊主編史坦恩戈特（Gabor Steingart）在一本暢銷書裡寫道，「全球化已經開始反撲。」他主張，隨著競爭對手日益繁複，美國已經丟掉許多關鍵產業，美國人不再儲蓄、美國政府逐漸向亞洲諸國的央行舉債[49]。

　　全球化正使資源逐步向亞太地區移轉。中國逐步的擴張，可能將在某些部份達到與美國相抗衡的能力。中國持續的快速經濟成長，加上數量激增的進出口貿易，已經使北京的國際影響力明顯上升。並促使其加速軍事現代化的進程與軍事投射能力。此外，北京也正在強化與亞洲國家的關係，希望透過經濟合作來提高政治影響力，避免亞洲國家在面對中國崛起發展時，成為反對的力量。

---

[47] "Paulson sets out new US strategy on China", Financial Times, September 21 2006.

[48] Fareed Zakaria，《後美國世界》，麥田出版社：台北，2008 年 10 月，P.28。

[49] Gabor Steingart, "The War for Wealth : The True Story of Globalization or Why the Flat World is Broken", McGraw-Hill, 2008.

　　民主黨能在二○○六年期中選舉大獲全勝，其中一個非常主要的原因是經濟議題上面獲得了中產與勞工階級的認同。全球經濟轉向中國的另一大輸家是美國勞工，使他們的工作機會外流到中國。但隨著中國的興起，美國在失去某些工作機會的同時，也創造一些新的工作。中國經濟強勁成長對於美國經濟的影響，遠比乍看之下複雜，對於美國工作的影響也是一樣。中國新增的大量工作機會是在工廠之內，但是大多數美國人已經不在工廠做事，而是在服務業求職。不過他們也有別的憂慮：美國及其他跨國企業，也逐漸開始聘僱中國員工做白領工作[50]。

　　身為全球化與自由貿易最重要市場的美國，這次的民意出現了轉變。由於全球化的好處都集中在資產階級的富人身上，而中產階級與勞工階級反而越來越窮，貧富差距加大的結果，使得此次主張經濟平民主義的民主黨人，獲得了大量原本中間選民的支持。

　　支持全球化者，總是拿出比較利益法則，認為自由貿易可以創造出更大的經濟產能。但是就如同共產主義因為沒有考慮到人性自私而失敗一樣，完全的自由貿易理論也同樣低估了人性的一面。

　　而在民主政權中，選民會為了自己的利益，投下他的一票。當因全球化獲利的人比因全球化受傷的人少的時候，保護主義就會重新興起。

　　失業率與經濟所得分配的不均，決定了這次美國選舉的勝負。選民用選票告訴政治人物，我們才不管你能夠賣出多少波音 747 給中國或印度，我們可不想要把自己的工作送給外國人。

　　而在全球經濟體系中，WTO 的沒落與 FTA 的興起，使全球化與自由貿易固然是無可擋的趨勢。但是當獲益低於損失時，各國紛

---

[50] Robyn Meredith，《龍與象》，遠流出版社：台北，2007 年 10 月，P.87。

紛採取某種程度的保護措施,也是無可避免的潮流。為避免誤會,
更代表著中美雙方要解決現實的政治、軍事、經濟、社會等等問題,
更須仰賴經貿對話這種溝通平台。

第三節　北京對華府的反制

面對華府在經貿上施壓以及外交上圍堵的動作,北京也不斷
在找尋解壓以及突破的機會,來作為中國運用來平衡美國的重要
力量。

一、同在一條船的周邊國家

對於如何來因應中國的崛起,澳洲長期以來存在著與美國極為
不同的評估與看法。美國國務卿萊斯在二○○六年三月中出訪澳洲
前公開表示,「所有這個地區的國家,尤其是我們的盟友,有共同的
責任和義務努力營造一種環境,使中國崛起成為國際政治上的一股
正面而非負面力量[51]。」這種暗示中國可能成為負面力量,甚至隱
含「圍堵」作為的說法,立刻引起澳洲方面的憂慮與反應。澳洲外
長唐納(Alexander Downer)在的公開的聲明中卻指出:「我們要表
達的是我們不支持圍堵中國的政策,我認為圍堵中國政策是非常大
的錯誤。」雖然在會談過後的記者會中,萊斯也公開否認美國有針

---

[51] "Roundtable With Australian, Indonesian and Latin American Journalists", March
9, 2006, http://www.state.gov/secretary/rm/2006/62968.htm.

對中國的圍堵政策[52]，讓人感受到美澳之間對中國問題上態度的差異。而就在萊斯後腳離開澳洲之後，中國國務院總理溫家寶也到達澳洲訪問，澳洲政府並與中方簽署一項出售鈾予中國的協議[53]。由上述例子得知，澳洲視中國為經貿機會多於安全威脅，這也是美國想要拉攏澳洲來牽制中國時，必須轉變澳洲的戰略思維所在。

除了拉攏澳洲來平衡美國的壓力之外，離間或分化美國與其盟友的關係，也是北京方面的重要工作課題，而對澳洲的外交動作，即反映這樣的思維與策略。以爭取盟友採取一致避險策略來因應中國崛起為例，美國即面臨了長期盟友澳洲的反對。

俄羅斯也是北京運用來平衡美國的重要力量，兩國不僅簽署了能源協定，並承諾加強雙方的經貿關係[54]。而更值得關注的是，在美國當前最為迫切的伊朗核能問題上，北京和莫斯科採取了共同一致的立場，對於美國期待聯合國採取對伊朗的制裁行動，北京和莫斯科都表達了反對的態度[55]。

亞太國家認真探討「中國崛起」的議題是冷戰結束以後的事情。尤其是在台海飛彈危機及亞洲金融危機出現之後，亞太國家瞭解到北京在亞洲的行為，不論是在區域安全和經濟發展上，都具有重大的影響力。

---

[52] Remarks With Australian Foreign Minister Alexander Downer, , March 16, 2006, http://www.state.gov/secretary/rm/2006/63167.htm.

[53] 王崑義，〈析論溫家寶南太行的戰略意圖〉，《青年日報》，2006 年 5 月 7 日，第 3 版。

[54] 綜合報導，〈中俄能源合作大事記〉，《中油網》，2006 年 10 月 31 號，http://big5. ec.com.cn/gate/big5/energy.ec.com.cn/article/nyzt/200610/249687_1.html

[55] 〈中國主席胡錦濤和俄羅斯總統普京簽署《中俄聯合聲明》（全文）〉，《新華網》，2007 年 3 月 28 日，http://big5.cri.cn/gate/big5/gb.cri.cn/1321/2007/03/28/1427@1518408.htm

　　基本上，多數的亞太國家都希望與北京進行正面的建設性互動，並加強在經貿上的合作，但是卻不願意表現出完全依賴的姿態，同時，其對於中國在文化上和政治上的威權主義，仍然不時顯露出相當程度的焦慮感，因此，多數亞太國家仍然希望美國能夠繼續留在亞洲，以有效平衡北京力量的擴張[56]。換言之，亞太地區的國家對於華府與北京的互動關係，經常處於一種週期性的變動，而感到相當的困惑。現階段，亞太地區國家最不願面對的難題就是，當美國與中國爆發激烈的衝突時，亞太國家勢必要被迫選邊站，而這種狀況將造成亞太主要國家，無所適從的窘境。因此，亞太國家都希望華府與北京之間，能夠維持一種穩定、一致，而且可以預測的互動關係，使亞太國家的軍事安全與外交政策，能夠在一個穩定的架構內推動與發展。

　　北京的領導人瞭解到，多數的亞太國家都不願意在華府與北京之間選邊，而是希望雙邊在亞太地區互相制衡，並從雙邊得利。換言之，北京運用「雙贏策略」，一方面與亞太國家發展密切的建設性合作關係，另一方面也與美國發展密切的建設性合作關係，進而能夠降低成為亞太霸權的疑慮。並爭取到美國主流民意的支持。到目前為止，北京對亞太國家的影響力達到何種程度，其是否能夠促使亞太國家做出困難的決定，仍然有待考驗。但改善與華府和周邊國家的關係，已成為一項北京的重要作法。

---

[56] 曾復生，《中美台戰略趨勢備忘錄》，台北：秀威資訊股份有限公司，2004，P.216。

二、市場經濟對美的影響

　　十五年前，每個中國人幾乎都一樣窮，但收入不同很快就形成了階層。根據美林證券的研究，中國已經有三十二萬名百萬富翁[57]。但不論如何劃分階層，所得的快速上升是全面的。今天住在都市的中國人，有 77%一年靠不到三千一百美元過活；到二〇二五年，將會只有 10%的人賺那麼少的錢。到那時，中國的都市人一年會花掉兩兆五千億美元，幾乎和今天全世界上最大的消費市場之一日本相當。到二〇一一年，預計會有一波多達兩億九千萬的中國人會進入下層的中產階級，年所得達到三千一百至五千美元之間。而到二〇二五年，約五億兩千萬人會進入上層的中產階層，年所得達到五千至一萬兩千三百美元之間。屆時，這群人的可支配所得總和預計可達一兆六千億美元。隨著所得提升，中國會形成一個巨大消費市場，而各個公司試圖進入這個市場的努力，則正在改變中國的核心傳統[58]。

　　中國經濟若繼續成長，當其轉型為資本及技術密集的經濟體，且商品及服務產出足以與先進經濟體直接競爭時，其可能會對美國貿易條件造成影響。短期內若美國貿易部門因美中貿易入超，致其產出下降的速度大於中國資本投入受益部門的產出增加速度[59]，美國的總消費及就業率會出現暫時性下降，對已呈現不景氣的經濟更是雪上加霜。

---

[57] 根據美林證卷的計算，在扣除主要住所的價值之後，財務上持有超過一百萬美元的中國人有三十二萬人，印度人有八萬三千人。Robyn Meredith，《龍與象》，遠流出版社：台北，2007 年 10 月，P.169。

[58] Robyn Meredith，《龍與象》，遠流出版社：台北，2007 年 10 月，P.171。

[59] 2005 年美中貿易入超達 2,020 美元，相當於美國與日本、加拿大及墨西哥貿易入超的總和。

　　從鄧小平提出改革開放以來來，中國由一個貧窮、不景氣的國家，轉變成一個表面強勢的經濟體，許多美國企業到中國設廠，中國大量購買美國國庫債券等等。美中貿易總值由一九八〇年的 49 億美元，增加到二〇〇五年的 2,890 億美元。中國已成為美國的第三大貿易國、第四大出口市場，以及第二大進口國[60]。

　　當中國中央銀行大量購買美國的國庫債券，雖然有助於減少美國聯邦預算赤字，但有可能危及美國的經濟安全，因為如果美國與中國的貿易入超減少，中國的資金不再流入美國，國庫債券若找不到其他買主，就將增加美國政府的利息負擔、預算赤字等[61]。

　　美國就業情況短期內可能會受到偏低人民幣及美中貿易入超的不利影響。雖從歷史經驗推論，美國就業情況中長期內不會受美中貿易入超影響，但由於獲益及損失並不是平均分布在所有的部門別，因此部份部門別仍會受到不利影響，特別是製造業部門受害最重[62]。因此，透過貿易與經濟的相互依賴，亦是北京政府對華府的反制。

---

[60] "U.S. - China Economic and Security Review Commission Annual Reports to Congress", May 2005, http://www.uscc.gov/annual_report/2005/05_executive_summary.htm.

[61] "U.S. - China Economic and Security Review Commission Annual Reports to Congress", May 2005, http://www.uscc.gov/annual_report/2005/05_executive_summary.htm.

[62] 據中國海關統計，2004 年中美貿易總額為 1696.3 億美元，同比增長 34.3%。其中，中國對美國出口 1249.5 億美元，成長 35.1%；自美國進口 446.8 億美元，成長 31.9%。2004 年中國成為美國第五大出口市場，第二大進口市場。2004 年，經中國商務部批准或備案，中國在美國設立非金融類中資企業 97 家，中方協定投資額 1.4 億美元。截至 2004 年底，中國在美國累計投資設立非金融類中資企業 883 家，中方協定投資總額 10.9 億美元。與此同時，美國對中國投資專案達 3925 個，合同金額 121.7 億美元，實際使用金額 39.4 億美元。截至 2004 年底，美國累計對中國直接投資專案 45,265 個，合同金額 986.1 億美元，實際投入 480.3 億美元。

三、歷史與文化的關聯

美國全力拉攏拉抬印度，意在制衡中國。但美國會想聯合印度圍堵中國這事絕不會發生，因不符合印度的國家利益。印度要做的事太多太多了，沒有必要與任何國家為敵。印度不想站到圍堵中國的第一線，但如果美國願幫助他發展，讓印度成長為更強大、甚至足以與中國匹敵的國家，何樂而不為。

印度更在意的是巴基斯坦。雖受到美國壓力，巴基斯坦總統穆夏拉夫轉趨和解，惟巴基斯坦是集權回教國，印度對其看不起又不信任。但關係改善對印度有利，印度期待感善關係後美國繼續對穆夏拉夫施壓。這樣的思維也讓印度樂於接受美國的協助。

所以無論誰想打什麼牌，對印度來說，抓住機會爭取最大奧援，讓國家獲得更多成長動能，才是最重要的議題。

從上例可知，美國以極大的代價想要拉攏印度以牽制中國，能否獲得印方的配合以達到期待的目標，目前恐怕都是一個很大的未知數。此外，雖然美中兩國經貿摩擦愈來愈嚴重，但在兩國經貿互賴愈來愈密切的情況下，保護主義貿易大戰的結果，必然是兩敗俱傷、互蒙其害，更讓華府擔心的是與其去期待或扶植一些夥伴但不見得收到成效，不如直接坐下來和北京談。因此合作與競爭也並存在中國與美國之間。

近二十年來，戰爭與有組織的暴力已經明顯降低。馬里蘭大學「國際開發暨衝突管理中心」的專家小組謹慎追蹤相關資訊後得出結論：「自一九八〇年代中葉以來全球戰爭總數已在二〇〇四年降至一九五〇年代末葉義來最低點。[63]」冷戰期間，暴力事件持續升

---

[63] Ted Robert Gurr and Monty G. Marshall, "Peace and Conflict 2005 : A Global

高，一九五〇年至九〇年代間升高六倍，但在一九九一年蘇聯瓦解前到高峰，冷戰後時年間的國際與國內戰爭減少了將進一半。哈佛大學教授平克（Stephen Pinker）主張，「今天我們所楚的可能是人類史上最承平的時代。[64]」

隨著中國大陸經濟實力逐年成長，以及外匯存底的快速累積，估計在二〇〇八年底將達到兩兆美元的水準。中國的軍費預算在最近幾年，均呈現兩位數的成長，而且自俄羅斯和西方先進國家引進的軍事技術，更是令人不敢輕忽[65]。

整體而言，北京的亞太安全戰略，其主要的構成部份有下列四項：（一）對美國的策略是致力於維持建設性合作關係，並強調一個崛起強大的中國大陸是亞太地區穩定的力量；（二）致力降低國土可能遭受的威脅，逐步增加軍事能力，做為外交與政治運用的籌碼，同時儘量避免引起鄰國對中國軍力擴張的疑慮；（三）避免使用武力手段做為解決領土爭議的方法，倡導睦鄰政策以減少阻力，並至少維持到本身的實力足以主導全局為止；（四）對於參與國際社會活動方面，強調以個案處理的方式，分別就經濟、貿易、技術轉移、軍備控制，以及環境保護等議題，凡對北京有利者，則採取合作的立場；若有違背北京利益與立場，則堅持繼續協商的態度，以維持戰略優勢地位。

現階段，北京為達成其國家發展戰略目標，一方面採取加強軍經實力的強勢作為；同時也採取各種外交的「柔性」手段，以期運

Survey of Armed Conflicts, Self-Determination Movement, and Democracy, College Park", Center for International Development and Conflict Management, University of Maryland, 2005.

[64] Steven Pinker,"A Brief History of Violence, talk at Technology, Entertainment, Design Conference, Monterey", Calif., March 2007.

[65] 曾復生，《中美台戰略趨勢備忘錄》，台北：秀威資訊股份有限公司，2004，P.21。

用雙管齊下的方式來達成目標。更值得注意的是，北京一方面致力於維護和平的國際周邊環境，藉以吸引更多的國際投資、技術與貿易；同時，其亦藉此強化北京政權領導的正當性，以及擴充軍事實力的經濟基礎。

　　由於中國的綜合實力不斷地成長，美國方面已經把中國視為其在亞太地區打交道的主要對象，並希望能夠與北京建立長期而穩定的建設性合作關係。不過，北京方面對於美國政府處理雙邊互動關係政策的穩定性與一致性，仍有相當程度的疑慮。同時，華府與北京之間尚有許多重大的議題並未達成穩固的共識。最後，歷史與文化的連結也改善了與周邊國家的關係，更對華府施加了壓力。

第四節　　小結

　　冷戰結束改變了中國的國際戰略地位，隨著經濟的高速成長與軍事現代化，中國已被美國視作主要戰略競爭對手。二〇〇六年美國國防部發表的《四年期國防檢討報告》（Quadrennial Defense Review）新戰略高舉威脅重點，從以往傳統戰爭，轉向恐怖主義、大規模殺傷性武器和戰略對手三大領域，報告中最引人注目的是列名為主要和新興強權的三個國家是俄羅斯、印度、中國，而中國被挑明是最可能與美國發生軍事競合的國家[66]，而最大的例證就是，當中國經濟持續迅速發展，讓其軍事預算不斷上升。對於中國而言，

---

[66] 陳國雄，〈美中台戰略十字路口〉，《自由時報》，2006 年 2 月 6 日，A15。

加入 WTO 是一種機會也是一種挑戰，兼有利與弊的影響。不過普遍而言中國政府還是抱持正面的看法。因為對北京來說，經濟發展維繫了社會穩定，即便要背負中國威脅的風險。

第二章　過程

　　中美經貿合作是中美關係的重要基礎，經貿領域是中美兩國最重要的利益交集點。目前中美兩國已互為第二大貿易夥伴[1]。保持中美經貿關係的穩定健康發展，不僅符合兩國和兩國人民的共同利益，也有利於世界經濟繁榮發展。當然，像中美這樣兩個規模龐大的經濟體，彼此經貿合作在快速發展的過程中，出現一些分歧和摩擦是正常現象。關鍵是雙方本著互利共贏、共同發展的精神，通過坦誠對話和平等協商妥善加以解決。美中戰略經濟對話重點著眼於中美兩國長期性、戰略性、宏觀性的經濟問題，同時也將適度關注當前兩國經貿合作中的熱門議題。雙方一致認為，美中戰略經濟對話對於加強兩國政府間的戰略互信，從而確保中美建設性合作關係不斷向前發展具有重要意義。

　　中美兩國經濟互補性強，合作發展潛力大，互利共贏是中美經貿關係的主流。隨著經貿合作的加深，戰略經濟對話機制已成為兩國就事關雙方全局性、戰略性和長期性經濟問題進行探討的重要平台，在兩國經貿關係以至整個關係中發揮著日益重要的作用。

---

[1] 中國海關統計，2007 年中美貿易額 2,481.9 億美元，增長 15.7%。其中，中國自美國進口 571.7 億美元，增長 16.3%；出口 1,910.2 億美元，增長 15.5%，中華人民共和國網站資料，http://big5.gov.cn/gate/big5/www.gov.cn/jrzg/2007-12/09/content_829393.htm，2007 年 12 月 9 日。

第一節　四次對話具體描述

　　美中戰略經濟對話是世界上最大的發展中國家和最大的發達國家之間在經濟領域的戰略性對話。美中戰略經濟對話機制最早由中國國家主席胡錦濤和美國總統布希於二〇〇六年九月會面時提及[2]。二〇〇六年九月鮑爾森首次以美國財政部長身份訪問北京時，為落實兩國元首達成的重要共識，建立美中戰略經濟對話事宜訪問中國。與中國國務院副總理吳儀舉行了會談，並共同宣佈建立對話機制。九月二十日，中美雙方發表《中美關於啟動兩國戰略經濟對話機制的共同聲明》[3]。這一對話機制每年舉行兩次，將就雙方共同感興趣的雙邊和全球戰略性經濟問題進行交流和探討，對話將輪流在兩國首都舉行[4]。雙方通過對話增進了相互瞭解，擴大了共識，加強了互信。

一、第一次對話：象徵性大於實質性

　　首次美中戰略經濟對話於二〇〇六年十二月十五至十六日在北京舉行，將目標放在雙方長期經濟關係的戰略經濟對話機制得到了中美兩國領導人和經濟決策者們的肯定。經濟對話集中了雙邊的財

---

[2] "President's Statement on Creation of the U.S.-China Strategic Economic Dialogue", http://www.whitehouse.gov/news/releases/2006/09/20060920.html, September 20, 2006.

[3] "Fact Sheet Creation of the U.S.-China Strategic Economic Dialogue", http://www.ustreas.gov/press/releases/hp107.htm, September 20, 2006.

[4] 背景資料，〈中美戰略經濟對話的由來〉，《新華社》，http://big5.gov.cn/gate/big5/www.gov.cn/ztzl/zmdh/content_624316.htm，2007 年 5 月 24 日。

政、能源、商務、貿易、金融、交通、環保、衛生等領域的高官。連很少參與出訪活動的美國聯邦儲備委員會主席柏克南也參加了美中戰略經濟對話。這樣的行為更展現出了合作的誠意。

首次戰略經濟對話，從雙方參與的人員可以看出雙方有多重視。華府以財政部長鮑爾森為首，包括商務部長古鐵雷斯、美聯儲主席伯南克、貿易代表辦公室代表施瓦布以及勞工、衛生、能源等部部長。北京則由國務院副總理吳儀擔任代表，成員包括國家發改革委主任馬凱、商務部部長薄熙來、財政部部長金人慶、中國人民銀行行長周小川，以及農業、衛生、資訊產業部的部長。

這種陣容，透露出中美經濟互動已升級為戰略性對話，從單線解決某一議題改為尋求系統集成的多面向處理方式。不再著眼細節問題，而是在一個兼顧美中戰略對話機制所討論的政治、安全、外交大背景下，研究解決如何推動中美關係[5]。

出席官員顯示兩國對話關注的已不僅是貿易、投資、市場准入、知識產權保護，還將涉及能源、環境保護等方面。正如鮑爾森所說，首次戰略經濟對話大大拓展了如何看待中美經貿關係的面向，重新界定美中經濟關係新觀念，找到新對話的方式[6]。

北京與華府在人民幣匯率問題上的爭議由來已久，雙方都為此受到了傷害。與其埋頭忙於對抗，不如給爭議問題一個全方面的檢視機會。因為中美貿易逆差問題非常複雜，不只是簡單的匯率問題，

---

[5] "The Joint Statement between the United States of America and The People Republic of China on the Inauguration of the U.S.-China Strategic Economic Dialogue", September 20, 2006, http://www.ustreas.gov/press/releases/hp105.htm.

[6] 杜明霞，〈美國財長保爾森：中美經濟關係至關重要〉，《世華財訊》，2006年12月11日，http://finance.sina.com.cn/money/forex/20061211/14271091749.shtml

而是涉及全球化帶來的產業鏈轉移、跨國公司等諸多因素，因此解決問題的方法也要拓展到更廣領域。

此前雖然美國一度就貿易不平衡、人民幣匯率、知識產權保護、金融市場開放及服務業市場開放等問題對中國採取高壓或罰懲策略。但使整體矛盾難以解決或使得問題複雜化。

在過去，布希政府對美中戰略關係定位不斷出現變化。在布希總統第一任期之初，白宮把柯林頓時代的美中戰略合作夥伴關係降為戰略競爭對手，之後則修訂為建設性合作關係，進而是負責任的利益相關者，如今則是全球經濟領袖[7]。

首輪美中戰略經濟對話的議題，被確定為兩國以及全世界戰略性經濟問題。這不僅向美中兩國而且也向全世界傳遞了一個重要資訊，那就是通過對話機制來尋求雙贏，將對國際經貿多邊談判具有一定的示範作用。

首次的戰略經濟對話，可以用鮑爾森的話來做為解釋。美國是從長期的角度出發，通過這種更具有戰略性的長期對話，來解決一些真正的實質性問題[8]。而在一些短期問題上加強接觸，中美雙方也會增強信心。

鮑爾森也提到，中國已是全球經濟領袖，並表示希望看到中國成功。鮑爾森此言，和他的對中國溫和態度有關，也與他試圖勸說美國國內急於求成的貿易保護主義者有關。在鮑爾森看來，如果中國認同中美同是經濟領袖的說法，美國就能收到比打壓更好的效

---

[7] " President's Statement on Creation of the U.S.-China Strategic Economic Dialogue" , September 20, 2006, http://www.whitehouse.gov/news/releases/2006/09/20060920.html.

[8] 陳曉剛，〈伯南克保爾森將聯袂訪華　豪華陣營對話中美經濟〉，《中國証券報》，2006 年 11 月 24 日，http://finance.people.com.cn/BIG5/42773/5085355.html

果。因為領袖是要分擔責任的，鮑爾森想要的是中國主動承擔，而不是逼迫中國承擔。而隨同鮑爾森訪問北京的美國官員表示，戰略經濟對話並不意味美國不再關切人民幣幣值、市場開放度及仿冒等短期經濟挑戰，變化的只是策略[9]。

鮑爾森對美中戰略經濟對話的看法，實際代表了華府的動向。中美雙方不僅就全局性、戰略性和長期性的宏觀經濟問題進行了探討，還在證券、金融、能源、航空等領域達成了一系列實質性協定[10]。

美中戰略經濟對話，實質是兩國在因政治分歧無法結盟後，在經濟上誰也離不開誰的相互依存。美國從最初對北京批評轉變為給北京合理空間，從遏制到經濟上加強合作。對於美中經濟戰略對話，中國是在經濟全球化深入發展，中美經濟關係日益密切的情況下，世界上最大的發展中國家和最大的發達國家在經濟領域的戰略性對話。

二、第二次對話：有爭議，成果限於經貿

第二次美中戰略經濟對話於二〇〇七年五月二至三日在美國首府華盛頓舉行。根據中美雙方事先排定的議程，第二次對話集中討

---

[9] "Opening Statement by Secretary Henry M. Paulson before the Opening Session of the U.S.-China Strategic Economic Dialogue" , December 13, 2006, http://www.ustreas.gov/press/releases/hp197.htm.

[10] 中美同意在中國設立紐約證券交易所和納斯達克代表處。美國支持中國加入泛美開發銀行；雙方締結了促進美國對華出口的融資便利協定；中國將加入「未來發電計畫」政府指導委員會；中美同意於 2007 年 1 月重新啟動雙邊航空服務談判等。"The First U.S.-China Strategic Economic DialogueDecember 14-15, BeijingFact Sheet" December 15, 2006, http://www.ustreas.gov/press/releases/hp205.htm,.

論了雙方關心的服務業、能源與環境、經濟平衡增長和創新四個議題。出席對話會的有中國的十五位部長、十位副部長，美方也有十多位內閣部長出席對話會。

相較於首輪對話，這次對話在一些領域取得了實質性成果，包括雙方同意在年前將兩國之間的直飛航班增加一倍[11]。中國進一步開放金融服務業[12]以及兩國在能源、養老金、失業保險等領域達成協定或簽訂備忘錄[13]。

但隨著美國財政部長鮑爾森和中國副總理吳儀主導的第二次美中戰略經濟對話結束之後，但美國國內各方對這場高層次的雙邊對話的結果有十分不同的解讀。

---

[11] 擴大現有雙邊民用航空運輸協定範圍，大量增加兩國間每年航班班次，在 2011 年全面開放貨運航權，在 2010 年開始談判客運全面開放的協定和時間表。中美聯合發布第二次戰略經濟對話的聯合情況說明〉，《世界貿易組織處》，2007 年 5 月 27 日，http://big5.smc.hunancom.gov.cn/zxdt/6882.htm

[12] 在金融服務業領域，中國將在 2007 年下半年恢復審批證券公司的設立；在第三次美中戰略經濟對話之前，將宣佈逐步擴大符合條件的合資證券公司的業務範圍，允許其從事證券經紀、自營和資產管理等業務。把合格境外機構投資者（QFII）的投資總額度提高至 300 億美元。但有為，〈外匯局：QFII 投資額度擴大至 300 億美元〉，《新華網》，2007 年 12 月 10 日，http://big5.xinhuanet.com/gate/big5/news.xinhuanet.com/fortune/2007-12/10/content_7225838.htm

[13] 中美兩國將在以下領域加強合作：推進清潔煤技術，爭取在中國合作開發 15 個大型煤層氣（CMM）項目，完成中國加入未來發電計畫政府指導委員會的工作，提供政策激勵消除先進煤技術完全商業化的成本障礙，並將推進碳捕獲和儲存技術的研究與開發，制定中國國家燃油低硫化政策。中美兩國共同宣佈雙方就自願採取節能產品認證（能源之星）達成一致。兩國簽署《美國核管制委員會和中國國家核安全局關於 AP1000 型核電機組核安全合作諒解備忘錄》。〈中美發布第二次戰略經濟對話情況說明〉，《上海商務委員會網站資料》，2007 年 5 月 30 日，http://www.smert.gov.cn/big5/2/gpmy/zwxw/gzdt/userobject1ai13537.html

　　從很大程度上來說，國會對戰略經濟對話的負面評價反應了人民幣的匯率問題一直以來都是美中貿易摩擦的焦點。但是，自中國在二〇〇五年七月開放匯率以來，人民幣對美元僅升值了 8%，但是遠遠沒有達到美國的預期[14]。

　　二〇〇六年十二月在北京舉行的美中首次戰略經濟對話後的六個月，議員們並沒看到中方在匯率上作出更大的進步。因此國會的許多議員認為僅靠鮑爾森好言說服北京是沒有希望的。他們必須親自出面對北京施壓。

　　在這樣的背景下，國會幾乎出現了一面倒的局面。許多議員都提出了帶有制裁措施對中國的貿易法案。根據歷史經驗，在兩黨議員有巨大共識的情況下，這類法案極可能被通過。白宮也無力阻擋。唯一無法確定的是制裁措施的具體內容和國會授予白宮執行制裁的靈活性。

　　雖然美中並沒有在人民幣匯率這一棘手的問題上取得任何進展，鮑爾森和吳儀都強調這次對話加深了互相合作的基礎[15]。但是，美國國會顯然對美中戰略經濟對話未能就人民幣匯率升值達成協議極為不滿。民主黨和共和黨的重量級議員都公開批評白宮對中國過分遷就。對國會議員來說，中國對美國兩千多億美元的貿易順差威脅美國的經濟利益和造成美國製造業就業機會的流失。他們認為形成巨額順差主要原因是中國人民幣低匯率。如果人民幣大幅升值，

---

[14] "Developments Since the First Meeting of the Strategic Economic Dialogue in December 2006", May 23, 2007, http://www.ustreas.gov/press/releases/hp419.htm.

[15] "Opening Statement by Secretary Henry M. Paulson, Jr. at the May 2007 Meeting of theU.S.-China Strategic Economic Dialogue" , May 22, 2007, http://www.ustreas.gov/press/ releases/hp414.htm.

美國對中國貿易的逆差就會大大改觀，也能讓美國製造業的工作機會也會相應增加。

　　但是，華府和北京政府都用了極肯定的語調來形容這次對話，美中兩國就民航、能源技術合作和中國的證券市場對美有限開放等具體問題達成了協議。雙方並同意在二○○七年年底在北京繼續舉行第三次戰略經濟對話[16]。

三、第三次對話：雙方超越對短期經貿爭議問題的關注

　　第三次美中戰略經濟對話於二○○七年十二月十二至十三日在北京舉行。中美雙方在此次對話中簽署多項合作協議，就在金融服務業、產品品質和食品安全、透明度等八個領域開展合作，最終並達成了三十一項共識，並為在下次戰略經濟對話展開的六個月內將展開的工作排定了優先排序。

　　雙方對產品品質和食品安全、能源、環保等中美經貿關係中的新議題也被列入此次對話中。此外，雙方還簽署了食品、飼料安全的合作協議，藥品、醫療器械安全的合作備忘錄，進出口產品領域保護人類健康和環境的合作備忘錄，還同意建立研究小組，研究兩國能源和環境領域的十年合作規劃[17]。

　　為保證在經濟可持續增長的同時減少經常帳戶的不平衡，中國將繼續深化外匯管理機制改革，進一步完善人民幣匯率形成機制，

---

[16] "Fact Sheet: Second Meeting of the U.S.-China Strategic Economic Dialogue", May 23, 2007. http://www.ustreas.gov/press/releases/hp417.htm.

[17] 郝亞琳、康逸，〈中美簽署進出口產品保護健康和環境合作備忘錄〉，《新浪網》，2007 年 12 月 13 日，http://finance.sina.com.cn/j/20071213/14134287695.shtml

更大程度地發揮市場供求的作用，增加匯率彈性。美國將採取措施，增強長期財政責任，並採取新措施鼓勵私人儲蓄[18]。中美雙方同意加強在衛生保健服務和貿易與就業統計方面的合作。美國歡迎中國向美投資，中國歡迎美國對中國投資。

啟動雙邊協議的磋商，為中國旅遊團隊赴美旅遊提供便利；繼續探討雙邊投資協定的可能性；就中國市場經濟地位問題深化磋商與合作。雙方將通過增信釋疑、消除分歧，促進兩國民用高技術和戰略貿易的快速發展。在第三次美中戰略經濟對話之前，北京政府部門將簡化包括外資企業在中國提供企業年金服務的申請和許可程式。

就木材非法採伐開展對話，探索包括簽署雙邊協定在內的合作途徑。繼續就海洋和漁業管理、戰略石油儲備、推進對環境友好的可再生廢物原料管理等問題進行交流；加強在全球核能合作夥伴方面的合作，推動在能源、環保、清潔發展和氣候變化方面的雙邊交流與合作；推進減排戰略聯合經濟研究[19]。

確定加強創新能力合作的新領域，並在強化法律、政策、專案及激勵措施等方面深化合作以鼓勵創新。中美將繼續加強在立法透明度方面的合作[20]，邀請其立法和司法機關的代表參加將來舉行的有關會議。

---

[18] "The Third U.S. - China Strategic Economic Dialogue December 12 - 13, 2007, Beijing Joint Fact Sheet", December 13, 2007, http://www.ustreas.gov/press/releases/hp732.htm

[19] 綜合報導，〈中美將在能源和環保領域加強合作〉，《新浪網》，2007 年 12 月 13 日，http://finance.sina.com.cn/j/20071213/14524287819.shtml

[20] 王歡，〈中美戰略經濟對話成果分析之投資與透明度篇〉，《新浪網》，2007 年 12 月 13 日,http://finance.sina.com.cn/china/hgjj/20071213/23444289250.shtml

　　與會前輿論認為美國將借對話之機制將貿易逆差、人民幣匯率、市場開放等問題向中方施壓並提出補償措施。第三次戰略經濟對話的一個重要特點在於中美雙方超越了對短期經貿爭議問題的關注，從戰略高度對今後一段時間內中美經貿關係的發展進行了全盤性的思考。吳儀在與美國財政部長保爾森共同見記者時指出，從戰略高度思考中美經貿關係，把照顧彼此關切作為思考問題的重要出發點[21]，將有助於雙方把握中美經貿關係互惠雙贏的現實。

四、第四次對話：收穫超越經貿

　　第四次美中戰略經濟對話於二〇〇八年六月十七到十八日在美國馬里蘭州的海濱城市安納波里斯市的美國海軍官校舉行。北京方面由於前三次的中國副總理吳儀轉變為主管對外經貿和金融工作的王歧山領軍參與對話。代表田成員還包括商務部長陳德銘、人民銀行行長周小川等重要經貿閣員。美方則由財政部長鮑爾森領軍，率領美國各部會首長參與。

　　在金融服務方面，雙方重申關於繼續緊密合作以獲得持續增長、保持價格穩定和確保雙方金融體系平穩的承諾。並同意繼續雙方在金融服務資訊合作和進一步通過加強合作共同維護國際金融穩定。

　　在民生的投資及產品品質與食品安全上，雙方開展了深入對話。探討如何共同減緩人口老齡化帶來的經濟風險。如何更好地提

---

[21] 郝亞琳、吳植，〈保爾森：美中依存度不斷加深　警惕貿易保護主義〉，《新浪網》，2007 年 12 月 12 日，http://finance.sina.com.cn/j/20071212/13154282016.shtml

供包括醫療保健和退休保障的社會服務。另外，在第三次美中戰略
經濟對話就產品品質與食品安全問題取得進展後，雙方繼續就中國
出口產品品質和食品安全管理制度開展討論。在指定產品的檢驗、
檢疫和安全方面加強合作。

在能源和環境合作上，雙方認識到能源和環境挑戰是二十一世
面臨的重要問題。雙方承諾加強在能源和環境領域的長期合作。並
簽訂了能源環保十年合作框架，宣佈了框架下的第一階段五大合作
目標，建立了五個工作小組。以便在第五次美中戰略經濟對話前完
成所有的能源環保行動計畫。

美中戰略經濟對話是雙方官方進行深入溝通的重要平台，對話內
容更是當前兩國互動的寫照。進行對話的前夕，美國國會議員還是對
人民幣升值與金融開放提出要求，但力道和聲浪明顯減小許多[22]。第
四次戰略經濟對話透過非經貿領域達成議題，可為雙方在需要增加
信任和合作時，有繼續合作的動力。也未第五次對話展開提供更多
可以合作的方向。

第二節　美中戰略經濟對話的具體成果

美中戰略經濟對話是雙方之間迄今層級最高、規模最大、涵蓋
領域最廣的定期對話機制。從一開始，就注重戰略性、綜合性和長
期性。雙邊同意在發展高效和創新性的服務業和改善醫療品質進行

---

[22] 王崑義，〈評第四次「中」美戰略經濟對話〉，《展望與探索》2008 年第六卷
第七期，P.17。

討論,啟動雙邊投資對話,考慮雙邊投資協定的可能性,加強在政府及法律透明度問題上的合作,並啟動能源和環境的聯合經濟研究。在對話過程中,兩國就中美經濟關係的基本性質、結構性矛盾和建設性合作關係進行了深入交流,取得了一些基本共識。雙方均認識到國際產業分工是中美貿易順差的主要根源,雙方都承認調整產業結構和擴大內需是解決貿易順差的重要途徑,但必須遵循積極穩妥的原則。此外,中美合作還在具體領域取得了進展。

一、航權問題

美中戰略經濟對話的最大成果,是雙方就進一步開放兩國航空運輸市場等達成協議。航空業的開放更加確立了北京市場開放的作為[23]。中國民用航空和美國運輸部在對話後宣布,雙方就修改二〇〇四年中美民用航空運輸協定議定書、擴大兩國航空運輸市場開放達成協議。

航空方面目前中美航權的開放步驟主要基於在二〇〇四年中美航權談判中達成的航空協議。在二〇〇四年的航權談判中,中國的城市被劃為三個區域:第一區包括北京、上海和廣州。第二區是中國東部沿海和部分省會等航空價值相對較高的城市。第三區是其餘的中國內陸城市。在協議中規定,第一區城市嚴格規定每年只能發放一條航線。第二區的城市也規定每年可以新發放一條航線,但規定並不嚴格。而第三區則對美國航空公司沒有任何限制,可以在任意時段開設任意多條航線。

---

[23] 彭媁琳,〈放寬航權 中美航線重新洗牌〉,《工商時報》,2007 年 5 月 26 日,第 A7。

　　根據協定，從二〇〇四年到二〇一〇年，獲准經營中美航線的航空公司從四家增加到九家，中美航線上各自飛行的航班數量將從每週五十四班分階段增加到兩百四十九班，包括一百一十個貨運航班和八十四個客運航班[24]。

　　中國承諾進一步對美國的產品服務開放，其中最引人注目的是，美國飛往中國的民航班機在二〇一二年前，將由現有的每天十個航班，增加到二十三個航班，今年率先每天增加一班。另外，二〇一一年前，美國貨運航機飛往中國的限制將全部取消。兩國同意於二〇一〇年初，重新檢討這項協定，建立時間表，以達到雙方「完全自由化」和儘速完全開放兩國天空為為目標[25]。

　　旅遊方面雖然美國政府允許申請個人旅遊簽證，但申請人得面臨相當苛刻的簽證條件限制，例如年齡不能偏小、要有之前去過歐洲或澳洲旅行的經歷。一些旅行社雖然可以代辦商務簽證所需的邀請函，但申請者得支付 20 萬元的押金。在這些苛刻的簽證條件下，申請個人赴美旅遊簽證幾乎不可能。

　　雙方將就便利中國旅遊團隊赴美旅遊事宜展開正式磋商，這被外界視為最終簽署 ADS（旅遊目的地國簽證）協議之前最重要的一步。

　　從二〇〇七年至二〇一二年的五年內，將美國至中國東部地區的客運運力逐年增加各方共到每週共七十班，使每天從美國飛往中

---

[24] "U.S. TRANSPORTATION SECRETARY PETERS AND CHINESE MINISTER OF CIVIL AVIATION YANG REACH NEW AGREEMENT TO DOUBLE NUMBER OF PASSENGER FLIGHTS, EASE MOST RESTRICTIONS ON CARGO FLIGHTS BETWEEN TWO COUNTRIES", May 23, 2007, http://www.dot.gov/affairs/dot5207.htm

[25] 中央社，〈美中協定：中國開放金融　加強智財權執法〉，《今日晚報》，2007年 5 月 24 日，http://news.chinatimes.com/2007Cti/2007Cti-News/2007Cti-News-Content/0,4521,130505+132007052400946,00.html

國的客機數量在二○一二年前增長一倍。另外，中國中部地區（安徽、湖南、湖北、江西、河南、山西）至美國的直達航空運輸市場完全開放。中鹹航空企業可立即不受限制地進入中美航空運輸市場。在維持二○○四年協定有關包機、第三方代號共用、客運第五業務權等規定的基礎上，二○一一年，兩國航空貨運市場將全面開放。雙方還將從二○一○年開始，就兩國航空運輸市場完全開放協定和時間表進行磋商，以實現中美航空運輸市場的全面開放[26]。

二、金融議題

證券方面，外國證券機構可以直接從事股市交易，在中國設立的代表處可以成為所有中國證券交易所的特別會員。

成果：中國將在二○○七年重新開啟對包括合資證券公司在內的證券公司的證券牌照發放，並將允許合資證券公司在華業務擴展到包括證券經紀業務、自營業務和基金管理業務[27]。

QFII 方面，QFII 即「合格的境外機構投資者」，是在資本專案沒有完全放開的情況下，允許特定國際投資者進入中國證券市場的一個重要管道。二○○三年五月，第一家 QFII 瑞銀華寶獲批成立，並於同年七月正式在股市場下單。迄今共有五十二家海外機構獲得 QFII 的投資資格，並獲得近一百億美元的投資額度。

---

[26] 康彰榮，〈中美戰略經濟對話落幕　金融、民航達協議　人民幣沒共識〉，《工商時報》，2007 年 5 月 25 日，第 A9 版。

[27] "Financial Sector Reform Fact Sheet Second Meeting of the U.S. China Strategic Economic Dialogue", May 23, 2007,http://www.ustreas.gov/press/releases/hp418.htm.

成果：中方在會中同意將 QFII 額度提高至三百億元，不過對於美國財政部要求適當放寬外資對中資金融機構的持股比率，北京監管層則尚未具體回應。另外，中方希望美國擴大高科技出口，華府也沒有正面回應。

保險方面，根據二〇〇五年中國國務院通過《完善企業職工基本養老保險制度的決定》，具備條件的企業可為職工建立企業年金。企業年金基金實行完全積累，採取市場化的方式進行管理和運營。目前中國將經營企業年金業務，分為受託人、帳戶管理人、託管人和投資管理人資格，均需單獨申請牌照。目前年金市場的規模約九百億元，但一般認為增長將非常迅猛，有樂觀估計認為規模一年即可增長千億元。二〇〇五年八月公佈的第一批三十七家企業年金基金管理機構中，沒有一家是外資保險公司。

成果：外資財險公司提出將在華分支機構轉為子公司已滿一年的申請，將在八月一日前通過，對未來此類申請在六十個工作日以內通過。此外，將簡化金融機構申請進入企業年金市場和相關牌照發放的有關程式[28]。

銀行方面，根據加入世貿組織承諾，中國自二〇〇六年十二月十一日起取消了對外資銀行經營人民幣業務的地域範圍及服務物件範圍的限制，取消了對外資銀行的所有非審慎性限制。

成果：馬上許可外商投資銀行發行自有品牌的人民幣信用卡和借記卡。中國並同意：將合格的境外機構投資者投資額度，從一百億美元提高到三百億美元；對於延宕超過一年的外國資產保險公司

---

[28] " Financial Sector Reform Fact Sheet Second Meeting of the U.S. China Strategic Economic Dialogue", May 23, 2007,http://www.ustreas.gov/press/releases/hp418. htm.

由分公司轉為子公司的申請，將在八月一日前做出決定，並對於未來的申請，將遵循六十天內處理的規定，以使公司的業務運作更為有效率、節省成本[29]。

開放金融市場方面，北京同意，下半年起取消對新的外國證券公司進入中國市場限制，恢復對包括合資公司在內的證券公司申請許可。此外，中國也允許外國證券公司在中國擴大業務營運，包括仲介、自營買賣、基金管理等[30]。

三、環境問題

中國是世界上污染最嚴重的國家之一。除了給中國人自己帶來巨大的經濟和健康損失之外，中國的一些環境難題還有國際後遺症。包括排放破壞臭氧層的物質，沿海的汙染迫使漁民到太平洋更深遠處捕魚，往海洋倒固體廢料，破壞動植物棲息地和減少生物種類。

眾多人口半世紀快速的成長與經濟發展背後要負擔的許多負面效果，除社會經濟不平等外，還有環境不斷惡化、生態災難、過度消耗能源。也造成大型災難層出不窮。空氣污染次最明顯的，世界衛生組織報告，世界十大汙染城市有七個位於中國，而發達的工業地區如珠江和長江三角洲，則長期埋藏在汙濁空氣中[31]。到上海或北京時，

---

[29] 中央社，〈美中協定：中國開放金融　加強智財權執法〉，《今日晚報》，2007年5月24日，http://news.chinatimes.com/2007Cti/2007Cti-News/2007Cti-News-Content/0,4521,130505+132007052400946,00.html

[30] " Financial Sector Reform Fact Sheet Second Meeting of the U.S. China Strategic Economic Dialogue", May 23, 2007,http://www.ustreas.gov/press/releases/hp418.htm

[31] 丁偉，〈中國崛起過程中「軟力量」的重要性──對中國參與國際制度的意義〉，《從國際關係理論看中國崛起》，五南出版社，2007年，P.190。

通常一連數天見不到太陽，世界銀行估計，空氣污染導致的疾病占中國死因的兩成。這些造成環境危害的議題，也在對話中被提及。

水污染也很嚴重，中國七大水系裡，近八成的河流長度被徹底污染，以致於類無法存活。人類和工業的廢棄物，使得這些河流大多不適合人物飲用或灌溉。有毒廢棄物在中國的許多地方任意處置，導致對健康的長期威脅。海洋狀況也好不到哪去，廢棄物和肥料四溢，造成中國東海經常發生紅潮，過度捕魚到處可見。在中國北方，浪費的灌溉和過度的抽取地下水，造成中國七百個城市中有五百個地層下陷和用水短缺。

在中國西部，砍罰森林已經造成自一九四九年以來，可耕地減少五分之一。中國可耕地面積只佔全部領土的十分之一，中國的家畜倍數為美國的四倍，中國要餵養自己是一件幾乎無解的挑戰[32]。

中國政府非常清楚這些問題。最近幾年，政府已實施遠較過去嚴格的環境法律，並提高國家環保總局的權限。問題是雙重的，政府缺乏足夠的資訊區清除污染，而法律的執行相當軟弱，侷限於地域。如果必須再成長導向的投資和汙染控制之間二選一，通常會選擇成長，除非問題嚴重到引起公眾批判和非營利組織的干預。

對話中雙方圍繞著抓住經濟全球化的機遇和應對全球化的挑戰的主題，所以雙方在全球化的議題上有了突破。雙方在食品安全和產品品質、經濟平衡發展、環境和能源以及投資等方面的討論都取得進展，簽署了多項合作協議，達成一系列共識[33]。

---

[32] Kristen A.Day," China's Environment and the Challenge of Sustainable Development", M. E. Shape, 2004.

[33] "Joint Fact Sheet: Third U.S. - China Strategic Economic Dialogue", US Fed News Service, Including US State News, DEC.13.

能源與環保方面，中國的天然氣資源相對匱乏，同時又在浪費大量完全可以替代天然氣的煤層氣。如果能夠有效地對煤層氣進行規劃和利用，也將極大地改善中國煤礦的安全環境[34]。

成果：在未來五年，美中兩國將在中國開發發展 15 個大型煤礦沼氣瓦斯氣採集應用項目；兩國將提供政策支持，促進先進採煤炭技術的全面商業化應用，加速碳的捕獲採取和存儲技術的商業應用[35]。

對話期間，雙方簽署了《中美關於食品、飼料安全合作協定》、《中美藥品、醫療器械安全合作備忘錄》等多項協議，並在金融服務業、產品品質和食品安全[36]、能源和環保[37]、透明度、投資、中國的市場經濟地位、經濟平衡增長[38]等八個領域開展合作達成了三十一項共識。

對話的結果，顯示了雙方合作關係的日趨成熟，雙方建立了一種信任的精神，能通過直接溝通，討論困難的問題。通過戰略對話，

[34] 據測算，中國的煤層氣儲量超過了 36 萬億立方米，每年僅在煤炭開發過程中釋放的煤層氣就達到 150 億立方米，但其中的大部分，都未得到有效利用，利用率僅有 15%左右。中國的煤礦事故中，可能有接近八成與煤礦瓦斯洩漏有關。馮源、劉錚、賈真，〈中國將開發煤層氣彌補天然氣缺口〉，《新華網》，2006 年 9 月 12 日，http://big5.xinhuanet.com/gate/big5/news.xinhuanet.com/fortune/2006-09/12/content_5082610.htm

[35] "U.S. Fact Sheet: The Third Cabinet-Level Meeting of the U.S.-China Strategic Economic Dialogue", December 13, 2007, http://www.ustreas.gov/press/releases/hp733.htm

[36] 陸裕良，〈中美啟動食品安全通報機制〉，《新華網》，2007 年 12 月 12 日，http://news.xinhuanet.com/newscenter/2007-12/12/content_7235963.htm

[37] 王以超，〈中美戰略經濟對話成果分析之環境篇〉，《財經》，2007 年 12 月 13 日，http://www.caijing.com.cn/2007-12-13/100041820.html

[38] 王歡，〈中美戰略經濟對話成果分析之投資與透明度篇〉，《財經》，2007 年 12 月 13 日，http://www.caijing.com.cn/2007-12-13/100041821.html

雙方在眾多方面取得重要進展，達成協定和共識。戰略經濟對話的成功，也推動了兩國其他對話機制取得成果。戰略經濟對話主要討論長期性、戰略性議題[39]。

第三節　美中戰略經濟對話未完成之議題

　　由於全球經濟發展不平衡加劇，資源、市場、科技、人才的國際競爭日趨激烈，貿易壁壘和貿易摩擦明顯增多，相關國家與中國在資源、貿易等問題上的摩擦不斷增加。隨著加入世貿組織五年後，中國面對更大的市場開放壓力，美國和歐盟就已向中國發出警告，必須向外國公司開放其市場，必須加強對智慧財產權的保護，顯示貿易摩擦逐步由貨物貿易層面擴展到服務貿易、投資、知識財產權等多個領域，由企業微觀性機制宏觀層面發展，特別是人民幣匯率、知識財產權等方面，北京面臨了更大的市場開放與體制改革壓力[40]。

　　工商界一向在共和黨內具有比民主黨更大的影響力[41]。小布希政府上台後，代表大公司利益的共和黨為了擴大美國在日益繁榮的

---

[39]　王岩、俞嵐、翁陽，第三次中美戰略經濟對話開幕　雙方達成 31 項共識〉，《中國經濟網》，2007 年 12 月 13 日，http://intl.ce.cn/zgysj/200712/13/t2007 1213_13908505.shtml

[40]　蔡宏明，〈從上海股市震盪看中國的經濟全球化〉，中華歐亞基金會網站，2007 年 4 月 9 日，http://www.fics.org.tw/issues/subject1.asp?sn=1852

[41]　陳一新，《戰略模糊中的美中台新圖像》，財團法人兩岸交流遠景基金會：台北，2002 年，P.114。

中國市場上的比例，比受工會組織影響的民主黨更加積極支持中國
加入世貿組織，發展與中國的經貿關係。但另一方面可能會更強調
「自由」貿易原則。但是總的來說，小布希任期內中美經貿關係可
能會好於柯林頓時期[42]。

一、人民幣問題

當中國加入 WTO 之後，雖然美中之間的貿易金額不斷增加，
但是中國對美貿易順差也不斷攀高。因此，美中經貿失衡是雙方希
望解決的重要議題。但由於貿易政策的變化與貿易額的增加，使得
貿易摩擦不斷出現而且有越演越烈的趨勢。

貿易赤字和貨幣發行問題是經濟領域的摩擦。美國不斷增長的
總貿易逆差在二○○四年是 6,177 億美元，其中包括對中國的 1,620
億，達到了新高[43]。中國對美國的貿易順差在二○○五年達到了 2,016
億美元[44]。一些決策者批評中國操縱貨幣，將人民幣與美元掛鉤，
所以，美國方面有人呼籲對中國施加更大壓力以使人民幣自由浮
動。紐約民主黨參議員查爾斯·舒默（Charles Schumer），強烈呼籲
中國重新估價貨幣，並與南加州的共和黨議員林賽·格雷厄姆
（Lindsay Graham）一起建議對中國進口商品爭已 27.5%的關稅[45]。

---

[42] 郭憲綱，〈現實主義──試析布希正府對外政策走向〉，《國際問題研究》，第
3 期，2001 年 1 月，P.10-11。

[43] "China Upbeat on Economic Future", Financial Times, July 28, 2005.

[44] Lee Spears, "Chinese sales abroad surged before holiday", The International
Herald Tribune, February 14, 2006, P.13.

[45] "Trade with China: More Pain than Gain for Americans", The Nation Global
News Bites, February 26, 2006.

　　為了降低美國及其西方夥伴的關注，中國於二〇〇五年七月決定不再將人民幣與美元掛鉤，美元由 8.27 元貶值到 8.11 元[46]。

　　在人民幣匯率上，華府認為美國希望人民幣有更多的升值，北京方面則不斷重申中國已經啟動人民幣匯率機制的改革，也已看到了成效。而針對華府強烈關注的美中貿易逆差問題，北京也列出對美擴採購清單，回應華府一直以來高分貝的不滿[47]。

　　人民幣的問題關鍵在於北京如果開放會形成通貨膨脹，這樣的轉變更會違背北京原本的大戰略[48]，維持社會穩定。若發生也會影響到經貿與美國互賴密切的美國本身。強迫人民幣升值只會使低薪勞工生產從中國轉移到其他國家，儘管這會改善美中貿易赤字，卻不能改變美國多邊貿易逆差，而且會使美國減少財政赤字更為困難，因為其他國家願意借錢給歐洲，而不願借給美國[49]。

二、智慧財產權問題

　　智慧財產權上，北京與華府的鬥爭是長期的。智慧財產權所產生的問題是北京如何在與西方交往中融入西方所規範的商業體系[50]。在毛澤東時代，知識產品一直被視為社會的共同財富，應該加以普及利

---

[46] David Barboza and Joseph Kahn, "China says it will no longer peg its currency to the US dollar", The New York Times, July 21, 2005.

[47] 潘錫堂，〈布胡會的意涵與影響〉，《中央日報》，2006 年 5 月 7 日，第 9 版。

[48] 劉屏，〈吳儀將訪美　鮑爾森籲與議員談貿易逆差問題〉，《今日晚報》，2007 年 5 月 23 日，A13 版。

[49] 外電，〈美中互為人質　中國手握好牌〉，《世界日報》，2007 年 5 月 24 日，http://udn.com/NEWS/WORLD/WOR6/3859319.shtml

[50] 「智慧財產權」（Intellectual Property）在中國被譯為「知識產權」，在香港譯為「智力產權」。一般包括版權、專利權、商標權、禁止不正當競爭權。

用而不是與以保護。一九七九年，中國實施改革開放後，與世界經濟接軌同時，北京也必須面對國際性的智慧財產權問題做出具體的保護。一九八五年，中國執行了他的第一部專利權法，但是西方商界認為他不完備。腐敗和無效的法律體系，阻礙了政府兌現自己的承諾。一九九一年，美國向中國發出了要他交付版權費的最後通牒，否則就要實施貿易制裁。一九九四年和一九九六年，美國向中國又發出了類似通牒。

為何美國對智慧財產權如此在意呢？源自於美國經濟發展高度仰賴智慧財產權。因為美國著作權工業每年對美國經濟貢獻八千億美元，但是盜版已經成為嚴重問題，尤其是這些被國會小組點名的國家，情況特別嚴重。國際智慧財產權聯盟估計，二○○六年中國的盜版行為已使聯盟會員，包括電影、軟體、音樂與書籍公司等，損失約二十二億美元[51]。

美國經濟上的優勢不僅僅表現在其經濟規模上，而且也表現在其科技水準、研發能力和全球資源配置上[52]。因為根據日內瓦的 IMD 世界競爭力評估中心的研究，美國的經濟競爭能力在世界上仍處於遙遙領先的地位[53]。

美國經濟不僅競爭力居高不下，而且由於重視市場研發，發展後勁也異常強勁。愛爾蘭一家研究所對世界上一千家公司的調查分析表示，在世界十五家投一研發最多的公司中，有六家是美國公司，五家為歐洲公司。在世界十五家研發／銷售比最高的公司中，有十

---

[51] 陳家齊，〈美向 WTO 控訴中共侵犯智財權 首度對大陸動用 WTO 爭端解決機制，60 日內未達成協議，將交付仲裁〉，《經濟日報》，2007 年 4 月 11 日，第 A6 版。

[52] 見附件五。

[53] 見附件六。

一家是美國公司，只有四家為歐洲公司。在研發方面，美國獨領風
騷[54]。

　　保護智慧財產權為美國政府首要工作。畢竟智慧財產權工業佔
了美國經濟成長的 40%，並提供美國人一千八百萬份優質的高薪工
作。美國向 WTO 提告中國違反智財權的行動，也獲得加拿大、墨
西哥、歐洲聯盟與日本迴響，要求訴諸 WTO 協商機制。儘管中國
努力在智慧財產權上努力改善形象，但中國仍遠未達到當初加入世
界貿易組織所應許的承諾。

　　但是根據美國國會的「國際反盜版小組」公布的反盜版優先
觀察名單，將中國與俄羅斯列入「高度優先」觀察名單；美國電
影協會總裁葛里克曼也發表聲明支持國會小組的動作。國際反
盜版小組是美國參眾議會的跨黨派與跨院組織，每年依照國家的
盜版嚴重程度與政府需介入立法、執行與檢舉的程度，列出觀察
名單。

　　美國對於智慧財產權保護的關注由來已久，由於美國與中國在
經濟發展的水準不同，彼此對智慧財產權的適用範圍和實現認知也
不同，在法律方面的規範也有別。

　　在對話結束後，中美雙方一致同意在有效保護智慧財產權、加
強法治和消除貿易與投資壁壘的基礎上，建立開放、競爭性市場的
重要性，加速發展和創造就業，刺激國內外貿易與投資，通過加強
能源安全，環境保護和醫療推動可持續發展。

---

[54] "The WORLD competitiveness SCOREBOARD 2006", IMD WORLD
COMPETITIVENESS YEARBOOK 2006, http://www02.imd.ch/documents/
wcc/content/overallgraph.pdf.

三、雙方信心問題

　　中美間存在一些潛在的不利因素，可以簡單概括為三個固有的矛盾。第一是理念上的問題，即民主和人權方面的爭議。

　　第二是中美在熱點國際問題上持不同的國家利益和不同的處理方法。中國主張國際關係民主化，用對話代替對抗，而美國還是傾向於單邊主義和使用隨心所欲的外交手段[55]。對中國來說，美國不應把北京支持反核生化武器及彈導飛彈的擴散視為當然，必要時，美國需要提出誘因來促進雙方進行合作。

　　第三是美國對中國國內政治和經濟問題過於關心。在應該由中國自己決策的問題上，美國過度表達它的意見。包括在人民幣升值問題，能源問題，兩岸關係問題。

　　雖然在美方關切的人民幣匯率及市場開放議題上，雙方未獲致具體成果。但戰略經濟對話是美中雙邊經濟關係的一個管理機制，也是兩國官員定期進行磋商的常設機制。戰略經濟對話致力於解決長期性結構問題，並力爭在短期內取得成效，以增強雙方的信心，並顯示出為實現長遠目標而取得的進展。為未來的雙邊關係制定「路線圖」[56]。

　　中、美貿易合作，是中國現代化戰略的中心因素。美國一直是中國最大的市場。對美出口低技術的廉價消費品，為中國賺得了強勢通貨，用於滿足進口中國經濟現代化、國防能力升級所必須的高技術的需要。在經濟上，美國對中國的討價還價的力量是很強的。

---

[55] "Analysis: Bush's foreign policy", BBC news, http://news.bbc.co.uk/2/hi/americas/1265039.stm.

[56] 蔡宏明，〈中美戰略經濟對話之意涵〉，《和平論壇專文》，http://www.peaceforum.org.tw/onweb.jsp?webno=3333333170&webitem_no=2009

在貿易問題上，北京認為以作出很多妥協，削減了貿易障礙。採取措施減少了盜竊智慧財產權的行為。然而，貿易失衡和智慧財產權衝突都不是容易解決的，貿易逆差在增長，中國盜竊版權的行為找到了逃避規矩的新辦法。貿易危機一再爆發，威脅著合作關係。

一些西方人士認為中國對其低廉的勞動成本優勢向美國國內市場傾銷產品，同時卻阻止美國產品和資本大規模進入中國市場，從而造成中國與西方國家的貿易不平衡將不斷加劇[57]。在他們看來，由於中國的貿易順差加大，中國吸引外資的能力不斷擴大，西方的工業將會大規模的轉向中國，進而讓西方國家失去數以萬計的工作機會。這樣的思維在西方國家中工會形成主流。例如，有48萬會員的美國國際機械和航空航天工業工人協會就反對波音公司向中國提供製造技術，並要求對中國的貿易行為進行逞罰[58]。

此外，美國的輿論顯示出對中國人權問題的關注。這難題牽涉到政治犯和宗教犯、酷刑、在西藏的鎮壓、出口勞改產品、推行計劃性聲譽等問題。中國政府的立場是，這是中國的內政，不容許外國政府、組織或個人干涉。而大多數的美國政府官員和民眾支持的立場是，世界上存在普遍適用的人權標準，違反人權標準是一個國際關注的問題。

---

[57] 根據美國商務部統計，2007年1至10月，美國對中國的出口總額是525億美元，進口總額為2660億美元，逆差為2140億美元。〈回顧2007中美貿易急劇擴大關鍵問題仍無解〉，《星島環球網》，2007年12月21日，http://www.stnn.cc:82/america/200712/t20071221_697525.html

[58] 〈美國放鬆部分對華高科技出口，波音將加速技術轉讓〉，《第七屆中國航空豪天博覽會網站專文》，2007年7月4日，http://www.airshow.com.cn/cn/index.html

第四節　對話當中浮現之趨勢

如果說第一次美中戰略經濟對話，代表了當今世界上經濟發展最快的中國和最強大的美國，開啟了有重點的互動過程，那麼第二次對話，就是為兩國提供了一個找出重要分歧、並尋求解決方案的契機。而第三次對話，則是雙方在擱置爭議的部分之外所做出最大的合作成果[59]。

美中戰略經濟對話已經成為中美就兩國經貿關係中所產生的種種問題的定期對話機制，華府將會利用這個定期對話機制持續對北京施加壓力，從而在兩國經貿往還的過程中爭取更大的優勢和利益。因此，北京也會為中美兩國定期經濟對話制訂相關的政策原則，並在這些政策原則的基礎上制訂應對政策。對話的成果是共同利益的表現。當然，兩次對話也有不少分歧。但我們首先談到的是趨勢。可以包括三個方面：一是對機制的確認，雙方共同認為這是一個可以利用的機制，給予了高度的重視。第二次對話更多注重了中美兩國對全球性共同問題所承擔的責任。也是雙方對戰略性對話的定位。美國關注中國國內體制改革問題和發展模式問題也與深化合作密切相關。美國與中國可能在環境、能源等方面的合作完全符合中國的需要；二是對全球性重大領域合作原則的確立，體現了兩個大國的國際作用；三是對雙方市場相互進一步開放的安排。當然，目前主要還是中國具體金融服務領域對美國的開放。而美中經濟戰略對話浮現之趨勢，有以下幾點。

---

[59] 劉煥彥，〈人民幣升值慢　美揚言制裁陸貨〉，《經濟日報》，2007 年 5 月 25 日，第 A6 版。

一、合作趨勢

　　合作共識是為了中美兩國的共同利益，在戰略經濟對話開始前有許多面向能發現合作的趨勢。在美中戰略經濟對話開始前，北京與華府之間不缺乏各項對話，但是總是無法持續。在雙方一遇到某些爭執時，對話的暫停或終止變成了外交手段或施壓工具之一[60]。但包括中國外交部長楊潔篪在第三次戰略經濟對話後公開表示，中方願意與美方進行各個領域的接觸，包括和美國恢復人權對話[61]。恢復人權對話可以作為證明表示雙邊合作大於競爭，也代表解決各種問題對話都是一項重要基礎。除重大宣示之外，人事的任命也是對合作浮現的驅動力。即使對對話機制不看好，觀察家仍認為財務部長鮑爾森的柔和路線會不斷驅動整個合作的趨勢，讓合作的動能持續[62]。

　　在對話過程中浮現了許多未求合作而透露的跡象，即使是雙方的事前放話，都能感受到合作的趨勢。在對話開始之前，特別是第一與第二次對話，雙方的事前放話都有影響各界對對話過程持續的信心。不過可從另一面向來思考，雙方在對話開始前先把有疑慮的部份丟出來，可以形塑出三點利益[63]。第一，將整體對話形塑成前面都已經爭過了還吵什麼的印象，讓對話的結果即便不夠豐碩，仍不致被外界灌上對話失敗的印象。第二，操縱期待。在談判過程中，

---

[60] 牛新春，〈中美战略对话机制越来越开放〉，《瞭望》，2007 年 26 期，P55。

[61] 汪莉娟，〈萊斯北京行　重申美反入聯　英外相米勒班訪上海　也表態不支持入聯公投　鼓勵兩岸加強對話〉，《聯合報》，2008 年 2 月 27 日，第 A2 版。

[62] Zhou Jiangong，〈不滿美方經濟問題政治化　北京或檢討中美戰略經濟對話意義〉，《atchinese》，2007 年 5 月 28 日，http://www.atchinese.com/index.php?option=com_content&task=view&id=34402&Itemid=110

[63] 時殷弘，〈中美關係基本透視和戰略分析〉，《世界經濟與政治論壇》，2007 年第 4 期，P.8-11。

操縱彼此的期待是很重要的戰術。雙方透過事前放話,讓外界能夠在對話結束之後有感覺到,原來雙方之前有那麼多誤會還能達成那麼多協議,也能達到操縱期待的效果。第三,營造國內的信任。當對話完成之後,雙方都必須要能夠得到國內的信任才能持續讓對話繼續。因此在雙方政府在操縱期待之後所得到國內信任會更加深,也更有本錢繼續對話。

　　對話是中美雙邊關係中的機制創新。中美兩國高度重視對話機制,把它放在重大戰略層面上。可以說,對話機制首先創造了兩個大國,特別是一個崛起中的發展中大國與一個最大的發達國家之間的對話機制,在當今國際關係上有重要意義。這一創新使美中戰略合作夥伴關係有了更實質性的內容。

　　對話著重的是美、中長期的戰略關係,而非短期的解決方案[64]。華府對北京對話的機制可追溯到季辛吉展開與中國關係正常會開始。而季辛吉認為對北京最有效的對話模式是華府必須要選擇雙方都可以接受的目標並且堅持到底。這樣的思維最明顯發生在人民幣議題上,在匯率升值部份,已經有向攀升但升值的速度還不夠符合華府的期待,不過重點在於,已經升值了[65]。鮑爾森也表示,在彼此努力下,對話有明確的結果,「這些結果就像長期戰略道路的路標,建立了信心,並鼓勵我們持續共同前進。」這樣的轉變比起一開始,雙邊談話中轉變的是從高調漸趨和緩[66]。在會談中也都只談新領域,為求的是擱置爭議,不干擾到合作的發展。

[64] 張宗智,〈美中戰略經濟對話閉幕　外銀可在中國發卡　放行人民幣幣值的信用卡、現金卡〉,《聯合晚報》,2007年5月24日,第4版。

[65] 浦采伯,〈中美戰略經濟對話:過程比結果重要〉,《商務週刊》,2007年6月5日,P.59-60。

[66] 彭煒琳,〈吳儀:人民幣匯率將不斷加大浮動幅度〉,《工商時報》,2007年5

　　對話所建立的互信、互諒和取得的具體成果是能繼續展開對話的重要基礎，也預期著下次對話能夠取得更多的合作。北京更可以透過對話更有利中國加強本身在法規和管理的不足[67]。一方面，在戰略層面上，中美兩國間的戰略互信可望進一步加強。通過雙方高層官員的多次互訪和交流，中美雙方對對方經濟體制、經濟結構和政治決策的瞭解越來越深，認識到雙邊經貿關係的複雜性，意識到只有通過長期細緻的合作才能化解矛盾。

二、中國影響力變大

　　二〇〇三年十月七日，新加坡總理吳作棟在峇里島東協峰會會場外與當時日本首相小泉純一郎會談時，很感慨的說：「中國就像一頭大象，東協是一隻鹿。無論這頭大象有多親切，只要他餓了，或是開始在那打轉，小鹿都得開始擔心。如果這頭大象發脾氣，那小鹿就得擔心了。」我們不知道當時小泉的反應是什麼，但無論小泉同意不同意，吳作棟自己是深深這麼認為。在之前的一個月，吳作棟接受媒體採訪時，就曾很感慨的說：「中國是很溫柔，但他還是太大。[68]」

　　中美雙方同意定期舉行高級別對話意味著新框架的建立。隨著中國的崛起，以及影響力的擴大，中美雙邊建立更加暢通的溝通交流管道是非常重要的轉變。從戰略經濟對話本身，隨著一輪比一輪

月 26 日，第 A7 版。

[67] 張燕生、張岸元，〈從新的角度考慮中美經濟戰略對話〉，《國際經濟評論》，2007.7-8，P.24-25。

[68] 劉必榮，《國際觀的第一本書》，先覺出版社：台北，2008 年 9 月，P.22。

陣容更加龐大。美國方面已經派出了十七位內閣官員及政府機構負責人，與會的中國代表團由來自二十一個中國政府部門的十五位部長。規格是前所未有的，顯見中美經貿問題之重要性提升。特別是從一九七九年至二〇〇六年，雙邊貿易額增加了一百零六倍，相當於每年增長 18.9%。中國已成為美國的第四大出口市場[69]。美國的作為也由於北京的影響力變大，由融合到接觸，進而產生平衡。中國的影響力變大也來自於北京政府的對外事務逐漸充滿自信[70]。

當中國已全新的手法參與世界，除了代表中國的影響力變大，更代表北京的自信增強了[71]。北京更在一開始就不斷肯定對話機制對彼此的重要，而華府一開始則有疑慮[72]。這更代表北京的自信上升了。

世界的格局正在轉型，軟實力等非軍事的影響力也逐漸擴大[73]。當中國國力變強同時，北京的影響力也變大了。且即使二〇〇八年無論是何黨執政，穩定的雙邊關係是華府所需要的[74]。所以當北京政府十七大結束新政府一成立之後，鮑爾森馬上拜訪中國，顯示華府對北京的重視[75]。

---

[69] 蔡宏明，〈中美戰略經濟對話之意涵〉，《和平論壇專文》，http://www.peaceforum.org.tw/onweb.jsp?webno=3333333170&webitem_no=2009

[70] 劉建飛，〈美國變革外交與中美關係〉，《環球視野》，2007 年第 9 期，P37～40。

[71] 江靜玲，〈矛盾美國夢　中國全新參與世界〉，《中國時報》，2008 年 7 月 9 號，第 A13 版。

[72] 劉智年，〈首次中美經濟戰略對話之意涵分析〉，《中華歐亞基金會網路專文》，http://www.fics.org.tw/publications/monthly/paper.php?paper_id=1193&vol_id=129

[73] 時殷弘，〈中美關係顯著發展的一大可能前景〉，《國際問題研究》，2007 年第 2 期，P.4-5。

[74] 時殷弘，〈中美關係顯著發展的一大可能前景〉，《國際問題研究》，2007 年第 2 期，P.4-5。

[75] 賀靜萍，〈推動中美經貿　胡錦濤讚鮑爾森〉《工商時報》，2008 年 4 月 3 日，第 A14 版。

美國學者葛萊儀在智庫《外交政策聚焦》（Foreign Policy In Focus）的一篇分析中指出，由於美國與中國在價值觀及對國際規範認知上仍難有較大的共識，全面的戰略安全夥伴關係既不可行，雙方也未必有意願。

美國承認北京在亞洲和全球事務中所扮演的角色。全球對話和高層對話與戰略性對話是有區別的，也就是說，目前這種對話方塊架的定位並不意味著戰略性對話的建立，同樣也不意味著美國對北京政策的轉變。華府對中國的崛起仍然是有複雜的心態，而他們和中國合作也是有選擇的進行合作。這樣的觀點可以從對話的名稱看的出來，有選擇性的合作和戰略安全夥伴關係之間有很大的差異。推動民主、好的管理、法治、人權及自由市場理念方面的共識是美國與盟邦，例如英國、日本與澳大利亞合作的基礎，而中國未必認同這些理念。這並不表示美國不可能與中國在重要的戰略事務上合作，但是，這類合作並不等同於戰略安全夥伴關係。

以非洲的達佛問題為例，華府和北京在觀念及價值認定上就有很大的不同。北京強調國家主權及不干涉內政，由於北京的堅持阻礙了國際間有效合作阻止蘇丹內部對平民百姓的暴行。北京不願意支援基於人道的理由而以武力干預，影響到國際間安全問題方面的合作。

美國和中國不可能成為全面戰略安全夥伴的另一大理由是彼此間的不信任。從華府與北京本身利益的角度和地區性安定的考慮來看，兩國之間還是必須尋求合作，例如全球反恐工作、北韓半島禁止核武發展，以及全球能源供需的調節及發展節能科技等。

對於布希政府而言，戰略經濟對話反映了美國對中國整體經貿外交的策略變化，已經從貿易領域轉向金融領域；從單純的對中國

貿易逆差問題轉向擴大美國對中國的市場開放問題，並且希望影響
中國的國內經濟發展模式，從儲蓄型發展模式轉變為消費型發展模
式，顯示美中間的經貿關係中，不僅處理貿易摩擦，更關切經濟發
展與結構問題，強調「共同發展」的戰略性關係[76]。無論是在世界
銀行的林毅夫人事任命，因西方國家希望利用一名具有代表性的中
國人，可以和中國有一個溝通的管道。甚至藉由這項人事案，將中
國更進一步地納入國際體系當中[77]。特別是戰略經濟對話使雙方都
認識到，向貿易和投資開放市場對經濟的可持續增長，是極端重要
的[78]。

　　這種定期舉行高級別對話方塊架的確立後，中美雙方很多共
同關心的戰略性問題都會越來越多的放到桌面上討論，互派的官
員層級之高、數量之多更是雙邊關係變緊密的指標[79]。這些作為都
將增進互信和互利，有利於雙方形成長期和平共處、積極合作規
則的形成。

三、外交被動主義

　　北京外交上的被動主義也能在對話層級上發現，戰略經濟對話
層級高而且對於成果更是公開並不斷宣達，因為高層的對話具有代

---

[76] " President Bush and President Hu of People's Republic of China Participate in Arrival Ceremony", April 20, 2006, http://www.whitehouse.gov/news/releases/ 2006/04/20060420.html

[77] 王宏仁，〈不要錯估林毅夫的角色〉，蘋果日報，2008 年 2 月 14 日，第 A20 版。

[78] 蔡宏明，〈中美戰略經濟對話之意涵〉，《和平論壇專文》，http://www. peaceforum.org.tw/onweb.jsp?webno=3333333170&webitem_no=2009

[79] 張宗智，〈開放市場　美中經濟對話過招　寶森：意見有時強烈相左　仍可 繼續談下去〉，《聯合晚報》，2008 年 6 月 18 日，第 A7 版。

表性，但低層可以深層討論，在對話展開中間間格的半年，透過基層的協商再讓高層官員接收成果，讓更多民眾了解並更信賴[80]。

　　展現被動主義的好處，可以讓對話深入。透過華府主動提供北京需要改變的項目，從別人的眼中發現自己的缺點。例如起先不放重點的能源和環保問題，卻達成很多共識[81]。但被動主義必需要有基本的框架設定，將本身立場表達很清楚來回應對方的主動問題。例如當吳儀訪問國會時，在之前吳儀就透過投書或公開發言的機會，將北京的立場加以說明。但是在到底跟國會如何互動或何時互動上，則尊重華府的安排，這也是北京談判的特色之一[82]。立場不能輕易轉變，但對話中架子擺的很低。

　　當鮑爾森參與戰略經濟對話前，也會主動提及到當初與日本的對話。謹慎的不希望對話機制被貼上美國想控制中國的標籤[83]。而主動提及希望在中國經濟成長迅速時改革，進而維護共同的利益[84]。在會談過程中，鮑爾森也會先發言，北京代表無論是吳儀或王岐山都是後發言，更表現了北京在外交談判被動主義的最好例證[85]。

　　比起以往華府主動、北京簡單且被動參與不同的是，北京在對話中掌握部份主導權，變的比以前主動許多。例如在航空領域，中國空

---

[80]　大陸新聞中心，〈中資入股黑石　美議員反對〉，《聯合報》，2007 年 6 月 23 號，第 A20 版。

[81]　潘家華　蔣尉，〈叢中美戰略對話角度透視能源和環保問題〉，《國際經濟評論》，2007.9～10，P.53-56。

[82]　大陸新聞中心，〈接待吳儀　美國國會擺鴻門宴〉，《聯合報》，2007 年 5 月 23 日，第 A13 版。

[83]　鮑爾森：放眼全球謀劃中美，《棧江晚報》，2007.12.17，第七版。

[84]　同註 40。

[85]　劉屏，〈鮑森、吳儀開場白　針鋒相對〉，《中國時報》，2007 年 5 月 23 日，第 A13 版。

運企業可立即不受限制地進入中美航空運輸市場,在維持二〇〇四年協定有關包機、第三方代號共用、客運第五業務權等規定的基礎上,二〇一一年兩國航空貨運市場將過渡到全面開放,二〇〇七到二〇一二年美國至中國東部地區的客運運力將在二〇〇四年協定的基礎上逐年增加到每週共七十班。中國中部地區至美國的直達航空運輸市場完全開放,是一份雙贏的方案。而證券市場,對外資持股33%的上限以及在中國設立獨資證券公司兩方面,北京都沒有讓步。未來,中國日趨嫻熟的談判技術,勢必將廣泛運用在與日本、歐盟的經濟對話上[86]。戰略經濟對話中慢慢浮現的趨勢就是北京的外交被動主義慢慢在對話過程中轉變了。

這種嶄新的溝通方式對中美關係的發展是有益的,也從某種程度上反映了美國小布希政府外交政策的轉變。過去北京在外交上所形塑的是被動主義,在對話機制上後由於華府展開對話而北京必須回應,這也代表了華府的主動和北京的被動[87]。面對北京的被動,華府體認到,如果運用其他方法例如制裁或施壓來處理雙邊關係,不符合華府的利益。如果透過對話機制的建立,能夠把本來被動的北京用更積極的手段加速轉變[88]。這樣才能夠符合華府的利益。

在很多國際問題上,美國都很難把北京排除在外的,尤其是北京在一些領域還有著很強的影響和優勢,比如北韓核武或是蘇丹種族問題等。當北京不那麼被動,華府所能期待和鼓勵的方向和力道也能更明確。

---

[86] 蔡宏明,〈中美戰略經濟對話之意涵〉,《和平論壇專文》,http://www.peaceforum. org.tw/onweb.jsp?webno=3333333170&webitem_no=2009

[87] 劉建飛,〈美國變革外交與中美關係〉,《環球視野》,2007 年第 9 期,P.37-40。

[88] 左小蕾,〈中美戰略對話有利於平衡世經格局〉,《瞭望》,2007 年第 1 期,P.24。

　　目前美國在一些國際問題上也面臨不少困難，單邊主義很難解決所有問題。同時，在對此種高級別對話的定位用詞上，美國政府官員把這個對話稱為全球對話，就說明對話溝通的範圍很廣，不會僅局限於目前所列的北韓核武問題、蘇丹種族問題等，隨著中美雙方依存度的不斷加大，涉及雙方共同利益的問題會更加明顯，比如石油、全球反恐、核武安全以及雙邊關係問題等等，所以將來會談的範圍更將包括政治、經濟、軍事、安全等更多領域。

　　全新的對話方式的出發點是為了促進合作、避免誤會，既可對在一定階段內長期存在的國際問題，定期溝通、表明立場，也可在突發性問題方面加強交流，爭取達成共識。

第五節　　小結

　　當兩國的經濟有了相互依賴關係後，則此關係就包含「成本」在內。基歐漢和奈伊認為，「相互依賴代表著對彼此有重大影響（costly effects）」、「由於相互依賴會限制國家自主權，因為相互依賴關係總是包含著成本（costs）[89]。」這種成本是指兩國對彼此經濟突然發生改變的敏感度與脆弱性，或是只切斷彼此經濟關係所要付出的代價損失與調節成本。所以，中國與美國之間的經濟互賴除了為兩國創造利益，也帶來成本。

---

[89] Robert O. Koehane and Joseph S. Nye," Power and Interdependence", 2nd ed. London: Harper Collins Publishers, 1989, P.9-10.

　　中美經濟互賴的成本因素，對於中美兩國在互動上的考量佔有一定的影響力，使得雙方在某種程度上都會受到牽制，不願去破壞彼此的關係[90]。目前雙方的經貿關係都為彼此創造正面的利益，屬於正向的相互依賴關係。依據自由主義者的看法，這種關係會在雙方間形成一種羈絆，促使兩國邁向合作。自由主義者認為相互依賴的兩國關係會著重在彼此的利益創造上，並且為了避免利益的損失，兩國間會寧願維持關係的不變也不願意破壞此一關係，因為唯有維持關係才能讓國家持續獲得財富與繁榮。因此，兩國經濟互賴關係的代價成本考量對於兩國再政治互動與決策上具有一定拘束力來使兩國避免關係受到其他外在因素的影響而破裂[91]。

---

[90] "Remarks by Treasury Secretary Henry M. Paulson on the International Economy", September 13, 2006, http://www.ustreas.gov/press/releases/hp95.htm

[91] P.R. Goldstone," Economic Interdependence and Peace: Hollow at the Core?", paper prepared for delivery at the 1999 Annual Meeting of the American Political Science Association, Atlanta, September 2-5, 1999, P.7.

第三章　效應

　　美中戰略經濟對話機制啟動，是近年來中美經貿關係上的一件大事。它代表當兩國在經濟領域的互動已經具備全球性和戰略性的影響力後，協商對話的意義已經從戰術層面進入到了戰略層面。戰術是為了獲勝，但戰略必須有得有失，目的是為了營造長期的穩定發展。筆者對其所產生的效應從政治、經濟、社會、文化四個面向進行探討。

第一節　政治方面

　　北京迅速壯大的國力，是華府長期的隱憂。從根本上說，美方需要北京合作，共同維持現有的國際秩序，這最符合華府的利益。美方要求北京承擔起負責任的大國的義務，就是這個考慮。而當中國成長為真正的大國強國之後，國際秩序必然要隨之變化，這是中美關係不穩定的最終根源。希望借由反恐合作等的短期因素使得中美關係的長期穩定，是不切實際的[1]。但對話後的政治效應，卻是可以期待的。

---

[1] Sam C. Sarkesian, John Allen Williams, and Stephen J. Cimbala 著，郭家琪、林宜瑄、李延輝合譯，〈美國國家安全〉。台北：國防部史政編譯室，民94，P.15

一、穩定力量的來源

雙方對彼此依賴和關注正在深化。對話後，兩國的經貿關係從簡單的投資、貿易上升到協調支撐發展的新局面。至於為何選用對話，是因為對話而非形式上的會面可以使得戰略經濟對話不會被國會或其他非政府所主導的力量拖住[2]。更容易透過對話表現出本身對於世界議題的關心來達成宣傳的目的。

鮑爾森認為，隨著中國經濟實力的不斷增強，美國對中國部分經濟改革遲緩的問題越來越失去耐心[3]。吳儀也在對話中提及多年來，在與美國朝野和社會各界交往中深深感到，一些美國朋友對中國的實際情況不僅知之不多，而且誤解不少。不少美方學者更是假定，美中未來關係及中國在國際上的定位，將取決於中國究竟是獨善其身還是兼善天下。假設北京當局願意在國際事務上，擔負更大的責任，美中即使在競爭的狀態下，應該還是可以維持建設性的合作關係，如果中國只想獨善其身，雙方要建立友善關係，就會有困難[4]。這些看法都表示，雙方需要建立一個穩定的力量改善關係。

隨著中美經濟依存度加深，對對話機制的依賴更是明顯加深。在雙邊有密切聯繫之後，促使政治上的對話機制必須維持穩定。中方學者也表示，即使二〇〇八年民主黨獲勝，合作的局勢仍不會被

---

[2]　"The power of dialogue", China Daily, Jun 20, 2007, pg. 10.

[3]　"Opening Statement by Secretary Henry M. Paulson, Jr. at the May 2007 Meeting of the U.S.-China Strategic Economic Dialogu", May 22, 2007, http://www.ustreas.gov/press/releases/hp414.htm

[4]　夏明珠，〈CIA 說本世紀中國將成超級強權〉，《今日晚報》，2008 年 5 月 1 日，http://news.chinatimes.com/2007Cti/2007Cti-News/2007Cti-News-Content/0,4521,130504+132008050101178,00.html

逆轉[5]。因此無論是由哪一黨職掌華府，對中國的政策都會相似。因為觀察家認為如同共和黨在代表美國的國家利益一樣，民主黨也有可能同時重視貿易和人權問題。中國的力量和地位才是重要的。美國的哪個黨在總統大選獲勝，並不是很大的變數。只是在胡蘿蔔和大棒之中，哪一個用的更多些的問題[6]。這樣更可發現雙邊從自發性而到最後促進了合作。

目前，美國是中國的第二大貿易夥伴和第六大進口來源地[7]，中國已成為美國第三大貿易夥伴、第二大進口來源地和增長最快的出口市場以上資料反映了雙方對彼此依賴程度的提高，而這種依賴正在成為重新定位兩國經濟關係的積極力量。

布希政府認為有必要系統地處理兩國關係，以便在任期的後兩年內，更好地協調與中國政府、與本國產業及國會共三個方面的關係[8]。華府代表關注以上問題的第二個因素是促進瞭解。長期以來，中美關係中的許多問題，多源於誤解和相互猜疑。建立對話機制將有利於加強彼此的溝通和瞭解。而戰略對話就是要用一種至深且遠的眼光來審視雙邊關係[9]。雖然在對話前會把爭議議題拋出來，讓外界認定對話不會有進展[10]。但筆者認為當鮑爾森仍能帶著爭議議題

---

[5]　時殷弘，〈中美關係顯著發展的一大可能前景〉，《國際問題研究》，2007 年第 2 期，P.4-5。

[6]　朴勝俊，〈中國希望與美國加強合作而非對抗──採訪北京大學國際關係學院院長王緝思〉，《朝鮮日報》，2007 年 1 月 19 日，http://chinese.chosun.com/big5/site/data/html_dir/2007/01/19/20070119000033.htm

[7]　見附件 2。

[8]　"President Bush and President Hu of People's Republic of China Participate in Arrival Ceremony", April 20, 2006, http://www.whitehouse.gov/news/releases/2006/04/20060420.html

[9]　李青，〈中國如何對待美國的「中國觀變化」〉，《台港澳文摘》，2007 年第 6 期。

[10]　賀靜萍，〈三度戰略經濟對話　成果斐然　推動中美經貿　胡錦濤讚鮑爾

前去其目的是在為了保護自身的立場，對外談判時表達良好的態度當然很重要，但更重要的是要能夠保護自己，以免陷入或被認為是受制於人的情況，此外，當爭議變大之後，也能得到我是克服萬難前來的印象，這對雙邊對話的互信是很大的支持。因為不信任是明顯的，但是信任感需要時間培養，在一時半刻沒辦法有所改變，所以先從較不明顯的其他議題著手，這也是自發信的改變來促進合作與穩定力量[11]。

對此，中國副總理吳儀在講話中重申了中方長期以來的觀點，即那些批評中國的外國人未能體察到中國所面臨的廣泛的經濟和社會問題。她表示，外國人常把中國政府通過經濟發展來解決這些問題的努力當作是對中國貿易夥伴國的威脅[12]。

隨著世界各國經濟的不斷發展，貿易糾紛和貿易磨擦也越來越多。中國與美國作為世界經濟體系中的兩個大國，更是不可避免。但當雙方面對越來越多需要相互合作的議題，於是漸漸從自行發展到合作。這也顯示出一種中國和美國希望透過協議來對世界產生影響的思維[13]，當經貿影響逐漸擴大，單純從經貿考量就會變化形成政治議題。中國的崛起華府將北京視為一個日益平等的夥伴，前美國副國務卿左立克（Robert Zoellick）建議雙邊應藉由議題合作，降低雙方可能的衝突，建立密切、坦承、合作的雙邊關係。但同時華

森〉，《工商時報》，2008 年 4 月 3 日，第 A14 版。

[11] 毛豔，〈中美關係中的不信任問題分析及對策探究〉，西南大學學報（社會科學版），第 33 卷第 5 期，2007 年 9 月，P.89-93。

[12] Wu Yi.,It's Win-Win on U.S.-China Trade,Wall Street Journal, May 17, 2007, pg. A.21.

[13] 馮海音，〈中美經濟戰略對話「黑白顛倒」？〉，《星島環球報》，2007 年 5 月 29 日，http://www.chinesenewsweek.com/MainNews/Opinion/2007_5_24_15_37_37_724.html

府應明確的告訴北京，任何不負責任或挑釁的行為都將損害中國核心國家利益，藉此促使中國邁向負責的道路。換句話說，一個負責、合作、繁榮、開放、公平與可持續性的中國才符合美國的利益[14]。同樣的，北京也藉由合作的雙邊關係，獲取其經濟發展、國際影響力及其他潛在利益。因此，固定對等的美中戰略經濟對話提供雙邊需求的管道與溝通的重要機制。更是對話機制政治上對雙方的效益。

二、行政立法的拉扯

　　華府的大問題，來自於內部行政立法的拉扯。從行政部門來說，在美方的代表陣容中，有能源部、勞工部、美國聯邦儲備委員會等眾多領域的高級官員。領域如此廣大，因此競爭和合作的複雜性也更加複雜。在眾多領域中，某些問題和中國的合作大於競爭，如新能源及環保。某些問題美國對中國的競爭大於合作，如匯率和開放投資。還有某些領域美國對中國的信心不足，如高科技出口壁壘及對中國軍事禁售。但是任何一個問題都不能單獨看待，例如對中國的科技援助雖然牽扯到智慧財產權的爭議，但是提供科技技術的援助卻有助於環保合作等。

　　對戰略經濟對話本身，是把問題擺上桌面有利解決對話的模式也與眾不同：不是分組召開多次會議，而是雙方代表團全部在一間會議室進行一天半的會談。而這種開放的模式就有助於問題的解決，降低部門因為利益不同而拉扯。但是，其他因素仍可以緩和日益緊張的美中經貿關係。

[14] 鄭家慶，〈美中關係：肯定的議程及負責任的道路〉，《中華歐亞基金會網頁專文》，http://www.fics.org.tw/issuses/subject1.asp?sn=2110

　　首先，布希總統本人不願意在其在任的最後一年中看到美中關係大倒退。他會動用行政部門的資源來阻止國會通過極端的法案。即使國會最終會通過某種迫使人民幣升值的法案，白宮會爭取到盡可能大的執行靈活性。

　　其次，由於美中之間經濟的相互依賴程度日益增加，國會對中國的任何全面貿易制裁都會殃及美國商界的某些利益，這會引起這些利益集團的反彈。他們的反對將迫使國會採取相對溫和的措施。國會同時還必須面對另一個風險。因為中國是美國國債的最大買主之一，國會的舉動如果被金融市場認為過分粗暴，甚至導致中國政府減少購進美國的國債，那麼，美國國債的價格會下跌，利息上升。這很可能給本來就疲軟的美國經濟雪上加霜。

　　最後，北京似乎越來越精通如何與華府談判。因為對北京來說，過去會被國會壓力而對自身保護提出建議，但在對話機制建立之後，北京也在對話中體認華府必須對國會交代，這樣的理解也讓對話持續[15]。因為國會的話華府要聽，不然對整體機制反而有害[16]。因此會採取某種措施使美方謹慎思考貿易制裁或是關稅逞罰的可能性。比如，人民幣升值的幅度可能增大，但不可能達到美方的要求（即立即升值 20%以上）。北京也許會加快金融服務業的對外開放進入更多美國銀行、保險和證券公司。這一方面可以給鮑爾森面子，另一方面可利用這些商業利益來阻止美國國會走極端來維持中美經貿關係的穩定。

---

[15] "OPINION: US-China Strategic Economic Dialogue 'Working through the friction", Business line, Jun 9, 2007. pg. 1.

[16] "Let's Talk; China agrees to resume human rights talks with America", The Washington Post, Mar 10, 2008. pg. A.14.

當然，為了說服國會不要走極端，布希總統會採取對中國的某種行政性的貿易懲罰舉動（如徵反傾銷稅和利用質量問題禁止某些中國產品進口）這會使北京不悅，但中國政府會理解白宮的難處。

對立法部門來說，國會的壓力肯定會造成美中經貿關係的倒退，因為國會在對中國的政策上必須做出反制，再加上適逢選舉年，透過這樣的反制來對小布希政府施加壓力，運用民主機制來令對話效率降低，畢竟民主政治下不可能叫反對黨百分百肯定你的政策，這是可以理解的[17]。選舉的壓力其實就是行政立法拉扯的關鍵，因為民主社會必須要面對選票的壓力，在美國現行的政治制度下，國會議員要對選區的選民負責，他們的提案多數反映本地區選民的意願。有些涉及中美經濟關係的提案在局部地區來看，可能對保護當地經濟有利，但從全局和戰略層面看，則可能會損害美國的長期利益，也不利於中美經濟的可持續發展。但是國會議員首先考慮的是選票，只要對增加選票有利，都會被用來炒作，至於提案本身是否從根本上反映國家的根本利益倒在其次[18]。但選舉和民主機制不只是負擔，世代的運用更能轉為本身的優勢[19]。

但國會並不是總扮演拖油瓶的角色，在對話過程中雖然華府本身受制於民主機制的限制而必須有所妥協，但可以透過與國會共同扮演黑白臉的角色取得更多的利益。這樣的做法也會令北京在對話

---

[17] 張佩芝，〈美國會議員再度批評中國貿易政策〉，《大紀元》，2007 年 5 月 25 日，http://www.epochtimes.com/b5/7/5/25/n1721731p.htm

[18] 肖煉，〈美國國會──中美對話的「影子主角」，《中國經濟週刊》，2007 年第 20 期，P.26-27。

[19] 張佩芝，〈美國會議員再度批評中國貿易政策〉，《大紀元》，2007 年 5 月 25 日，http://www.epochtimes.com/b5/7/5/25/n1721731p.htm

過程中感受到，我跟政府談比較好的印象，這樣也算是行政立法下能夠突破的關鍵。當然國會也能在對話之後，因為對話成果需要立法部門的通過，因此在立法過程中國會也能有所表現，不至於將所有功勞都被行政部門全拿去。

根據國際政治關係的基本原則，要求別人的時候必須給予。特別是兩個大國之間，妥協是永遠的政治語言。把所有的問題都拿到一個桌面，有助於找到解決的辦法。兩個大國加強合作，不是像過去一樣簡單的出口貿易和投資，而是對彼此經濟政策的配合。而政策的配合更仰賴行政立法的相互支援。

三、國家主義的影響

從北京對外關係的發展過程來看，其領導人所宣示的外交戰略路線並不完全受到外在國際體系變化的影響。北京領導人往往為了國內政治目的，以因應國際環境變化為名，對國家發展方向做出重要解釋和定位。這樣的動作源自於北京領導人以掌控意識形態和政策路線解釋權的方式來鞏固權力傳統[20]。近年中國所處的國際環境的確比過去更為友善，但部份中方國際關係學者大力鼓吹中國國家安全環境受到威脅的言論並認為不利於中國發展的不利因素仍然存在。因此透過與華府的對話，提升內部的團結。

民族主義或愛國主義成為近年來成為北京官方強而有力的政治詞彙，北京不但公開推動中國民族主義的發展，民眾也受到鼓舞或

---

[20] 陳牧民，〈當和平崛起遇上台灣問題：菁英認知下的中國安全戰略〉，《中國大陸研究》，第 49 卷，第 4 期，2006 年 12 月，P.7。

刺激，知識份子亦不斷反擊某些可能威脅中國的論述，例如文明衝
突論、即將到來的美中衝突，並不斷攻訐美國提倡中國威脅論乃出
於維繫現有霸權考量。最後隨著「中國可以說不」一系列書籍的出
版，中國大陸民眾的愛國主義不斷高漲，從對一九九五到九六年台
海危機的支持、對日本右翼團體，甚至全日本的抨擊、到一九九九
年南斯拉夫大使館遭到誤炸等事件，中國大陸民眾均藉由群眾運動
的方式表現其民族主義情緒[21]。

　　不過北京的國家主義並非完全是對話機制的阻力。透過與華府
的戰略經濟對話，能讓北京一對一的與華府共同討論雙邊經貿等各
項議題，會使得北京在國家意識尚有昇華的效果。對北京來說這樣
的影響不只是展現自信，更是對國內團結的助力，因為當對外打仗
時，裡面怎麼能亂呢？

　　北京全球戰略的首要考量在於不惜一切代價地維持國內環境
穩定，其對華府合作的政策均出自此考量。例如由於國內體制不安
全的考量，北京對其與周邊國家的領土爭議不惜採取退讓、妥協
態度。而自鄧小平進行經濟改革後，中國逐漸褪去農業社會與共產
國家的色彩，但為達成持續發展的目標，中國必須進行經濟體制
的改革，並逐步開放市場，因此現代化的力量與對發展的需求亦
將影響北京領導人制訂對外政策時的認知，以胡溫為例，胡溫將經
濟現代化設定為最高的國家目標，因此在對外政策與貿易關係方
面，胡溫應會以維持經濟發展為最高指導原則，甚至在某些領域
讓步。

---

[21]　游智偉，〈中共外交決策之回顧與展望〉，《中華歐亞基金會專文》，http://www.
fics.org.tw/issues/subject1.asp?sn=2007

<h1 style="text-align:center">第二節　經濟方面</h1>

　　西元二〇〇〇年，朱鎔基在清華大學發表演說時被問及，什麼是中國人最大的國際威脅，他答說，「美國經濟的問題。[22]」中美經濟日趨相互依賴，扭轉了中國領導人對雙邊關係的思考方向。根據美國的統計，一九八〇年的美中貿易數額是五十億美元，而二〇〇五年美中貿易以高達 2,583 億美元[23]。美國是中國最主要也是最重要的國外投資來源。自一九七九年以來，雙邊貿易增加 106 倍，中國成為美國的第四大出口市場。二〇〇六年美中貿易總額已經達到 2,626 億美元，雙邊互為對方的第二大貿易伙伴[24]，但因美國對中國長期的貿易赤字（二〇〇五年達 2,017 億美元）[25]，即人民幣匯率與智慧財產權保護的衝突，導致雙方貿易摩擦加劇，為解決雙邊貿易歧見，保持經濟關係平衡發展，因此對話後效應也主要討論兩國共同感興趣和關切的雙邊和全球戰略性經濟議題[26]。

---

[22] Susan Shirk，《脆弱的強權在中國崛起的背後》，遠流出版社：台北，2008 年 5 月，P.301。

[23] 見附件二。

[24] 綜合報導，〈中美經濟戰略對話機制〉，《多維新聞網》，2007 年 5 月 22 日，http://forum.chinesenewsnet.com/showthred.php?t=187919

[25] 見附件一。

[26] 卓惠苑，〈美中經濟戰略對話之意義〉，戰略安全研析，25 期，2007 年 5 月，政治大學國際關係出版，P.35。

一、超軍事的力量

經濟全球化帶來了世界經濟的繁榮，同時也大大的擴張了美國的利益，美國是經濟全球化最大的受益者。根據美國國際經濟研究院的研究，美國從經濟開放和參與全球化中獲得了巨大的利益。從一九四五年起貿易自由化為美國帶來了每年一兆美元的經濟收益，美國每個家庭平均收入增加了約九千美元。全球化使美國的整體財富增加了 10%。其研究還指出，如果全球貿易持續發展，美國的經濟收入每年再增加五千億美元，這也促使了美國強勁的消費力[27]。隨著雙邊經濟發展日益密切，合作也深入，戰略經濟對話機制已成為雙方全面性、戰略性及長期性經濟問題進行探討的重要平台，戰略對話機制從雙邊經貿關係以至整個全球國際體系中，發揮著日益重要的作用，雙邊除經濟議題外更有其不同的戰略需求，雙方透過固定、對等的對話機制，各取所需。

對北京來說，由於不斷開放，中國經濟不斷加快融入世界體系並獲得巨大的利益。一九八○年代以來，中國經濟經歷踏入全球化的過程，根據美國經濟學家尼古拉斯·拉迪（Nicolas Lardy）的計算，中國二○○三年的實際 GDP 是一九七八年改革開放前的九倍，「這項紀錄使得中國置身於現代經濟史中任何二十五年間增長最快的經濟體之列」[28]。一九七九年中國國民生產總值僅四千億人民幣，二○○五年中國的 GDP 達到 13.8 兆人民幣，位居世界第四，近次

---

[27] C·佛雷德·柏格斯坦主編：《美國與世界經濟：未來十年美國的對外經濟政策》，中國銀行金融研究所朱民等譯，經濟科學出版社，2005 年版，P.4。

[28] 尼古拉斯·拉迪，〈中國，是巨大的、新的經濟挑戰嗎？〉，戴柏格斯坦主編：《美國與世界經濟：未來十年美國的對外經濟政策》，P.122。

於美國、日本與德國[29]。經濟發展迅速一直以來是中國的重要優勢。中國在世界貿易中的比重從一九七七年的 0.6%上升到二○○三年的近 6%，在貿易國家中排名從第三十一竄升至第四名[30]。

國家間政治關係是否合諧也會影響到彼此的貿易預期。如果兩國間經常發生爭執或衝突，那麼不穩定的政治關係就會影響到經濟關係的發展，造成彼此不信任；反之，如果兩國關係友好，不但有助於經濟關係進一步發展，緊密的經濟關係反過來也會促進彼此政治關係更加親密，增加信賴程度。因此，兩國關係若是經常處在交惡的環境下，雖然彼此有正面的貿易預期價值，但也會受到影響，並且無助於培養雙方的信賴。

從積極面來看，中國旺盛的經濟動能和龐大的國內市場，能轉化成實質的利益而嘉惠其他國家，有助於北京耕耘與其他國家的友好關係。全世界的政府和商業領袖絡繹不絕前往北京，競相中國曲意逢迎，為他們的商業投資爭取優惠的商業條件和政府許可，中國也投桃報李，對投資的國家，提供更多的利益。特別是美國採購飛機、開放外資保險公司入境營業，同意大型投資案，設法讓大家皆大歡喜[31]。

總之，經濟互賴如同自由主義而言，對於國家的和平相處有正面的幫助，但是會受到國家貿易預期的影響，國家會根據上述各方面的依據來形成其貿易預期價值，並與現狀之經濟互賴關係相比

---

[29] 李勇，〈融入世界共同發展〉（2006 第三屆國際金融論壇年會演講，2006 年 9 月 14 日，北京），新浪財經。

[30] C‧佛雷德‧柏格斯坦主編：《美國與世界經濟：未來十年美國的對外經濟政策》，中國銀行金融研究所朱民等譯，經濟科學出版社，2005 年版，P.122。

[31] Susan Shirk，《脆弱的強權在中國崛起的背後》，遠流出版社：台北，2008 年 5 月，P.164。

較，當預期陷入長期負面的趨勢時，國家就會變的以現實主義者的模式來思考，認為經濟互賴使國家與他國有依賴，並且互賴越深依賴越高，國家的代價成本也越大，反而增加國家的不安全感。目前的中美經濟互賴為彼此創造利益，並未維護利益而保持關係持續不變。

二、世界經貿互賴

雙邊互賴有多緊密，看看美國最大的製造商沃爾瑪（Wal-Mart）在中國開設一百家分店，並將中國市場提升至整體的 30%。民間的助力也是世界經貿互賴下的經濟效益[32]。

作為利益相關者的中美雙方，在經濟交融中面臨著整體利益改進的現實瓶頸，美中戰略經濟對話是消除衝突，實現協調的制度創新，因為雙方都了解，在全球化相互依賴甚深的世界，透過雙方協議來產生對世界局勢的影響較大，比起相互對抗而來的好[33]。特別是在華府自認還有能力時讓北京加入以美國為主的世界體系，對美國的未來比較好。

日漸增長的國際經濟相互依賴有點像核子威嚇：貿易與金融關係非常緊密的國家基於利益會維護穩定的經濟關係，不是去引發迅速席捲全球的金融大衝擊[34]。中國不想失去它最大的顧客，美國。因為當數以百萬的中國工人失業，並會對政府產生怨懟，最後導致

---

[32] RICHARD MCGREGOR,"China ready to remind US that dialogue is not a one-way street", Financial Times, Dec 11, 2007. pg. 3

[33] 馮海音，〈中美經濟戰略對話「黑白顛倒」？〉，《星島環球報》，2007 年 5 月 29 號，http://www.chinesenewsweek.com/MainNews/Opinion/2007_5_24_15_ 37_37_724.html

[34] Robyn Meredith，《龍與象》，遠流出版社：台北，2007 年 10 月，P.243。

國家的不穩定,這是北京最不願看到的事。所以北京努力讓經濟持續成長並快速全球化。

經貿互賴也可以從北京方面對外宣傳看出來,在北京對外說法中對人民幣議題由原本的視為自己的家務事轉而表達希望人民必要升值,但別升值的太快,因為會引發更多的問題[35]。這樣的轉變除了是對話機制讓雙邊都有機會討論問題之外,更重要的是經貿出自於的相互依賴。

華府關注焦點如貿易逆差、人民幣匯率、知識財產保護權等議題雙方仍存在分歧,可以預見的是,如何解決雙方貿易平衡仍是重點,在對話歷程裡,雙邊對於彼此共同利益的定為和表述,卻有著不同想法,對話的重要作用,就是認識雙方在共同利益上的不同需求,並根據本身的理解,來照顧彼此之間的戰略需求。畢竟,戰略經濟對話是希望在長遠的「對話溝通」,而不是一次達成目標的「雙邊談判」[36]。

華府對中國大為增進的世界重要性和對美重要性的認識有提升,並且已開始考慮和傾向於在中國持續和平崛起的前提下、在更大範圍和更長遠意義上接受這種崛起。與此相關,華府在繼續對北京軍事防範、增進貿易保護主義壓力和特別是在亞洲加強對北京外交競爭的同時,系統性地增大多方面的對北京協調,並且在對外和對北京政策議程中將這種協調置於更突出的地位,包括在一些重要問題上雖仍有保留但更大幅度地回應中國的立場或要求[37]。

---

[35] 人民日報,〈人民幣大幅升值將付全球性代價〉,2007 年 6 月 7 號。

[36] 外電,〈第二次中美經濟戰略對話閉幕,美拒絕放鬆出口管制〉,《鉅亨網》,2007 年 5 月 24 日,http://stock.yam.com/article.php/realtime/492594

[37] 時殷弘,〈中美關係與中國戰略〉,《現代國際關係》,2007 年第 1 期,P.35-36。

　　華府瞭解到人民幣問題不能全然解決美國的經濟問題，這樣的理解也反映出華府對戰略經濟對話的想法。雙邊貿易的不平衡，與其說是匯率問題，不如說是美國企業和民眾過低的儲蓄率和過於旺盛的消費需求、以及對中國技術輸出的消極和與日俱增的貿易保護主義密不可分[38]。華府也了解到要開放歐美企業進入大陸金融市場，但是這麼做反而可能無法達成另一項重要訴求，即要求中方讓人民幣加速升值[39]。因此經濟全球化時代，經濟政策的效應意味著經濟調控需要超越國境，開展國際經濟政策協調。華府更可以透過人民幣在自己所更需要的議題上換取更多東西[40]。從越來越從戰略層面看待中美關係才正確。若雙邊能夠通過全面、深入、理性的戰略經濟對話取得相應成果，也符合世界其他大多數國家利益[41]。經貿問題的相關聯性讓對話的持續變的至關重要。

　　對雙方來說，在全球化互賴的時代，如果強加政治管理對於世界貿易的連結是危險的[42]。也正因為如此，世界經貿的互賴雖然是促使雙方展開對話的主因，但更緊密的連結也是對話之後浮現的效應。因為全球化的世界，沒人能夠存活在世界貿易體系之外。而在對話後的效應浮現雙方在經貿上的溝通互信也展現在雙方在世界金融體系上。例如當世界銀行將正式任命北京大學中國經濟研究中心

---

[38] 鐘偉，〈人民幣匯率問題考驗中美政府智慧〉，《中國外匯》，（北京：2007 年 7 月），P.8。

[39] 劉煥彥，〈大陸回應美方 開放金融市場〉，《經濟日報》，2007.12.14，第 A6 版。

[40] 丁志杰，〈中美戰略對話：得失之間的博弈〉，《CAPTIAL MARKET》，2007 年，P.16-18。

[41] 珍妮，〈中美戰略經濟對話機制的特點與走向〉，《WTO 經濟專刊》，（北京：2007 年第 6 期總第 48 期）。

[42] 彭媁琳，〈中美戰略經濟對話前夕 美國會議員先出招 等吳儀給個說法〉，《工商時報》，2007 年 5 月 23 日，第 A9 版。

主任林毅夫，為首席經濟顧問兼資深副執行長。此次的人事任命，代表原本為國際金融機構所奉為圭臬的華盛頓共識（Washington consensus，強調自由主義的市場機制），將被新的經濟主義（即由國家機制）所取代。中國自改革開放以來的經濟成就，一直被視為國家成功主導市場的範例，而林毅夫長期參與中國經濟政策的改革與制定，正好是實踐此項經驗的不二人選[43]。因為維護貿易商本身在中國投資是華府需要保障的，對北京來說，如果能夠與美國這樣重要的投資國家簽訂協議，對於其他有興趣投資中國的投資者來說，是極為有用的宣傳[44]。世界經貿的相互依賴不只是對北京有利，對華府來說，美國雖然在一九九六年到二〇〇五年內喪失了美國本土近三百萬個基礎製作的工作機會，但也在其他行業例如服務性產業增加了一千五百萬個工作機會[45]。也正因為如此，經濟全球互賴會變越來越緊密，因為失去的會在某方面補償回來。

三、人民幣變手段

　　人民幣在戰略經濟對話初期總是形成爭議，直至第三次對話開始前，還是著重在人民幣等議題之上[46]。在人民日報上更能發現，北京在對話中定調官方立場，將人民幣議題提出。但在對話過程中

[43] 王宏仁，〈不要錯估林毅夫的角色〉，《蘋果日報》，2008 年 2 月 20 日，第 A20 版。

[44] "JOINT FACT SHEET: THIRD U.S. - CHINA STRATEGIC ECONOMIC", US Fed News Service, Including US State News, Dec 13, 2007.

[45] Wu Yi.,"It's Win-Win on U.S.-China Trade", Wall Street Journal, May 17, 2007, pg. A.21.

[46] 張宗智，〈美財長寶森　月底再訪陸〉，《聯合報》，2007.7.26，第 A18 版。

卻逐漸變成手段，而北京將人民幣作為外交談判的手段，卻是由來已久。

亞洲金融風暴時，人民幣並非國際流通貨幣，中國得以躲過重創其他國家的金融風暴。然而，在亞洲一片倒地不起的時候，北京並未落井下石，讓人民幣貶值，以提升中國本身的競爭力。這也相對凸顯日本趁火打劫，在金融風暴最慘烈的時候讓日幣貶值[47]。日本在當時也擁有刺激東協經濟復甦的本錢，幫的忙卻比不上北京。美國和亞洲國家曾經同聲呼籲日本從鄰國進口更多產品，協助鄰國增加收入，想不到當時的日本首相橋本龍太郎竟說：「日本有本身的利益需要擔心。我們不敢妄自尊大到認為自己可以扮演亞洲火車頭的角色[48]。」北京更敦促國際貨幣基金協助泰國和印尼金融復甦，各援助十億美金。北京的作法為他贏的了國際間的好評，更讓他降低了東南亞國家對中國崛起的擔憂。畢竟有錢又有風度的紳士，很難不引起女生的興趣。這也是北京利用人民幣當做手段的實例之一。

當世界格局在轉型，軟實力等非軍事力量也逐漸的擴大，因此像人民幣這樣的議題在被提及後，美中戰略經濟對話也避免不了火藥味[49]。人民幣在對話過程中一直被視為是衝突的根源，也是很多學者認為雙方對話會沒有成果的主因，因為沒有交集怎麼可能談的出東西呢？對北京來說必須考量到自身對於國內通貨膨漲等國內因

---

[47] Susan Shirk，《脆弱的強權在中國崛起的背後》，遠流出版社：台北，2008 年 5 月，P.149。

[48] Kishore Mahbubani，《亞半球大國崛起》，天下出版社：台北，2008 年 5 月，P.271。

[49] 時殷弘，〈中美關係顯著發展的一大可能前景〉，《國際問題研究》，2007 年第 2 期，P.4-5。

素。北京在很多匯率方面的調整自然不能完全依照華府的思考和期望，也造成了雙方在步調上快慢的不同[50]。因此在對話過程中，不斷表示對人民幣的關注[51]。

面對華府對話與施壓並行的戰略，北京並非照單全收，吳儀在對話中表示：中美關係密切，雙方應該相互理解和信任，透過對話和磋商來解決問題，堅決反對各種形式的貿易保護主義，以回應美國國會所施加的各種壓力[52]。同時，北京也表示善意，包括人民幣交易浮動區間從 0.3%擴大到 0.5%，以及向美國訂購兩百億美元的訂購訂單，北京對話柔軟又不失彈性，提出推展雙邊關係的三點建議，分別是要從中美長期戰略合作的角度來認識中美貿易關係，避免經貿政治化，以及加強雙邊合作[53]。

而在全球經濟互賴下，匯率的調整也非萬靈丹[54]。因為當金融體系緊密連結，不能透過機制解決，而以制裁為手段會導致本身受傷。因為人民幣是內部問題的根源，如果不能從內部改變，勢必會對中國整體和平穩定產生影響[55]。

---

[50] 中央社，〈吳儀將訪美　鮑爾森籲與議員談貿易逆差問題〉，《今日晚報》，2007年 5 月 3 日，http://news.china

[51] Zhou Jiangong，〈美國會圖立法審查匯率　財爺來華再談人民幣〉，《中國時報》，2007 年 7 月 30 日，http://www.atchinese.com/index.php?option=com_content&task=view&id=37348&Itemid=110

[52] Wu Yi.,"It's Win-Win on U.S.-China Trade", Wall Street Journal., May 17, 2007, pg. A.21.

[53] 彭媁琳，〈中美經濟戰略對話，解決雙方貿易平衡唯一共識〉，《工商時報》，2007 年 5 月 25 日，A9。

[54] 綜合報導，〈美中互為人質　中國手握好牌〉，《世界日報》，2007 年 5 月 24 日，http://udn.com/NEWS/WORLD/WOR6/3859319.shtml

[55] 社論，〈只求戰術過關的戰略對話〉，《經濟日報》，2007 年 5 月 26 日，第 A2 版。

　　但人民幣議題在對話中雖看似衝突，實際上是雙方在對話中運用的手段之一，其影響力絕對不會引發更深的對抗[56]。中國是屬於人治的國家，需要借重美國健全的法治體系和管理規範來協助中國建立完善健全的法規，有了一套完整的規則更會讓人民幣議題變簡單[57]。基於這樣的思為人民幣議題已經變成一種手段，為了維持談判雙方之外對於話機制的關住。華府可以透過人民幣的議題位本身在談判桌上爭取到多一些籌碼，當北京對人民幣議題有所堅持時，華府可以運用壓力向北京要更多的東西[58]。這樣的做法也是將人民幣是唯一種談判的手段。

　　美中雙方都存在國內保護主義，對貿易和全球化存有疑慮，各自對對方的意圖存在越來越多的懷疑。隨著中國成為實際和想像中全球競爭所帶來的不利因素的象徵，這種懷疑變成為反中國情緒。因此，持續對話的目的是進行討論，並且找到緩解而不是增加這些緊張關係的途徑。

　　而實際證明就是，在雙方對話未人民幣議題相互放話時，人民幣反而慢慢升值。這樣的作法就好像兩邊再打自己的小孩給外人看，華府可以向國會表示，我有努力了，北京也能對華府談判時說，我有改變了，你不要一直說我掌控[59]。雙方皆透過人民幣來當作手段獲得本身所需要的利益。操縱在一旁觀察家的期待，創造大家覺得一定會繼續對抗，最後卻談出實際成果的驚喜感。

[56] 張燕生、張岸元，〈從新的角度考慮中美經濟戰略對話〉，《國際經濟評論》，2007. 7-8，P.24-25。
[57] 綜合報導，〈美中經濟對話第一天未提人民幣匯率〉，《大紀元》，2007 年 5 月 23 日，http://www.epochtimes.com/b5/7/5/23/n1720193p.htm
[58] 丁志傑，〈中美戰略對話：得失之間的博弈〉，《CAPTIAL MARKET》，2007 年，P.16-18
[59] 彭媁琳，〈吳儀：人民幣匯率將不斷加大浮動幅度〉，《工商時報》，2007 年 5 月 26 日，第 A7 版。

　　談判就是妥協的藝術，妥協和讓步是必然的。但是，在哪些方面妥協，如何妥協，是值得研究的問題。認清形勢，準確把握中美經濟關係走勢，是做出正確決策的前提。即便是美國，也不會天真的認為，北京會因為每次的對談而對人民幣匯率不斷讓步。因此，顯然就的美國談代表而言，如何利用人民幣匯率的壓力，而獲得其他項目更多更具體的承諾，才是重點。

第三節　社會方面

　　經濟和政治所造成的轉變，都是可以以數據化顯示的。但是社會上所形成的轉變，是逐漸形成的。透過戰略經濟對話所建立的成果，讓雙方的社會無論從貨物、人才、品質上做轉型。社會逐漸形成轉變促進質變，這是戰略對話機制極為重大的效應。

一、航空影響

　　美中戰略經濟對話會議的成果之一，是雙方就進一步開放兩國航空運輸市場等達成協議。中國民用航空總局局長楊元元和美國運輸部長彼得斯在第三次對話後宣布，雙方就修改二○○四年中美民用航空運輸協定議定書、擴大兩國航空運輸市場開放達成協議[60]。

---

[60] " U.S. Fact Sheet: The Third Cabinet-Level Meeting of the U.S.-China Strategic Economic Dialogue", December 13, 2007, http://www.ustreas.gov/press/releases/hp733.htm

此外，雙方還將從二○一○年開始就兩國航空運輸市場完全開放協定和時間表進行磋商，最終將達成中美航空運輸市場的全面開放[61]。這樣的力量不只是中美雙邊有影響，華府也不斷鼓勵台海在雙方信心不足時，能夠透過航空來促進文化交流降低緊張增加雙邊信心[62]。

為何航空會如此重要，航空的影響是雙邊的。當相互合作的趨勢提升，軟實力和非軍事力量逐漸擴大，因而當雙邊政府透過建立機制讓雙邊人民能透過機制成果交流，所產生的影響和轉變會超越傳統力量的對抗，其合作的力量也會慢慢醞釀[63]。

對北京來說，航空的影響是空前巨大。對中國來說，需要一套刺激內需的系統來支撐本身高速的經濟成長。透過航空的雙邊連結，使人、物都能迅速的連接，對中國本身提升經濟水準或美國傳遞影響力都是很好的助力[64]。因為當雙邊基層有相互了解而期望合作，由下而上的動力對政府在發展雙邊關係是很好的推手。而這樣的助力也會使得美國公司在對中國投資的金額和信心度增加。這些都是航空開放為中國帶來的效應。

對華府來說，開放航空對美國最大的影響有三點。首先，就是能使得在歐洲虧損連連的美國航空輕鬆進入富有營利潛力的亞洲市場。其次，美國航空公司能夠從中美航權開放中得到的最大好處，

[61] 康彰榮，〈中美戰略經濟對話落幕　金融、民航達協議　人民幣沒共識〉，《工商時報》，2007 年 5 月 25 號，第 A9 版。

[62] 林上祚，〈伍弗維茲：兩岸包機　應讓美加入〉，《中國時報》，2008 年 7 月 24 日，第 A4 版。

[63] 時殷弘，〈中美關係顯著發展的一大可能前景〉，《國際問題研究》，2007 年第 2 期，P.4-5。

[64] 袁勁東，〈中美戰略經濟對話：分歧未減反增〉，《大紀元》，2007 年 5 月 28 日，http://www.atchinese.com/index.php?option=com_content&task=view&id=34404&Itemid=110

是因為他們遵循了一條航空業的普遍規律，從世界範圍來看，國際
市場總是比國內市場營利機會更多，投入後營利的空間也會更大，
他的獲利會比做短程、國內航線大的多。最後，更重要的是，根據
世界旅行和旅遊協會的報告，中國商務旅行市場在二○○八年將增
加 21.7%，而個人旅行和旅遊將增長 22.4%，而中國是亞洲增速第二
快的旅遊市場，預計在未來十年內都會保持 7.8%的年增長速度[65]。這
樣的效應也是航空開放帶來的。

二、美對中：人與物交流

中國崛起的和平過度不僅有賴於國際環境而且有賴於其內部發
展，儘管美國部會直接對中國內部轉變產生影響，但是它可以「間
接的創造一些條件，發展強大的國內集團，使其與國際市場相聯繫，
接受國際商業規範，並對友國和盟國施加影響。[66]」外資的影響超
過了他的表面價值。外資之所以具有爆炸性的效力，是因為它帶來
技術、管理經驗、通向國際市場的渠道和思維方法。

航空不只促使雙方的人才交流，更重要的是能夠讓美國優質
的高等教育環境和中國的人才有所結合。高等教育是美國的最佳
產業。目前是介紹有兩個全球大學排行榜，其中一個是由中國研調
人員所做的純量化研究所，全球十大中有八所在美國，另一份倫
敦泰晤士報高等教育增刊排行榜則說，十大中有七所最優的大學在

---

[65] 王悅承，〈晚痛不如早痛——解讀中美航空開放〉，《中國外資》，2008 年第
12 期，P.46。

[66] Tammen, Ronald, "Power Transitions: Strategies for the 21st Century", Chatham
House Publishers, 2000, pp.164-167.

美國。前五十大則有三十八和二十一所在美國，但是基本事實不變。僅佔全球人口 5%的美國，在全球頂尖五十所大學中佔有42-68%。在其他領域，美國絕沒有如此壓倒性優勢[67]。當雙邊的教育能有更大的交流，美國對中國下一代的影響力就能提升。

經濟的發展帶來了改變，讓影響力更容易傳播擴大[68]。同樣的對於隨著擴散也更容易造成更多副作用，形成對國家或世界體系的挑戰，其中最被提及的，就是能源和環保問題。

從推動經濟可持續發展的角度看，中美兩國在加重能源與環保領域合作的潛力非常巨大。中美兩國在提高煤炭利用效率和發展清潔能源方面具有很強的發展潛力和巨大商機，能源合作不僅可成為中美經貿合作新的方向，也有利於減少環境污染和溫室氣體的排放[69]。

中國經濟成長最需要的就是乾淨的環境，而乾淨的空氣不光對中國是個問題，對世界也是個問題。因為中國製造的污染不光留在中國。美國環境保護署估計，在風向的狀況不利的情況下，洛杉磯的微粒污染有四分之一是從中國吹過來的。污染會飄過國界，溫室氣體排放還造成全球暖化，除非中國有所改變，否則在二〇二〇年之前，其不斷成長的人口與經濟就會將污染程度至少便成目前的四倍[70]。

[67] Fareed Zakaria，《後美國世界》，麥田出版社：台北，2008 年 10 月，P.217。
[68] "China-U.S. Talks Continue, Amid Legal Volleys", New York Times.Jul 30, 2007.
[69] 綜合報導，〈中美能源合作蘊巨大商機〉，《資源網》，2007 年 12 月 13 日，http://big5.lrn.cn/economic/economicspecial/200712/t20071213_177935.htm
[70] Robyn Meredith，《龍與象》，遠流出版社：台北，2007 年 10 月，P.221。

三、中對美：社會到品質

中國的經濟奇蹟讓解放軍從土八路脫胎換骨，成為一隻現代化勁旅。不過，北京必須投注鉅資才能使軍隊現代化。經濟實力讓中國在國際政治揚眉吐氣。運用市場大餅發揮影響力。

中國渴望成功，這可能是他持續成長的主要理由。二十世紀，中國在窮了好幾百年之後，又經歷大清帝國垮台、內戰和革命，大躍進集體農場實驗中死了三千八百萬人，文化大革命又把專業和學術接及摧毀殆盡。一九七〇年代之前中國沒有任何可以抬頭挺胸的理由，接下來才有改革開放。中國領導人、商人和依班大眾有個共同的願望：他們要繼續向前行。他們不可能隨手拋開三十年來的相對安定和繁榮[71]。

中國看上去越來越像西方，因為中國在向西方資本主義前進，其經濟與社會徹底整合在一起，雖然人民的所得和機會均有成長，北京的專政政權其實還保有過去的心態和陋習，這其中許多都是設計來保持政治安定的[72]。當今中國領導人所要做的就是避免在和經濟發展賽跑時，因國內、外的障礙而亂了腳步。

從一九七八年開放以來，每年近 10%的成長率，似乎不見頹勢，以及經濟成長位老百姓帶來的利益，遮掩了一些會使國家滅頂的強勁暗流。這些暗流有的是社會面，有的是政治面，有的是金融面，但他們同時湧現，表示這個重視政治安定的政府難以隱身幕後來維持國家穩定。

---

[71] Fareed Zakaria，《後美國世界》，麥田出版社：台北，2008 年 10 月，P.128。
[72] Robyn Meredith，《龍與象》，遠流出版社：台北，2007 年 10 月，P.180。

　　因此中美經貿關係發展過程中也出現一些新的問題，如產品品質和食品安全問題等，雙方在戰略對話方塊架下將其列入議題。在經濟全球化的大環境之下，產品品質和食品安全確實具有跨國境的全球性影響，這就要求相關國家增強合作意識，承擔相應責任，強化有關機制，確保公眾生活品質和安全[73]。特別是當中國製造成為世界最主要的產品出產國，如果雙邊能對中國製造的產品提出更符合標準的規範，會對世界產生更大的說服力[74]。

　　美中戰略經濟對話方塊架下，中美雙方就產品品質和食品安全問題進行了討論。雙方簽署了《中美關於食品、飼料安全的合作協議》[75]和《中美藥品、醫療器械安全合作備忘錄》[76]。更重要的是，當中國製造遍部全球，得到美國的品質保證，也間接讓世界相信中國製造是安全的。

　　美中戰略對話機制所帶來對中國最主要的社會效應，就是讓對話機制的成果從社會層面的影響進而促使中國製造的產品品質獲得提升，加強了中國製造商品在國際上的競爭力。

---

[73] 綜合報導，〈產品品質〉，《北京商報》，2007 年 12 月 13 日，http://big5.lrn.cn/economic/economicspecial/200712/t20071213_177935.htm

[74] "China-U.S. Talks Continue, Amid Legal Volleys", New York Times.Jul 30, 2007

[75] "U.S. Fact Sheet: The Third Cabinet-Level Meeting of the U.S.-China Strategic Economic Dialogue", December 13, 2007, http://www.ustreas.gov/press/releases/hp733.htm

[76] 該備忘錄的合作領域包括 5 個方面：推進進出口產品更好地符合環境法規要求；加強進出口可再生廢物原料的有效監管；化學品安全管理；農藥殘留監督管理；資源節能環保產品互認。韓潔，〈戰略經濟對話：熱點話題勾勒中美經貿關系新走向〉，《中國證券報》，2007 年 12 月 13 日，http://www.tianshannet.com.cn/big5/finance/content/2007-12/13/content_2344305.htm

第四節　文化方面

從語言傳播的歷史可知，語言傳播與國家的發展是相輔相成、相互推動的。一方面，語言的廣泛傳播是國家發展的結果，也是國家實力和地位的象徵。另一方面，一個語言如能在各領域被越多的國家和人群使用，對一個國家的可持續性發展有加乘的效果，其影響力可以擴展到政治、外交、經貿、教育、科技、社會等幾乎所有的領域。與其他方式相比，文化層面下交流傳播的成本和獲利比是十分巨大的。而且影響力持續不斷，並且長期存在。也正因為如此，世界大國都在輸出自身文化的力量。

一、文化節

從長遠的角度講，美國在文化上的影響是美國在國際上強勢的主要原因。這種影響首先表現在美國新聞媒體在世界上的地位和影響上。全球十大媒體巨無霸中，美國就佔了八家[77]。有研究表明，「目前傳播於世界各地的新聞，90%以上由美國和西方國家壟斷，其中又有 70%是由跨國大公司壟斷，美國控制了全球 75%電視節目的製作和生產。許多第三世界國家的電視節目有 60%～80%的節目內容來自美國，幾乎成為美國電視節目的轉播站。」

此外，美國是好萊塢的故鄉，也是影音產品的原產地。美國透過影音產品在世界上傳播美國文化，產生巨大經濟效應和文化影

---

[77] 時代華納、美國迪士尼、法國維旺迪環球、美國維亞康姆、美國新聞集團、美國電報電話公司、日本新力、美國康姆卡斯特公司、美國全國廣播公司、美國甘乃特集團。

響。好萊塢魅力歷久不衰，美國音樂家喻戶曉。「美國音樂製品佔全球音樂市場三分之一以上，海外銷售額達到六百億美元。[78]」華府在傳播美國文化和觀念不遺餘力，也進一步強化了美國的影響力。

中美之間的文化差異非常大，中國強調和諧和平和睦，美國強調自由民主人權。中美文化作為東西文化的代表本應具有很強的互補性，但美國更願意強調西方文化的優先性。中美雙方對待文化差異的態度也不一樣。當中美關係處於較為信任的時期時，美國常常感覺中國「變得越來越像美國」。但當中國變得不像美國時，中美之間的信任基礎就會非常脆弱[79]。

文化交流所具有的獨特性在於它是屬於較不明顯的改變，他的速度也是逐漸而非迅速的。但是好處是在於能夠透過能量的累積最後促成可觀的轉變[80]。雙邊人民的相互交流所產生的改變是隱性的，這樣的轉變更能促使北京展開市場開放的作為[81]。

對照美中兩國的文化外交，在定義方面出入不大；然而在實際執行上美國視大眾文化與政治思想皆有一定的效果，中國目前則是前者小有成果而後者即起直追。

從二○○五年開始，每年十月中國文化節會在在美國首都華盛頓舉行。中美合作舉辦文化節是為了向美國公眾介紹中國的文化和藝術，加強兩國人民間的溝通和了解，增進友誼，促進合作[82]。

---

[78] 姜飛，〈美國的傳播霸權極其激發的世界範圍的文化保護〉，《新華網》，2005 年 4 月 25 日，http://news.xinhuanet.com/newmedia/2005-04/25/content_2875811.htm.
[79] 毛豔，〈中美關係中的不信任問題分析及對策探究〉，西南大學學報（社會科學版），第 33 卷第 5 期，2007 年 9 月，P.89-93。
[80] 中時社論，〈美台軍售與兩岸經貿開放的微妙連動關係〉，《中國時報》，2008 年 7 月 19 號，第 A2 版。
[81] 彭媁琳，〈放寬航權　中美航線重新洗牌〉，《工商時報》，2007 年 5 月 26 日，第 A7 版。
[82] 〈2005 年中國文化節簡況〉，《中華人民共和國駐休士頓領事館網路專文》，

　　文化更是溝通人們心靈的最好的橋梁。透過中國文化也有助於美國人民通過文化藝術，更加了解中國人。對中國來說，文化節的推動除了能夠帶來可觀的收益外，透過低威脅的文化交流更可以為中國降低在美國人民心中的疑慮。

　　中美兩國有完全不同的歷史背景，社會制度不同，意識形態也有所差異。中國與美國都擁有遼闊的國土，都是多種民族、多種文化融合的國家。中美兩國雖然文化差異甚大，但正是因為這種差異，才產生相互的吸引。兩國在文化領域交流具有互補性，雙方的交流增進了兩國人民相互了解。文化是一個國家的靈魂和面孔。而文化多樣性，則是中美雙方交流的魅力所在。

　　不斷深化和擴大中美兩國人民的交流與合作，對雙方關係的增進相互了解是有益的，將有助於鞏固中美建設性合作關係的社會基礎。

二、民主傳播

　　談到民主，一直是華府希望北京能夠改善的方向。但是北京對民主的陌生，卻是令很多華府專家感到意外的[83]。因為對民主制度的不了解，所以對國會權力運用產生誤會。但誤會也能對對方產生轉變。

　　美國參議員莫尼漢（Daniel Patrick Moynihan）曾說，「保守派的核心思想是決定一個社會成敗的是文化，不是政治。自由派的核心

---

http://houston.china-consulate.org/chn/wh/t215923.htm

[83] 劉屏，〈震撼教育　官員訪美：不是行政部門說了算？〉《中國時報》，2007年6月3日，A17版。

思想則是，政治可以改變文化及自救。[84]」文化很重要，它可以改變，文化很複雜，有些屬性在特定的時候很突出，好像可以免疫、不受影響，然而政治經濟一改變，這些屬性的重要性便會消除，讓出空間給其他屬性。但在大框架合作的共識下，民主或許不是戰略對話的爭論點或熱門議題，但確實是能夠讓華府透過直接和間接的影響產生轉變。

雷默（Joshua Cooper Ramo）根據採訪中國主要官員與學者所得出的「北京共識」，提出一個很動人的中國外交政策前景。不是建立美國式的強權，為武器問題怒髮衝冠，不能容任別人的世界觀。中國的新興力量是建立在以自己行為模式為典範、經濟體系的實力和嚴正捍衛國家主權上[85]。一個既了解自己國家的新興力量，又能減少干涉主義作風的菁英團體，自然會使它成為極具吸引力的夥伴，尤其是在舉世已將美國視為威嚇霸權的世界裡。

中國並非民主國家也沒有努力去實現民主化，這個事實依舊是中國對外關係的一個障礙。一直有一種說法，美國政壇內的新保守派偏向與俄羅斯多於與中國發展更密切的關係，因為他們認為俄羅斯是一個民主國家。同樣的，他們也因為相同的原因寧願和印度建立關係來抗衡中國。在西方世界眼中，一個反對民主的獨裁政權排斥了許多他所珍視的普遍性價值；民主政府也覺得非民主政府發展緊密的關係很困難[86]。

---

[84] Fareed Zakaria，《後美國世界》，麥田出版社：台北，2008 年 10 月，P.85。

[85] Joshua Cooper Ramo, "The Beijing Consensus", Foreign Policy, 2004.

[86] 鄭宇碩，〈中國如何應對「中國威脅」論〉，《從國際關係理論看中國崛起》，五南出版社，2007 年，P.162。

運用經濟戰略對話的機會，華府安排北京官員前往國會參觀並和立法機關也有溝通的機會。這樣的作法本是希望透過北京對國會施加壓力，讓華府在對話過程中降低來自國內的阻力。但是透過對話讓北京官員了解到民主機制的運作和機制運作下能產生的折衝。更重要的是這些折衝雖會讓整體對話需要有妥協，但這些妥協卻也帶來了更大的利益。這樣的作為對於北京政府高層體認民主的實質內涵也收到民主的成效是個很好的機會，但這機會的建立也是仰賴對話機制的形成。

三、大中華主義

北京在近幾年來改革開放之後，中國經濟開始了持續快速成長，整體實力相對提高，戰略崛起的態勢越來越明顯，在國際形象也表現出越來越積極，自信的大國形象[87]。

正當中國不斷的融入國際社會，而全球化過程又以波瀾壯闊的姿態轉變著中國的社會和經濟。一些中國學者卻在憂慮，中國的核心價值和傳統文化都受到嚴重的挑戰。面對從網際網路湧進的大量資訊和國際傳播的規模，他們憂慮中國的年輕人最終會喪失其核心價值，以及強壯的民族與文化認同[88]。

像中國這樣的大國，領導人往往透過外交政策來向國內展現強和有所作為的一面。他們有時會用強硬的外交政策來轉移對國內問

---

[87] 李勇，〈調適中的中美戰略關係〉，《中國評論》，第 110 期，2007 年 2 月，P.6。
[88] 黃仁偉，〈論中國崛起的國內外環境制約〉（上），《社會科學》，2003 年第 1 期，P.7。

題的關注。北京不吝嗇在人民面前展示中國的拳頭，因為他們覺得有必要疏導日益高漲的民族主義情緒[89]。中國領導人體認到，中國國力增強，民族主義也隨之高漲。而當增長後最聰明的方法就是團結力量，力量擴散成大中華主義無論對於北京統治的正當性或影響力都是一大助益。

對話機制的建立對北京來說可塑造對本身大中華主義的提升。與華府展開對話可以向世界上的華人世界宣示北京的影響力。這樣的感受無論是在東南亞的華人或是對世界各地的華僑來說，都是一向得以炫耀的事情。中國一對一跟美國談事情。此外，對於一直希望凝結北京在華人世界正統地位的努力，更是一項保證。

中國領導人藉著維持高經濟成長率，創造新的就業機會，以壓制可能失控的失業工人人數。北京透過民族主義團結人民，也有助於招納異議份子。箇中巧妙就在於尋找可行的外交政策，同時完成兩個目標[90]。當中國展開對話機制後，可以從媒體上看出北京在對話機制後的對大中華主義處裡上的轉變。在過去，因為北京當局的管制，不希望媒體對於行政部門有所批評，甚至對國外媒體加以限制採訪的內容，因為這會大大打擊北京政府的整體形象。但在對話機制建立後，北京改變了。

當二○○八年五月十二日四川大地震發生後，北京竟迅速開放國內外媒體進行現場採訪，再加上提供透明化與即時性災情資訊之改變，亦為其博得國內外輿論之肯定；然而，當震災搶救工作於五

[89] Susan Shirk，《脆弱的強權在中國崛起的背後》，遠流出版社：台北，2008 年 5 月，P.77。

[90] Susan Shirk，《脆弱的強權在中國崛起的背後》，遠流出版社：台北，2008 年 5 月，P.85。

月底進入復原、重建和調查檢討階段後，北京卻開始限制媒體報導活動與範圍，國際媒體尤首當其衝[91]。雖然最後的結尾跟以往相同，但在一開始的開放可以看出北京細微的改變。這樣的轉變可以我先開後收。其攏絡民心的新做法也似對大中華主義的宣傳。

首先和對話機制一樣，在對話展開前，立場是開放的。透過宣傳將本身立場加以說明，並運用報導的擴大來「造勢」。這樣能將本身觀點作好的宣傳，爭取更多的認同，更可以避免誤會。開放採訪的行為表示，特別是對海外華人及華僑，北京是開放的，沒有什麼不能談。這背後最大的驅動力就是北京所期望的，透過濃厚的民族情緒讓整體營造團結對外的形式，這也似對大中華主義的宣傳。

但為何之後又要收呢？因為當對話過程中，適當的民族主義是能促成大中華主義昇華成團結的。而團結從各界提供的援助就能之道。但是太過於激烈的對抗會對整體對話機制產生很大的反彈，不僅對話的成果會打折。在失去對話機制的正當性之後，國內壓力便會升高，這樣就不是當初的真正本意了。於是事後的收尾很重要，當能夠將民族情緒做好轉移又能有所成果，進而團結大中華圈的華人，這對北京才是最圓滿的，也才使先收後放的真正用意。在全球化時代中，文化是傳遞善意的最好工具[92]。而北京在經濟發展得到一定成果後，試圖以文化來影響海外華人及華僑對於大中華主義的認同。

---

[91] 張中勇，〈從四川震災應變看中國的媒體公關與危機處理〉，《戰略安全研析》，2008 年 6 月，第三十八期，P.27-31。

[92] Sheng Ding and Robert A.Saunders, "Talking up China: An Analysis of China's Rising Cultural Power and Global Promotion of the Chinese Language." East Asia, v23, n2, Summer 2006,P.6.

第五節　小結

　　美中戰略經濟對話的效應是超越經貿的。出發點是經貿效應的發酵，但擴展到政治、社會、文化上，累計而產生質變，得到雙方所需要的非經貿領域的轉變。這對對話機制來說，也會是北京和華府在決策過程中必須思考的面向。當多面向的思考產生的最直接影響，就是下一章要提的阻力和助力，也是影響戰略對話機制的關鍵。

第四章　評估

　　北京方面對對話的積極準備，提出反置作法。一方面表現北京已經逐漸融入角色，懂得採取何種技巧可以為國家爭得更大利益；另一方面也顯現出北京在經濟增長的強力支撐下，走向國際的自信便更加足夠。在國際談判中變得更加主動贊成華府的立場，但反對也有自信被動沉默[1]。華府在對話中展露自信與急切，並希望能透過中國經濟成長的動力協助自己。解決問題，一方面爭取利益；一方面增加影響力。

第一節　媒體提出的挑戰和預期

　　關於美中戰略經濟對話，媒體相關報導非常多。有報導稱雙方將就中美貿易逆差、人民幣匯率、市場開放等問題展開對抗；也有媒體稱北京或華府可能透過戰略經濟對話提出對對方的反制作為。但我們應該先弄清楚中美雙方經貿為何問題繁瑣複雜？

　　歸根結底，影響雙邊經貿發展的因素主要歸於兩方面：一是因為各自經濟環境不同，雙方經貿本身確實十分複雜，容易出現一些分歧和誤會；另外一個原因，是雙邊的經貿關係被注入了太多的政治因素。

---

[1] 上兵伐謀，吳仁傑，《新譯孫子讀本》，台北：三民出版社，民國85。

　　由於政治因素的干擾，中美兩國產生了一些疑問。中國方面會質疑美國為何頻頻抓住經貿問題不放，炒作經貿議題。而美國則懷疑日益強大的中國，將來是否願意加入美國主導的國際經濟秩序，是否會觸動美國的領導地位。這些難以抹滅的裂痕又影響中美在經貿問題上的互信。

一、對話不被看好

　　在對話之初，媒體就已經提及，認為北京赴美採購流於形式、吳儀又可能退休，加上美中兩國政治日程無法配合等因素。一般預料此次對話要在貿易爭端上取得突破性進展的難度很大。雙方面臨的重大風險就是兩國政治日程上無法同步，當華府出於自身政治因素需要北京配合時，北京往往無法做到。雙方歧見仍深，也增加了戰略經濟對話獲得共識的困難度[2]。特別在第二次對話之後，雙方的紛歧不減反增，對二次之後的對話媒體普遍認為是悲觀的，甚是認為沒有下一次對話了[3]。此外，媒體在對話進行之時，更提出了對於對話機制的一項探討。在對話開之前始。北京的採購團都會先行赴美，和美方簽定的採購或投資協議。當吳儀結束華府行，美中貿易嚴重失衡、人民幣被低估等老問題仍存在。而美國國會準備推動懲罰性法案，對進口中國產品課徵特別稅，雖遭布希拒絕。但是就整

---

[2]　彭志平，〈吳儀抵美經濟對話　歧見仍難解〉，《中國時報》，2007 年 5 月 22 日，第 A13 版。

[3]　袁勁東，〈中美戰略經濟對話：分歧未減反增〉，《大紀元》，2007 年 5 月 28 日，http://www.atchinese.com/index.php?option=com_content&task=view&id=34404&Itemid=110

體而言，這次中國派出有史以來最大的經貿訪美團，卻未獲突破性協議[4]。此亦為媒體對對話提出的一項質疑。

　　媒體對於中美合作抱持贊同的學者，亦有所質疑。當美國前國務卿季辛吉前往上海演講，對中國威脅論提出駁斥，還認為中國的崛起可以促成中美合作等看法。有學者評論，中美之間並沒有因此更為緊密，雖然季辛吉在台上大談中國崛起，是帶動中美合作的雙贏，但是反觀在兩國建交的幾十年中，中美無論是合作還是衝突，都顯示出兩國利益關係複雜，對於是否用合作就能夠化解雙方分歧，抨擊季氏太過樂觀等[5]。

　　不只是學者的觀點，即具權威性的報社例如紐約時報也對北京與華府的未來合作感到悲觀，認為在美國國內事務遭到四面楚歌，伊拉克也令之焦頭爛額的美國總統布希找到中國作為外交事務上的支柱。然而，就中國在歷史上及政治上與美國的分歧來看，美國若將中國稱之為盟邦或是夥伴，將是一廂情願[6]。

　　美方的輿論，對戰略經濟對話的報導非常糟。認為美中戰略經濟對話是沒作用的東西。因為雙方的貿易逆差還是在擴大，中國的匯率卻仍然受管制，在搞不公平的貿易競爭，無論如何一定要制裁中國[7]。這些言論除了加深雙邊對於彼此的不信任，更可見證出媒體事先對於戰略經濟對話所抱持的質疑態度。

[4]　徐尚禮，〈布希會吳儀　經貿原地踏步〉，《中國時報》，2007年5月26日，第A14版。
[5]　方沛琳，〈季辛吉談中美合作　外界認為過於樂觀〉，《雅虎奇摩網》，2007年4月7日，http://tw.news.yahoo.com/article/url/d/a/070406/17/cjps.html.
[6]　中央社，〈紐時：美若稱中「盟邦」將是一廂情願〉，《中央日報》，2005年5月8日，第A2版。
[7]　丁一凡，〈中美戰略經濟對話的回顧與展望〉，《國際經濟評論》，（北京：2007年11月12日）

北京與華府的戰略經濟對話一直在媒體的觀念中都是不樂觀的。因為當外國公司在中國發行股票，可以由豐沛的中國資金市場籌資。而中國方面則盡量避免大筆外資流入中國，對他的貨幣造成更多壓力。北京美國希望北京能進一步開放金融市場，美中戰略經濟對話中雙方討論的進展卻一直很有限[8]。

對話時機敏感也是對話不被看好之因。自民主黨二○○六年底掌控國會以來，參眾兩院一在民主黨主張公平貿易的貿易保護主義之聲。四個月內，國會簽署了十五個對中國的貿易提案，例如涉及對中國商品施加 27.5%的懲罰性關稅、要求人民幣升值、取消中國永久最惠國待遇等等[9]。另一方面，布希政府進入執政後期，因深陷伊拉克戰爭泥潭而導致施政威信下降，受到內外牽制增多，將主要精力用於安撫國會與民眾的不滿情緒，在對北京經貿問題上不願再過度透支政治資源[10]。這種客觀環境也使美國政府難以牽制國會的公平貿易的浪潮，容易在對北京經貿關係上對國會妥協。這些對於戰略經濟對話機制會影響的變音，都是媒體在最初的質疑。

北京與華府雙方的戰略對話還面臨了對鮑爾森的巨大期待。被期待與中方達成更多具體成果，使得鮑爾森必須在北京與華府之間都扮演外交官的角色。鮑爾森曾經對《財富》說；「中美的未來息息相關，這就要求我們建立一種互利互惠的成功的經濟關係，捱過當

---

[8] 中央社，〈華爾街日報：美中談判促使中國開放金融市場〉，《今日晚報》，2007年 12 月 14 日，http://news.chinatimes.com/2007Cti/2007Cti-News/2007Cti-News-Content/0,4521,130504+132007121401211,00.html

[9] " Developments Since the First Meeting of the Strategic Economic Dialogue in December 2006", May 23, 2007, http://www.ustreas.gov/press/releases/hp419.htm

[10] 珍妮，〈中美戰略經濟對話機制的特點與走向〉，《WTO 經濟專刊》，(北京：2007 年第 6 期總第 48 期)。

前的長夜。」[11]即使是鮑爾森如此表示，但他也了解不能對對話機制一開始放太多期待[12]。因為戰略經濟對話在多數人眼中是不會成功的。

二、雙方會更加分歧

　　分歧也是媒體或觀察家提出的質疑。次貸風暴席捲全球，使得北京在對話中轉守為攻被視為是對話會更分歧的原因。以往北京參加類似戰略經濟對話的雙邊互動，總是被美方牽著鼻子走。但當中方開始轉守為攻，要求美國加強金融監控、穩定美元幣值，如此才能避免通貨膨漲加劇。中國商務部長陳德銘就公開表示美國應該放寬出口限制，才是解決貿易逆差的捷徑[13]。過去指導者的角色總是由美國扮演，如今反而變成美國必須向北京學習的弔詭情況[14]。這樣的轉變除了像教導美國之外，這種態度更會引起美國國內普遍的不滿。

　　對於雙邊關係會更分歧的原因，媒體也提到是美國財政部提出的報告。在對國會國際經濟與匯率政策報告的春季和秋季報告中，美國財政部試圖對美方貿易夥伴的匯率政策進行評價，以確定其是否存在匯率操縱國[15]。自從該報告出現以來，中國先後五次出現在

---

[11]　袁嶽，〈鮑爾森的聖誕禮物〉，《中國企業家》，2007 年 12 月 24 日。

[12]　劉智年，〈首次中美經濟戰略對話之意涵分析〉，《中華歐亞基金會網路專文》，http://www.fics.org.tw/publications/monthly/paper.php?paper_id=1193&vol_id=129

[13]　王崑義，〈評第四次「中」美戰略經濟對話〉，《展望與探索》，2008 年 7 月號，第 6 卷第 7 期。

[14]　王崑義，〈評第四次「中」美戰略經濟對話〉，《展望與探索》，2008 年 7 月號，第 6 卷第 7 期。

[15]　" 2007 National Money Laundering Strategy", May 3, 2007, http://www.ustreas.

匯率操縱國的名單中。在二○○四年之後，美國財政部沒有再將其
任何一個主要的貿易夥伴認定為匯率操縱國。但在二○○七年五月
的報告中美國財政部認為，中國經濟取得了非同尋常的快速增長。
其增長已經變得嚴重不平衡，即依賴出口和投資，並且具有高儲蓄、
低消費以及缺少彈性的匯率的特色[16]，因此又把中國列入名單內。
這些指責也是媒體對雙邊戰略經濟對話提出質疑的主因。而對未來
意見政府內有分成兩派的分歧也發生在北京與華府的複雜性，因此
對於未來合作有所懷疑[17]。

　　無論北京與華府透過對話達成什麼具體的目標。華府與北京的
關係將會越來越緊張。認為胡錦濤的領導模式與過去的中國領導人
不同，認為胡錦濤會以中國為依歸來重建國際體系，並和美國唱反
調。也會越來越依賴解放軍中的鷹派來當做靠山，並提高軍費最為
回饋。在國際事務上抵制美國。並提醒美國領導人應該認知到中國
領導人的改變，並研究新的政策來因應[18]。一時的交往反而浪費了
美國原有的優勢與時間。對於對話由於雙方歧見過大，也有學者提
出經濟戰略對話不會有突破性的結果。中美對彼此經貿摩擦的原因
理解不同，看法不一樣，不可能透過一、兩次對話就解決矛盾[19]。
也是認定會使對話更分歧的主因。

gov/press/releases/hp536.htm

[16] 鐘偉，〈人民幣匯率問題考驗中美政府智慧〉，《中國外匯》，（北京：2007 年 7 月），P.8。

[17] 中央社，〈民意調查顯示　希望恐懼並存於中美兩國人民〉，《中國時報》，2007 年 12 月 11 日，http://news.chinatimes.com/2007Cti/2007Cti-News/2007Cti-News-Content/0,4521,130504+132007121101268,00.html

[18] 林琳，〈章家敦：中美關係不協調及緊張〉，《大紀元》，2008 年 1 月 3 日，http://udn.com/NEWS/WORLD/WOR1/4164652.shtml

[19] 大陸中心，〈施壓人民幣升值　中回嗆　吳儀：經貿問題政治化　難以接

三、對抗局勢難突破

北京和華府展開的戰略對話，對抗的局面來自於對國會保守勢力的困擾[20]。建立一個戰略經濟對話，本身來說就是對美國輿論的一種交代。美國政府建立一個對話，以告訴民眾，「我們在對中國政府施加壓力，在跟中國談判。」看所有有關中國經濟的報導，美國政府力求證明：「我們不是對中國坐視不管的，我們是在談這些問題。[21]」透過這種宣示當然難免在對話成果不如預期或遭逢挫折時後造成民眾心理面對於政府的信任度降低。

二○○八年華府將在北京舉辦奧運會同期舉行大選，不能排除兩國經貿關係再出現摩擦和敏感問題[22]。對於外來變數的不樂觀，也反映出媒體在一開始對於戰略經濟對話的對抗局勢難以突破和不看好。

保護主義也是一項雙方會更加分歧的主要原因。許多學者提出美國國內有一種普遍高漲的貿易保護主義情結。過去一直是美國政府敦促中國接受自由貿易，如今一些擔心中國產品衝擊美國市場的政府官員卻舉起了貿易障礙。以及複雜多變的政治經濟環境，北京自然要防範美方設立新的貿易壁壘。國際製造業大量向中國轉移，跨國公司、海外銷售和項目公司的數目大量增加，導致了華府對北京的出口貿易出現比較大的逆差[23]。但是保護主義的蒙蔽，讓雙方未來只能走向更加對抗和衝突的場面。保護主義更常在對話展開前

受〉，蘋果日報，2007 年 5 月 24 日，第 A20 版。

[20] 袁嶽，〈鮑爾森的聖誕禮物〉，《中國企業家》，2007 年 12 月 24 日。

[21] 丁一凡，〈中美戰略經濟對話的回顧與展望〉，《國際經濟評論》，（北京：2007 年 11 月 12 日）。

[22] 珍妮，〈中美戰略經濟對話機制的特點與走向〉，《WTO 經濟專刊》，（北京：2007 年第 6 期總第 48 期）。

[23] 王新業，〈中美經貿：和諧式跨越〉，《經營者》，2006 年，P.21。

北京拿出來檢視的話題[24]。每當北京方面提出對於保護主義的質疑時，更加深了觀察家以及媒體對於對抗局面持續的討論。國會所表達的反對更是源於此[25]。

在專家眼中戰略經濟對話只是小布希政府在面對國會壓力以及提出的各種問題所設置的的擋箭牌或認為對話根本就是個失敗的作為，因為根本對於關心的議題毫無設定好解決的時間表[26]。並且認為鮑爾森對北京展開戰略經濟對話的時候是採取的協助其實是威脅。鮑爾森真正認為的是如果北京不做出讓步，一但國會通過法律，那布希政府也毫無辦法了[27]。用戰略經濟對話為名實為打擊中國市場。最後並將戰略經濟歸類為類似歷史上美國對日本的經濟控制。目標就是不斷利用貿易摩擦打開日本的金融市場，再透過對話一步步造成日本的金融戰敗，提醒北京不可以低估華府在展開雙邊經濟戰略對話後頭的戰略性意圖[28]。加上第二次對話過後不僅人民幣匯率問題沒有處理，連市場開放（market access）部分也幾乎無所得。並指稱美中雙方代表在對話最後以近乎粗暴的方式結束這次對話。這樣的氣氛使許多人認為再度對話的機會不大[29]。因為對話是謂解

[24] 外電，〈經濟對話登場　中共批美保護主義〉，《聯合報》，2007 年 12 月 11 日，第 A9 版。

[25] 劉智年，〈首次中美經濟戰略對話之意涵分析〉，《中華歐亞基金會專文》，http://www.fics.org.tw/publications/monthly/paper.php?paper_id=1193&vol_id=129

[26] 丁一凡，〈對話與告狀的背後——三位學者解讀中美經貿狀況〉，《世界知識》，2007 年 12 期，P.17-18。

[27] 張立平，〈對話與告狀的背後——三位學者解讀中美經貿狀況〉，《世界知識》，2007 年 12 期，P.20。

[28] 江湧，〈對話與告狀的背後——三位學者解讀中美經貿狀況〉，《世界知識》，2007 年 12 期，P.18。

[29] 賴怡忠，〈美中經濟對話 vs.國共經貿空談〉，《自由時報》，2007 年 5 月 27 日，

決問題而設立的，問題沒解決，分歧卻還越來越大，因此對話也別談了。這樣的普遍看法更說明瞭對話在展開時是不被各方所看好。

經濟發展所帶來的一項具體轉變是來自軍事能力的上昇，這項疑慮更是常被拿出來討論對話改變經貿增進雙邊利益後的一項副作用。因為經濟發展是促進中國增強軍力的主要因素，工業化出口導向的經濟，從手工花卉至汽車製造，幾乎無所不產，這些需要軍事保護。但是儘管過去幾十年中國的經濟進步，其軍事武力仍然落後，這是它增強軍事費用的原因之一[30]。強大的軍事力量更是讓周邊國家與美國所擔憂的。

北京在與華府展開的戰略經濟對話也被認為是北京爭取時間與空間的戰略之一。目的在獲取時間增強實力和不受阻礙的擴張勢力。特別針對它隨著財力增加而迅速增長的軍備和戰略野心，這將不可避免的挑戰美國在太平洋的優勢。因為在美國所重視的一些敏感事務上，北京沒有給華府具體的回應。如貿易方面，胡錦濤承諾進一步開放大陸市場並消除障礙，但並未說明具體措施。在美國指稱過份低估以致造成大筆貿易逆差的人民幣匯率方面，胡錦濤表示，中國將邁向有彈性且穩定的匯率制度，但依然語焉不詳。同時北京也未具體承諾將支持布希的行動，加強對伊朗和北韓施壓，以迫其放棄核武計畫[31]。

學者更提出，當吳儀展開第二次經濟戰略對話之前，在華爾街日報投書。其內容為避免將貿易問題政治化的企圖，而美國也應為

第 A15 版。

[30] 外電：中國的整體軍力評估，〈大紀元〉，2008 年 5 月 21 日，http://news.epochtimes.com/b5/8/7/4/n2178718p.htm

[31] 陳世民，〈胡錦濤訪美之觀察〉，《通訊專欄》，http://www.fics.org.tw/issues/subject1.asp?sn=1846

其對中國的入超負責，因為美國是全球科技領導者，應該充分發揮其比較利益，增加互信、放寬出口限制，以提高美國企業的競爭力，扭轉美國高科技產品在中國的市場份額不斷縮小的趨勢，減少對中國的貿易入超。但由於貿易本身的互通有無，以及錢應該要求的是公平性的自由貿易準則下，北京與華府在對於貿易市場法則的不相同[32]。因此處裡的手段也不同，最後產生的結果就是使紛歧不斷擴大。

即使北京和華府展開了戰略經濟對話。但仍有許多人認為雙方缺乏有效的機制。這使得對抗並沒有得到解決。也加深了處理雙方或亞洲甚至全球都有影響的事務[33]。

北京對於人民幣的態度也是被認為對抗會加深的原因之一。由於北京對華府的貿易順差近年來不斷飆高，雙方也接連產生貿易摩擦，外界關注對話是否有助提升兩國近來低迷的經貿關係；美方關切的焦點，是中國是否可加速人民幣對美元升值[34]。但北京與華府對於人民幣升值速度的快慢上有所差距，也被視為對抗的主因。

高層對話在媒體形容下像是高峰論劍，雙邊的戰略對決競賽難有實質上的突破。貿易上的逆差以及趨勢使得即使美國出口成長四倍，雙方也無法達成貿易平衡。加上北京在非洲、中東和拉丁美洲積極掌握能源，從首爾到雪梨，美中均處於競爭地位，經貿失衡只

---

[32] 吳惠林，〈吳儀投書 無比突兀〉，《自由時報》，2007 年 5 月 27 日，第 A15 版。

[33] 〈國防官員首次參加中美戰略對話〉，《BBC news》，2008 年 1 月 17 日，http://news.bbc.co.uk/chinese/trad/hi/newsid_7190000/newsid_7193200/7193245.stm.

[34] 中央社，〈中美聯合經濟會議結束 美官員：無新進展〉，《工商時報》，2007 年 4 月 17 日，第 A7 版。

是其中的一環，這是一場漫長的戰略競賽，很難期待有實質突破[35]。對抗只會越來越加深，無法解決問題。

第二節　中美雙方的認同與歧見

中美雙方的認同和歧見是拉扯對話機制的主要力量，而時間的壓力也是雙方認同和歧見下最重要的動力。認為合作比較好並且需要務實的處理雙邊所要面對的問題，是彼此的認同。但在步調的快慢和領域的探討上，雙方也出現了不同的意見。

一、合作比較好

合作的重要不只是在於官方的宣示作為，更包括了實際的改變。當二〇〇六年中美雙方變成第二大貿易夥伴之後，從二〇〇七年一月到十月，中美雙方的貿易額達到 2,481.9 億美元[36]，比二〇〇六年同期成長了 15.7%。因此合作絕非是官方相互的恭維，而是有實際進展的。即使在會談時總是伴隨的貿易保護主義和間接影響到的選舉壓力，但是對話仍持續進行，亦可視為合作的象徵。雙邊對話促進相互瞭解，並同意在所有問題上加強合作，至少在嘗試建立雙

---

[35] 田輝，〈中美高官華盛頓論劍會診經貿難題〉，《新華網》，2007 年 5 月 22 號，http://big5.xinhuanet.com/gate/big5/news.xinhuanet.com/world/2007-05/22/content_6133068.htm
[36] 見附件一。

方的信心上強於對彼此的敵對宣傳[37]。此外，雙邊派出僅次於元首互訪之外的層級進行對話，成員不是雙方政府的副領導階層，主管金融事務的最高首長，顯見兩國都十分重視戰略經濟對話的重要性。也因對話的議題與規模一再擴大，這個對話機制逐漸成為北京與華府之間在戰略、政治層面進行深入溝通的重要平台[38]。而雙方的層級都如此之高，顯示瞭解合作對雙方都好的事實。而談話內容的多面向，更可說是當前兩國互動關係的寫照[39]。不只是在單一領域，而是在多面向議題的合作。

　　雙方展開合作的根本原因來自於選擇合作對雙方的利益都大。中美雙方合作乃是互利的局面。從能源面來看，美國推動能源儲存政策，在大家對世界石油存量有限的共識下，美國若能有效使用能源，對中國也有利[40]。此外，核能發電技術改進有助於雙方合作與利於美國本身外交利益：幫助中國改善民用核能發電的技術不只可以增進兩國合作，還可避免中國與伊朗等國過於親近[41]。這些透過經貿議題達成合作而改善關係，也是雙邊合作的主因。

　　由於經貿的發展，使得企業變的越來越顯得巨大，但當全球經濟正進入政府重新介入個人與商業領域的新紀元，藩籬再度架起，

[37] 陳世民，〈胡錦濤訪美之觀察〉，《通訊專欄》，http://www.fics.org.tw/issues/ subject1.asp?sn=1846

[38] 王崑義，〈評第四次「中」美戰略經濟對話〉，《展望與探索》，2008 年 7 月號，第 6 卷第 7 期。

[39] 王崑義，〈評第四次「中」美戰略經濟對話〉，《展望與探索》，2008 年 7 月號，第 6 卷第 7 期。

[40] Zha Daojiong, "An Opening for U.S.-China Cooperation", Far Eastern Economic Review, May 2006, pp. 44-47.

[41] Zha Daojiong, "An Opening for U.S.-China Cooperation", Far Eastern Economic Review, May 2006, pp. 44-47.

政府間的合作顯得格外重要。國家和國家之間也透過合作去重拾權力[42]。歡迎投資也是方法之一，當對話機制達成的協議讓企業能夠在政府規範的有效框架下投資，使企業達到更多的獲利，政府也不必擔心失去主導權[43]。因此當雙邊的對話機制運作，便有更充沛的動能去創造國家與企業都能妥協也都能各取所需的利益。這也是雙方展開合作的原因。

這種對話機制的擴散不僅於經貿方面，甚至連中、美高層退役將領都有定期聚會。而這些對話所除了代表的使雙方多瞭解對方的想法，更證實雙邊體認到合作對雙方都有好處的出發點[44]。

對話是由雙方認可對話的功能。因為戰略經濟對話機制是對雙邊經濟關係的認定，突顯了雙邊經濟關係的長期性和戰略性，以及可持續性，說明雙邊經濟上的相互依賴關係在日益加深，經濟關係上升到了戰略性的高度[45]。戰略經濟對話畢竟為雙方提供了一個共同解決分歧的平台和契機，對於北京與華府而言，多一些戰略對話，就意味著少一分對抗[46]。每當對話前監會簽署合約來營造良好的對話環境，因為而對抗的緩和更是展開合作的第一步，第二步就是營造良好的氣份。而透過戰略的觀點更可以為長期維繫並且做連結。因為當是對話焦點從短期問題過渡到長期問題。代表雙方已意識到

[42] 羅彥傑，〈經濟新民族主義崛起 世界不再是平的〉，《自由時報》，2008 年 4 月 29 日，第 A6 版。
[43] 康彰榮，〈美中戰略經濟對話閉幕 中促美承認市場經濟地位〉，《工商時報》，2008 年 6 月 20 號，第 A8 版。
[44] 亓樂義，〈中美高層退役將領 11 月再會邁阿密〉，《中國時報》，2008 年 6 月 11 日，第 A13 版。
[45] 王華，〈中美經濟戰略對話機制的意義〉，《當代世界》，2007 年，第七期，P.19-22。
[46] 陳鍇，〈十字路口的路標──第二次中美戰略經濟對話的啟示〉，《社會觀察》。

有必要從戰略角度推動雙邊關係發展，並為更好的長期合作制定藍圖[47]。

對於北京與華府來說，唯一的共識就是，要致力於解決雙方貿易不平衡的問題。雙方應該透過理解和相互信任，透過對話和磋商來解決問題。因為合作對雙方都好，而多溝通更是其中一項重點。華府方面的觀點認為，中國持續開放經濟符合美國利益。中國已非十年前置外於全球市場，應該遵守其他國家建立的規則。雙方都應該負起領導責任，美國不怕競爭，而是歡迎競爭，因此支持中國持續開放經濟[48]。即使兩國目前都面臨國內保護主義挑戰；當中國變成全球競爭的不利因素，美國也會浮現一種反中國的氣氛，而這樣的論述又因為貿易赤字擴大更為甚囂塵上；增加雙方聯繫，對兩國人民都有好處。而北京的觀點，除了堅決反對任何形式貿易保護主義；更認為雙方經貿關係發展至今得之不易，為兩國人民帶來實質好處與利益，應備加珍惜，由維護兩國國家利益高度，加強兩國經貿互動。對抗無助解決問題，施壓只會使問題更加複雜。在經濟全球化深入發展今日，雙方應該透過相互合作解決問題[49]。這些說法都說明合作的重要。避免流於指責和對抗也是證明雙方體認合作的重要原因。因為當指責變多會影響到對話的整體社會關注與重點，也會影響成果。而將對話的層級升高，不僅表達雙邊對對話機制的重視，其所況散的邊際效益更是會超過預期[50]。

[47] 〈中美經濟對話著眼長遠人民幣問題退居次席〉，《CEOCIO》，P18，2007.12.20。

[48] "Remarks by Treasury Secretary Henry M. Paulson on the International Economy Treasury Department Cash Room", September 13, 2006, http://www.ustreas.gov/press/releases/hp95.htm

[49] 蔡慧如，〈吳儀：堅決反對任何形式貿易保護主義〉，《聯合報》，2007 年 5 月 23 日，第 A13 版。

[50] 牛新春，〈中美戰略對話機制越來越開放〉，《瞭望》，2007 年 26 期，P.55。

二、務實的眼光

務實也是雙邊對話的首要認同，而雙邊變務實的關鍵來自於過去的對話機制不能夠從長遠的雙邊經濟關係發展的高度解決問題。缺少戰略眼光有一定的狹隘性[51]。過去雙邊的談判機制也帶有許多色彩，而當雙邊願意坐下來討論，也就證明務實的眼光是雙邊最大的認同。

鮑爾森在中國科學院的演說中指出，雙邊都認為合作會實現雙贏。爭取的是雙邊的利益，現在的合作只是為將來解決這些問題邁出了有利一步[52]。認為與美合作的務實眼光對中國有利。美國官方也公開的表態，我們想要和中國合作解決問題[53]。

為了能夠使對話順利，雙方在處理戰略經濟對話時更是煞費苦心。在討論對話名稱時，因為用戰略對話過於強勢而用戰略經濟來改善外界的疑慮。這些妥協與轉變，更能展現北京與華府在為了務實解決雙邊問題而顯示的決心[54]。務實的眼光更展現在官方的說法，當對話的開始或結束，雙方都不斷的強調解決問題的重要，中國副總理王岐山更是提出，千萬要避免把經濟問題複雜化和政治化，因為務實的面對現況就是「中國需要美國，美國也需要中國」[55]。中美關係的維持更對世界局勢的維持很關鍵[56]。

[51] 王華，〈中美經濟戰略對話機制的意義〉，《當代世界》，2007 年，第七期，P.19-22。

[52] 鮑爾森，〈美國財政部長保爾森月日在中國科學院發表的演講整理〉，《中國石油石化　半月刊》，2008/4/15，第八期。

[53] Derek Sands ," China, U.S. agree on regular high-level dialogue", Knight Ridder Tribune Business News, Apr 9, 2005. pg. 1

[54] "The power of dialogue", China Daily, Jun 20, 2007, pg. 10.

[55] 張宗智，〈《戰略經濟對話》美促開放　中共：別複雜化〉，《聯合報》，2008

　　無論對於北京和華府都不希望美中戰略經濟對話的機制收到太多外力的干涉破壞[57]。對華府來說，當參議院銀行委員會通過「二〇〇七年匯率改革與金融市場進入法案」，旨在讓財政部可向中國施壓以調整它過低的匯率，保障美國的勞工與商業利益時。布希政府的三位高層首長包括財政部長鮑爾森、商務部長古提瑞茲、貿易代表史瓦布聯名致函參院多數黨領導人瑞德，表示不希望匯率問題透過立法解決，並說這是「錯誤的方式」[58]。

　　務實更來自於對話過程中可以發現。綜合來看，至少在公開場合，雙方很多話都是點到為止，在開幕式上也都沒有提到人民幣匯率等焦點問題。與之相對應的，則是雙方都幾乎言詞一致的強調，戰略經濟對話為雙方提供了一個很好的溝通平台，美中都期待透過對話解決相關的紛歧[59]。而在私下的報怨避免在公開點到提出，亦為雙方務實態度的証明。

　　不論是民主黨還是共和黨執政，對於北京的政策，兩黨都認知到與北京的安全合作很重要，卻也都評估出發展全面戰略安全夥伴關係還言之過早。雖然美國和中國有多方面的經濟合作，雙方在可

年 6 月 19 日，第 A14 版。

[56] 綜合報導，〈中美經濟對話　可能簽能源合作協定〉，《中國時報》，2008 年 6 月 16 日，第 A13 版。

[57] 陳家齊，〈英國媒體：大陸要用外匯存底擊垮美元　布希對報導存疑　警告若真行動太魯莽　美財長也嚴斥荒謬　專家認中共不可能損人不利己〉，《經濟日報》，2007 年 8 月 10 號，第 A6 版。

[58] 外電，〈美政府：參院委員會通過匯率制裁法案是錯誤〉，《工商時報》，2007 年 8 月 2 日，http://news.chinatimes.com/2007Cti/2007Cti-News/2007Cti-News-Content/0,4521,130504+132007080201009,00.html

[59] 劉洪，〈在對話協商中收穫〉，《瞭望新聞週刊》，2007 年第 22 期 5 月 28 日，P.31。

預見的未來也不可能發展成「策略性經濟夥伴」，因為彼此間仍存有重大歧見及一些政治因素。

　　雙方應該相互理解和相互信任，透過對話和磋商來解決問題。同時也要要從雙方長期戰略合作的角度來認識雙方貿易關係、避免經貿問題政治化，以及加強雙邊合作。務實源自於共識，這項共識來自於雙方皆希望透過對話來解決中美貿易不平衡的問題[60]。

　　務實態度必須建立在方向的認同上，若雙方在方向上不能認同彼此，則務實的態度也會流於泡影。在對話的過程中，鮑爾森強調，要將雙方長期經貿關係往正確方向引導。他指出，美國支持穩定繁榮的中國；他強調兩國間公開、坦誠經貿關係的重要[61]。吳儀也在會談中不斷強調，對抗無助於問題之解決，施壓只會使問題更複雜。對問題應矛盾，應冷靜對待，妥善處理，絕對不能將經貿問題政治化，否則不利兩國整體關係之發展[62]。從以上雙方主談者的談話，我們可以說對彼此方向的認同。美中戰略經濟對話促使雙方在戰略上走向正面。對話機制的未來導向就是應對傳統國家間持續失效、不夠用而規劃未來國際規範和新秩序的努力[63]。

　　北京與華府之間的高層對話不僅止於戰略經濟對話。雙邊每年的定期對話達到六十種以上之多[64]，但仍可從對話的名稱上看出

---

[60] 彭媁琳，〈中美戰略經濟對話　解決雙方貿易不平衡　唯一共識〉，《工商時報》，2007 年 5 月 24 日，第 A9 版。

[61] "Prepared Remarks by Treasury Secretary Henry M. Paulson, Jr. on the Growth and Future of China's Financial Markets", March 7, 2007, http://www.ustreas. gov/press/releases/hp301.htm

[62] 林寶慶、張宗智，〈經濟對話開幕　中方：反對保護主義〉，《聯合報》，2007 年 5 月 23 日，第 A13 版。

[63] 王義桅，〈中美關係步入機制化時代〉，《新聞前哨》，2007 年第 7 期。

[64] 綜合報導，〈周文重：中美對話機制已超過 60 個〉，《文匯專訊》，2008 年 10

戰略經濟對話務實的一面。因為當雙方展開戰略對話，華府仍稱之為「美中高層對話」，而北京則稱之「美中戰略對話」。因為美方認為「戰略」一詞應保留給美國與盟邦之間使用，故國務院所有新聞稿一律稱這項會談為「高層對話」。中方則認為美中外交對話絕對具有戰略意義，故建議使用「戰略對話」。儘管不為美國所接受，北京至今仍堅持自己使用「戰略對話」[65]。但在經濟上卻雙方都用「美中戰略經濟對話」來稱呼，更展現了雙方對戰略經濟對話的務實面。

　　中國的外交策略總是實利取向。例如為了取得市場和稀有資源，尤其是石油等能源，甚至不惜與「素行不良的國家」如辛巴威、伊朗、蘇丹等國交往，這些國家常常在人權與恐怖主義等方面甘冒國際社會之大不諱[66]。如果雙邊戰略經濟對話沒有務實的能夠幫忙解決問題，又如何能持續至今呢？

　　對話是一個雙邊的高層定期交流機制，目的在增進雙方在一些共同關注的議題上的理解。中美關係作為全球最重要的雙邊關係之一，涉及的領域非常多，需要溝通的問題也不少[67]。體認合作的重要，需要務實的眼光才能夠對於問題做出解決。

月 3 日，http://news.wenweipo.com

[65] 劉坤原，〈美中第四屆高層對話今在華府揭幕〉，《中央日報》，2007 年 6 月 21 日，第 A9 版。

[66] "Report to Congress of the U.S.-China Economic and Security Review Comission", US - China Economic and Security Review Commission, 2005

[67] 〈中美：加強對話　促進理解〉，《DWNEWS.COM》，2007 年 6 月 21 日，http://www5.chinesenewsnet.com/MainNews/Topics/xhw_2007_06_21_16_31_5 6_643.html

三、步調快與慢

　　雙方的歧見緣起於步調的快慢而非方向上有所不同[68]。對於華府來說，步調的快慢一直是很在意的問題。觀察家認為北京在對話上或合作上迎合美國，只是權宜之計，背後真正的戰略是為了換取時間與空間。特別是為了他隨財力增加而迅速增長的軍備和戰略野心，這也會挑戰但美國在太平洋上的優勢[69]。因此對於對話整體成果是悲觀的，因為華府想打特效藥，但北京會拖時間[70]。思維而形成了步調上的差別。

　　對華府來說，講究談判過程一步一步的來，採循序漸進的方式。而華府在對話過程中還有來自於國會的監督，而與國會溝通所帶來的影響也是使得華府和北京在對話過程中產生步調快慢差異的原因。當國會透過立法來對中國匯率提出反對的同時，華府官員必須花費更多的時間在統一內部意見上，此外，為了應付這些壓力，也需要在對話過程中表達，既不願意因為這些內部壓力而與北京撕破臉，卻要顧及不淪落為國內反對黨攻擊的立場。在處理這些問題也會造成與北京對於步調快慢的不同。華府有選舉的壓力，當對話步調一緩慢，便會產生對中國控制力不夠或是放任中國的聲音[71]。如

---

[68]　蔡蕙如，〈美中經濟對話登場　鮑爾森促中國採取行動〉，《中央社》，2007年5月23日，http://tw.news.yahoo.com/article/url/d/a/070523/5/eqbp.html

[69]　陳世民，〈胡錦濤訪美之觀察〉，《通訊專欄》，http://www.fics.org.tw/issues/subject1.asp?sn=1846

[70]　Zhou Jiangong，〈不滿美方經濟問題政治化　北京或檢討中美戰略經濟對話意義〉，《atchinese》，2007年5月28日，http://www.atchinese.com/index.php?option=com_content&task=view&id=34402&Itemid=110

[71]　劉屏，〈鮑森、吳儀開場白　針鋒相對〉，《中國時報》，2007年5月23日，第A13版。

同鮑爾森在面對國會提出的逞罰性匯率法案所表示的,「透過立法不是推動匯率處理的合適之道[72]。」而非對反對黨提出批評或是抨擊北京對事物的步調緩慢。

另一方面,華府在受制於反對黨的立場或是對於與北京展開戰略對話的背景不一定與執政黨完全相同。這也會影響到對話步調的快慢。比如在民主黨的參議員觀點,認為中國使用柔性國力,在美國深陷伊拉克戰爭和經濟轉弱中,增加在全球的經濟和政治籌碼。但北京是否成功仍不明朗,而且它的影響力仍然不大[73]。是否有必要如此積極的與北京在戰略經貿對話上互動,立場上的不同也是雙方對話步調不同的原因。

對北京來說,體認到自身的金融不能夠一昧死抓,應該採取在某種程度上的放鬆。因為在國際、國內複雜的經濟形勢下,在中國已經進入世界經濟大國的背景下,影響中國經濟發展以及通貨膨脹不僅僅是上個世紀八、九十年代的純粹國內因素,而已經變化為國際與國內兩個因素。一定時期內國際因素可能還要大一些。這就決定了北京的貨幣政策不可能我行我素,肯定要受到國際特別是諸如美國發達國家的制約。因此,中國貨幣政策手段必須創新,才能應對世界特別是美國經濟變化以及貨幣政策變化帶來的挑戰[74]。但

[72] 中央社,〈美財長會胡錦濤前　表明反對懲罰性匯率法案〉,《今日晚報》,2007年8月1日,http://news.chinatimes.com/2007Cti/2007Cti-News/2007Cti-News-Content/0,4521,130505+132007080101026,00.html

[73] 中央社,〈研究:中國大玩金錢外交　對美不構成威脅〉,《中國時報》,2008年5月6日,http://news.chinatimes.com/2007Cti/2007Cti-News/2007Cti-News-Content/0,4521,130505+132008050600993,00.html

[74] 餘豐慧,〈中美央行鬥智　中國手段相對單薄〉,《中國時報》,2008年3月20日,http://www.atchinese.com/index.php?option=com_content&task=view&id=47828&Itemid=64

北京也必須考量到自身對於國內通貨膨漲等國內因素。在這種兩面都必須兼顧的狀況下，北京在很多匯率方面的調整自然不能完全依照華府的思考和期望，也造成了雙方在步調上快慢的不同[75]。對北京政府來說，與其今天提出一個問題、明天提出一個問題解決不了，還不如把雙方經濟關係設在一個框架裏面，在這個框架內設定一個目標，然後慢慢地解決這些問題[76]。因此建立框架和直接處理細項問題這樣的差別，也使得華府和北京在對話過程中產生步調不同。

但對北京來說，講究在談判過程中先把基本原則先有所確立。過程中講究一步到位，然後就堅持立場不變[77]。這種在溝通技巧上的不同，導致於雙方對於對話過程步調快慢而有所不一樣。

在步調上，北京對於對話所抱持的基本立場是認為一次對話不可能解決所有問題。雖然對話彼此都認為坦承，但分歧也是明顯的。確認機制的建立遠比達成更多項協議來的重要，這是北京的基本態度[78]。但對於華府需要實際協定來爭取會談動力的基礎上，這是相反的，因此也產生了步調的不同。

步調快慢雙方認定不同，也展示在對話過程的用詞上，爭議極大的人民幣雙方利用對人民幣有彈性來取得彼此的認同[79]。因為若被此類問題影響整體對話的成果甚至是對話的運作，將得不償失，

---

[75] 中央社，〈吳儀將訪美　鮑爾森籲與議員談貿易逆差問題〉，《中國時報》，2007年5月3日，第A13版。

[76] 丁一凡，〈對話與告狀的背後——三位學者解讀中美經貿狀況〉，《世界知識》，2007年12期，P.17-18。

[77] Kissinger，1979，P.755

[78] 劉洪，〈在協商中收獲〉，《瞭望》，2007年第22期。

[79] 中央社，〈布希接見吳儀　美關切人民幣是否升值　兩國貿易失衡　白宮反對立法迢罰〉，《中華日報》，2007年5月25日，第A8版。

但用有彈性的說法來在彼此有爭議的問題上取得最大公約數,也證明雙方在對步調快慢上不同的想法。

四、傳統領域或非傳統領域

在對話的話題中,傳統領域和非傳統領域一直是雙方重大的歧見。而傳統領域的問題一直是華府關注的議題,包括人民幣、貿易逆差和智慧財產權等。但雙方對這些傳統領域的問題仍有彼此的堅持。北京在非傳統領域上期待能擁有更大的收穫。

美中戰略經濟對話是超越經貿範圍的。當中美關係具有雙邊、地區、全球三個層面內涵。對話機制的建立,是中美關係超越雙邊內涵,具有地區和全球意義的表現。但華府方面傾向於共同建立的國際新秩序停留在經濟領域。而北京政府希望將共同探索建立國際秩序的進行並將合作拓展到安全領域和國際安全領域來培養共建安全新秩序的互信[80]。這與華府所希望介定在傳統經濟領域的想法有所差異。

對話的重點該著重於傳統和非傳統領域的歧見也源自於美國民眾。隨著全球化的發展,美國輿論裏邊反對的聲音是主要的。各種各樣的調查證明美國的群眾有 70%是反對全球化的[81]。而在美國表示對全球化不滿、反對全球化的浪潮中,中國是被當成首當其衝的目標。因此美國民眾會更希望戰略經濟對話應該更集中於傳統經濟領域的議題。此外,美國在使用戰略經濟對話的名稱上,也可以窺

---

[80] 王義桅,〈中美關係步入機制化時代〉,《新聞前哨》,2007 年第 7 期。

[81] 丁一凡,〈中美戰略經濟對話的回顧與展望〉,《國際經濟評論》,2007 年 11 月 12 日。

探出，華府希望在傳統的經濟領域與北京達到某種戰略夥伴的關係，在非傳統經濟議題上則不希望與北京有戰略的字眼，因為華府認為和盟邦之間的對話才有戰略可言[82]。

對於非傳統經濟領域堅持，中國也在不斷形塑自身是受害者自居。認為華府將雙方的經貿失衡問題歸咎在中國，是不斷的在議題和國際上打壓並欺負中國[83]。這樣的做法也使得北京能在爭取非傳統經濟領域的問題時，有了比較好的出發點。而華府對於傳統經貿領域的堅持，源自於雖然華府相信人民幣的問題並不單純[84]。但是受制於國會對於行政權的監督。還是需要在議題上爭取北京多一些的讓步和配合，讓對話機制的實際面有更多的貢獻。但浮現的趨勢是儘管華府在對於人民幣議題持續關注，北京也遲遲不肯鬆口，但人民幣等傳統領域的經貿議題份量逐漸減輕，不成為主軸[85]。

美中戰略經濟對話是在嘗試構建一個框架，著眼於中美兩國長期經貿關係的框架。中美經貿關係發展了數十年，雙邊共同利益日益深化。但就未來而言，需要有更進一步的共同利益框架。所以，中美雙方不僅應該在傳統經貿領域，更應該在非傳統經貿領域加強合作，尋找更多的共同利益。如此一來，雙邊經貿關係發展就具有了持久的推動力。如同安全領域區分為傳統安全和非傳統安全兩個

---

[82] 中央社，〈美中高層對話　討論台海安定議題〉，《聯合報》，2008 年 1 月 19 日，第 A13 版。

[83] 張建綱，〈中美貿易戰，並非不可避免〉，《Practice in foreign economic relations and trade》，2007 年 6 月。

[84] 〈中國批評美中經濟與安全評估委員會〉，《BBC news》，2008 年 1 月 11 號，http://news.bbc.co.uk/chinese/trad/hi/newsid_7740000/newsid_7743300/7743307.stm

[85] 國際新聞組，〈綠色同盟　中美可能簽署 10 年框架協定〉，《聯合晚報》，2008 年 6 月 16 日，第 A6 版。

部分一樣，經貿領域同樣也有傳統和非傳統領域之分。傳統經貿領域指的是商品貿易、市場開放、服務業開放以及知識產權保護等等。而非傳統經貿領域則涉及經濟增長模式，投資、儲蓄與社會保險，教育，勞動力問題，環境保護，醫療保健等等，其範圍更為廣泛，合作空間更為巨大。而且，在非傳統經貿領域的合作之加強，或許可以有助於雙方在傳統經貿領域減少摩擦，降低猜疑。美中戰略經濟對話致力於建立和強化戰略互信，沒有互信，雙邊就沒有未來。信任在任何關係中都是至關重要的。在經濟全球化的當今世界，經貿關係在任何雙邊關係中都占據重要的地位，中美關係也不例外。加強有關經貿問題的戰略磋商，不僅有利於解決經貿方面的摩擦，也有利於建立和強化戰略互信，從而為中美關係的穩定發展奠定基礎[86]。

因此，將能源問題取代傳統的貿易及匯率問題，成為雙方談判的重點。在國際油價不斷攀升背景下，能源和環境問題顯然已成為中美兩國將需要全力面對的極大挑戰。而且雙方準備透過技術交流、資訊共用及培訓等方式在能源、環境和自然資源等方面展開合作。環境和能源問題是中美共同面臨的最大挑戰，必須在今後十年中通過採取明確措施解決一些問題。能源將在美中戰略經濟對話討論中佔有重要位置，中國在未來十年或者更久，將繼續成為世界上成長速度最快的經濟體，同時也是能源需求中最重要的因素[87]。

鮑爾森也不斷提及，一個良好的經濟環境需要有環境安全的環境做支撐[88]。認為中美雙方都在繼續尋求在開發具有可持續性的安

[86] 潘銳，〈中美戰略經濟對話與中美關係〉，《國際觀察》，2007 年第 5 期。

[87] 楊泰興，〈美中戰略經濟對話 大陸送禮 簽採購 136 億美元合約〉，《工商時報》，2008 年 6 月 18 日，第 A2 版。

[88] " Remarks by Ambassador Alan F. Holmer at Qinghua University Entitled Establishing New Habits of Cooperation in U.S.-China Economic Relations",

全的能源供給以及保護環境的同時保持經濟增長的途徑[89]。因為當
能源價格上升時，消費者就具備了購買更高效用品和汽車的動力，
也具備了走出家門以及利用先進技術降低能耗的動力[90]。這影響的
不僅是能源的使用，更對經濟會產生影響。

　　但即便雙邊對於非傳統經濟議題上並不是那麼的有共識，但雙
方還是在非傳統對話當中有了一些突破。特別是在環保領域方面，
在第四次的對話雙方簽署了一項「十年能源框架」的協定，源自於
鮑爾森個人對於環保事務的重視。熱愛大自然的鮑爾森夫婦將平時
大部分的空閒時間花在戶外旅行上，他尤其熱衷捕鳥、皮划艇和到
異國他鄉去觀賞動植物等活動。保爾森熱愛環保事業，妻子溫蒂‧
鮑爾森是一名環保教育者，也加入到非營利國際環保組織「大自然
保護委員會」的成員。

　　相對於鮑爾森對社交生活的吝嗇和冷漠，鮑爾森對環保事業則
既慷慨又熱情。二〇〇七年，他將價值一億美元的高盛公司股票作
為禮物，捐贈給了以保護環境、加強教育為宗旨的家族基金會。此
外，鮑爾森還與中國雲南省政府合作，幫助保護該省大河流域的自
然生態環境。與此同時，保爾森還積極投身社會活動，是多家非營
利機構和學術機構的成員，這其中包括美國西北大學剴洛格管理學
院研究生院董事和中國清華大學經濟管理學院顧問委員會創始人及
首任主席。不僅如此，他甚至將自己的環保理念帶進了公司管理層
面。儘管招致了自由市場理論鼓吹者的批評，鮑爾森領導的高盛公

November 14, 2007, http://www.ustreas.gov/press/releases/hp679.htm
[89] 鮑爾森，〈美國財政部長保爾森月日在中國科學院發表的演講整理〉，《中國
石油石化　半月刊》，2008 年 4 月 15，第八期。
[90] 同註 55

司仍舊在智利境內購買了數千英畝的森林，目的是為了讓它們免遭
砍伐。成功保護了這片森林後，高盛公司將其捐贈給一家野生生物
保護組織。高盛公司還頂住壓力，在眾多華爾街大公司中率先承認
全球氣候變暖問題，並引進環保政策[91]。這些努力都是使雙方在傳
統與非傳統領域中能夠取得某些交集背後的動力。

　　中美兩國，一個是當今最發達的國家，一個是最大的發展中國
家。保持雙邊關係持續健康穩定發展，符合兩國人民的根本利益，
也將對亞太地區乃至世界和平穩定發揮積極作用。目前中美兩國在
維護全球穩定和地區安全、在反恐、防擴散、環境保護、疾病預防
與控制等各個領域進行了積極和有效的合作。繼續加強交流對話，
增進信任、擴大共識、促進合作，特別是深化在重大國際和地區問
題上的溝通和合作已經成為兩國的共識。

　　雖然非傳統經貿議題並非華府所最需要的成果，但若能對北京
發揮更多的影響力，是符合華府的戰略的。並且大國間的競爭轉向
軟實力，因為大國競爭在各個方面表現出來，但主要集中在經濟、
科技等領域，不再是冷戰期間美蘇競爭那樣的烈度、廣度和深度[92]。
所以在非傳統領域上仍有成果出現。但在傳統領域的堅持上，華府
一直堅信的原則是認為資審查只涉及真正影響國家安全的行為，而
不涉及更廣泛的經濟利益或產業政策因素[93]。而北京方面的不肯鬆
口在對於華府處理戰略經濟對話上會產生很大的限制。

[91] 梁尚剛，〈亨利・保爾森：即將入主美國財政部的「華爾街之王」〉，《金融博覽》，2006 年第 7 期。
[92] 胡社華，〈正確處理與大國競爭及合作的關係促進和諧世界建設〉，《咸寧學院學報》，第 27 卷第 4 期，2007 年 8 月。
[93] 劉煥彥，〈美中戰略經濟對話　聚焦人民幣　將討論通膨、金融開放、雙邊投資協定等議題〉，《經濟日報》，2008 年 6 月 16 日，第 A6 版。

　　但能觀察出來雙方在傳統與非傳統領域的競爭已經改變了，傳統領域便成雙方的默契，而非傳統領域被大鳴大放。主要還是如果實際切割，則會使對話失去動力。而且非傳統領域對傳統領域的所產生影響是十分巨大的。

第三節　北京的想法

　　北京在對美關係上進退兩難。一方面，中國的成就、領導人本身的權力均取決於美國的合作態度。美國若把中國定為新冷戰的敵人，在中國身上套上經濟緊箍咒，就算只有少數盟邦配合美國的新冷戰，中國的經濟成長和就業機會也會趨緩，內政問題也會加劇。美軍若擺出敵對姿態，更會迫使解放軍和人民要求政府投入更多資源強化中國戰備，從而升高戰爭的風險。但一如中國學者的解釋，「歷史經驗和教訓顯示，後發大國要崛起，唯有與國際體系的主導強權合作一途。[94]」十九世紀美國就是依循此道崛起，不與大英帝國起衝突。中國和平崛起的上上之策就是所作所為要像個負責任的大國，同時又能順應當前的超級強權美國，才是北京的想法。依賴美國避免在發展過程中耗費不必要的資源，體認到現況的嚴峻，進而發揮影響力擴大到亞洲，是北京的想法。

---

[94] Susan Shirk，《脆弱的強權在中國崛起的背後》，遠流出版社：台北，2008年5月，P.268。

一、依賴美國

　　依賴美國在領先世界的各項發展來協助中國持續成長也是北京重要想法。在中國發生許多天然災害之後，需要從發展中國家的身上去學習更多能力面對危機[95]。這樣不但能避免許多不必要的浪費也可以加速追趕的速度，這種也稱之為蛙跳理論。

　　展開戰略經濟對話時，北京的基本想法源自於依賴美國的外力來達成某種程度的自身利益提升，也就是所謂的「以敵為師」。讓中國可以避免走很多冤旺路，加速他的成長與進步。當北京與世界其他國家在經濟發展突飛猛進的時候，北京若能夠妥善的處理好與最大貿易夥伴美國之間的問題。無疑是對北京在世界其他國家做了最好的宣傳。同時，從中國與歐洲經濟與貿易關係上看，中歐貿易近年有迅速增長，歐盟已經成為中國第一大貿易夥伴[96]。中國則是歐盟的第二大貿易夥伴。但雙邊的貿易失衡現象也日益嚴重，磨擦更不斷增多，在解決中歐貿易摩擦問題上或許也能從美中間戰略經濟對話機制中得到有益的啟發[97]。

　　美中戰略經濟對話是在嘗試構建一個框架。美中戰略經濟對話著眼於為中美兩國戰略性的整體利益最大化尋找途徑。兩國不僅應該在傳統經濟領域加強合作，也應該在非傳統經濟領域加強合作，尋找更多的共同利益。這一新的框架將使雙邊經濟向更廣泛、領域更深的層次目標邁進[98]。依賴美國為中國的未來發展形塑一個穩定

[95] 劉屏，〈川震　震出解放軍弱點〉，《中國時報》，2008 年 6 月 9 日，第 A17 版。
[96] 見表 2。
[97] 王華，〈中美經濟戰略對話機制的意義〉，《當代世界》，2007 年，第七期，P.19-22。
[98] 楊藝，〈中美戰略經濟對話：機制與意義〉，《世界知識》，2008 年第 1 期，P.5。

的框架，加強中國本身法律和規定所不足的地方，成為以敵為師為北京當局的一項重要想法[99]。

雖然雙方在海外能源爭奪上呈現對立，但美國在節能、環保設備以及技術服務方面，擁有龐大的製造能力和出口能力。如今雙方在能源與環保方面達成，在未來五年，美中兩國將在中國開發發展十五個大型煤礦沼氣瓦斯氣採集應用項目；兩國將提供政策支持，促進先進采煤炭技術的全面商業化應用，加速碳的捕獲採取和存儲技術的商業應用等，有利於提昇中國節能技術[100]。

當雙方同意開始就投資保護協定進行討論，並且達成能源與環境十年框架協議。這個突破顯示了中美的利益將更為緊密相連，也更具有戰略高度意義[101]。這樣的作法更顯示了北京能夠依賴美國協助他在較落後的發展上加速發展。這對北京來說是十分樂見的。

北京需要美國支持，維持其和平安全的發展環境，已獲得國際資金與技術，發展其國內經濟，已獲得國際資金與技術，發展其國內經濟，強化整體國力，擴大國際影響力，並利用對話溝通宣揚中國和平發展的理念，以其消除國際社會對崛起的中國威脅論點，並可拉高與美國同等的戰略高度，成為平等夥伴，透過對話機制，協調彼此步調共識，調和中美關係，共同處理國際一些棘手事務，已獲取利益或在某些相關議題上迫使華府讓步。

---

[99] 張燕生、張岸元，〈從新的角度考慮中美經濟戰略對話〉，《國際經濟評論》，2007.7-8，P.24-25。

[100] 蔡宏明，〈中美戰略經濟對話之意涵〉，《工業總會貿易發展委員會網站專文》，http://www.cnfi.org.tw/wto/all-news.php?id=5284&t_type=s

[101] 陳毓鈞，〈胡錦濤大戰略……美日台韓 遠交近合〉，《聯合報》，2008 年 6 月 28 日，第 A19 版。

在整體國際、國內複雜的經濟形勢下，在中國已經進入世界經濟大國的背景下，影響中國經濟發展以及通貨膨脹不僅僅是上個世紀八、九十年代的純粹國內因素，而已經變化為國際國內兩個因素，一定時期內國際因素可能還要大一些。這就決定了北京貨幣政策不可能我行我素，肯定要受到國際特別是諸如美國發達國家的制約甚至要挾。因此，貨幣政策手段必須創新，才能應對世界特別是美國經濟變化以及貨幣政策變化帶來的挑戰[102]。而這也是北京需要依賴美國甚深的地方。

美中高層官員互動密切，不見得是關係融洽。而是衝突與合作相互並存，均採軟硬兩手的避險策略。試圖在針對美國的經貿施壓，北京選擇妥協依賴美國來得到更多的利益[103]。

二、體認現實

求得更穩定的局面是北京方面的第二層想法。展開戰略經濟對話後，可對於中國整體的穩定平衡找到重要的支撐[104]。這種出自於體認現實的作為是北京展開戰略經濟對話的想法之一。

北京方面的體認現實並可望透過實際作為改善現況的心態更展現在實際細節上。當胡錦濤前往美國訪問的時候，不會拘泥於過多

---

[102] 餘豐慧，〈中美央行鬥智 中國手段相對單薄〉，《證券時報》，2008 年 3 月 20 日，http://www.atchinese.com/index.php?option=com_content&task=view&id=47828&Itemid=64

[103] 林正義，〈美國對中國關係的調整〉，《自由時報》，2007 年 4 月 27 日，第 A19 版。

[104] 綜合報導，〈美國財長保爾森再訪華 選中青海湖有原因〉，《東方早報》，2007 年 7 月 26 日，http://www.atchinese.com/index.php?option=com_content&task=view&id=37170&Itemid=64

的儀式或禮節，而是針對北京直接需要或期待的部份努力並朝目標
執行。如當其訪問美國時採取許多作為來消除華府當局對北京在智
慧財產權和貿易保障的疑慮[105]。

當北京在對於傳統經貿議題有所堅持時，也展現了現實對於對
話過程的影響。貿易不平衡和人民幣升值，是中美之間最具爭議的
兩個問題[106]。但北京在對話過程中所展現的態度是，人民幣是要調
整的，但是加速整體產業升級的速度要由政府來掌握住，不然所形
成的物價波動進而影響社會穩定會令北京頭大，要是人民幣過快升
值，造成大陸經濟波動，對世界也不是好消息[107]。人民幣如果升值，
則需面對內部壓力，但是若下降，就需要面對外國的指責，但在北
京當局尋求內部穩定為優先選項的同時，而對人民幣議題的堅持也
反映出對現實的體認[108]。

中國在經濟發展的過程中，最為人詬病的是環境問題，北京在
與華府展開對話瞭解到與美國的合作是有益的，為了現實的利益而
展開對話，因為可持續性的安全能源供給又能夠保護環境才能健康
的促進經貿的發展[109]。這是源自於對現實的體認。更明顯的是，當

---

[105] 黃彥豪，〈從近期中美貿易衝突觀察胡錦濤訪美〉，《研究通訊》，第 9 卷，第
4 期。2006 年。

[106] John Ng，〈中美戰略經濟對話：北京滿意華府失望〉，《中國時報》，2007 年
12 月 18 日，http://www.atchinese.com/index.php?option=com_content&task=
view&id=43971&Itemid=110

[107] 藍孝威，〈中美經濟對話　中方：人民幣升夠快了〉，《聯合報》，2007 年 12
月 13 日，第 A17 版。

[108] 彭媁琳，〈張軍：人民幣政策　不會有更大的讓步〉，《工商時報》，2007 年 5
月 24 日，第 A9 版。

[109] 鮑爾森，〈美國財政部長保爾森月日在中國科學院發表的演講整理〉，《中國
石油石化　半月刊》，2008 年 4 月 15 日，第八期。

雙邊都派出了層級之高的代表若還苦無建樹，不僅失了面子，在國內也會累積更沉重的壓力[110]。

北京在思考對話時，體認現實的態度也評估到美方的選舉而努力透過更多交流與溝通來協助於化解不必要的猜疑。因為北京能夠體認到隨著美國進入激烈大選年，中國問題將會變的更加敏感。在這種狀況下，不可能指望對彼此缺乏瞭解的政府官員在一兩天內就能改變原先立場，但更多的交流與溝通將有助於彼此的對話機制運行[111]。

美中戰略經濟對話是一個新的溝通與協商的平台。雙邊作為世界上最大的發展中國家和最大的已發展國家，兩國經濟在全球範圍內將產生重大影響。面對兩國經貿間出現的越來越多的問題，雙方急需一個新的溝通平台，一年兩度的定期會晤機制不失為一種現實的選擇[112]。

北京政府對於經濟穩定的決心是明顯的。因此視經貿關係視為長期性戰略也是北京再展開戰略經濟對話的實際想法，對於現實的理解也是重要動力[113]。對於對話機制的仰賴，源自於認定經貿問題是可以解決的。北京官方更認為雖然雙邊經貿關係中存在不少問題，但這些問題完全可以在平等基礎上通過磋商與對話解決[114]。此

---

[110] 牛新春，〈中美戰略對話機制越來越開放〉，《瞭望》，2007 年 26 期，P.55。

[111] 劉洪，〈在對話協商中收穫〉，《瞭望新聞週刊》，2007 年第 22 期 5 月 28 日，P.31。

[112] 楊藝，〈中美戰略經濟對話：機制與意義〉，《世界知識》，2008 年第 1 期，P.5。

[113] 林寶慶、張宗智，〈經濟對話開幕 中方：反對保護主義〉，《聯合報》，2007 年 5 月 23 日，第 A13 版。

[114] 中央社，〈中國駐美大使：磋商對話解決中美經貿問題〉，《今日晚報》，2007 年 9 月 11 日，http://news.chinatimes.com/2007Cti/2007Cti-News/2007Cti-News-Content/0,4521,130505+132007091101766,00.html

外，北京更對於戰略經濟對話付出很大的成本，試圖在整體對話機制遇到阻礙的時候展現努力與扭轉局面[115]。北京在對話過程中的處理人際關係，營造出自己的「世界」[116]。中國儒家傳統特別重視培養與處理人際關係，當吳儀在談判的過程中也不段設法營造出自己的社會環境，讓外國談判對手身陷其中，求得現實利益[117]。

三、可以影響亞洲

學者康燦雄（David King）和羅斯（Robert Ross）認為隨著中國崛起，將成為其他國家跟從的重心。同時，亞洲不但沒有出現衝突與不穩定，而且一種以階層式出現的秩序已經開始形成[118]。康燦雄認為，亞洲正再一次呈現出以中國為中心，由中國「統而不治」的階層式秩序。其形式是有上下等級的階層，但實質層面卻是國家間的平等關係[119]。

從二〇〇二年十一月北京在聯合國安理會投票同意美國攻打伊拉克開始，北京不再批評美國霸權，開始執行新的大戰略。最終目標之一，就是以經濟、文化等非軍事手段，排除美國在東亞的領導

---

[115] 彭志平，〈吳儀抵美經濟對話 歧見仍難解〉，《中國時報》，2007 年 5 月 22 日，第 A13 版。
[116] Richard H.Solomon,〈索樂文報告〉，台北·先覺出版社，P.45
[117] 彭瑋琳，〈軟的更軟 硬的更硬 吳儀式談判風格將成絕響〉，《工商時報》，2007 年 12 月 14 日，第 A12 版。
[118] Robert Ross, "The Rise of China and the New East Asian Balance of Power," paper presented at Duke University, January 31, 2004. David C. Kang, "Hierarchy and Stability in Asian International Relations", American Asian Review, Vol. 19, No.2 (Summer 2001) , pp.121～160.
[119] David C. Kang, "Getting Asia Wrong", International Security, Vol.27, No.4 , Spring 2003, pp.57～85.

力量,解放軍則是備而不用的武力後盾。北京「對外和平、對台和解、對內和諧」的策略已經奏效。中美關係落實,並已成功「經美制台」,遏制台獨[120]。講究內而外,合為先的戰略。

　　北京對於對話機制希望建立長期性的對話溝通機制,主要出發點是站在戰略的高度來思考,與華府的對話機制能夠影響到周邊的亞洲國家[121]。而長期的對話累積下來,對北京本身的影響力是有助益的。透過與華府的對話使得其他國家與其展開對話,進而發揮影響力,也是北京政府心中的想法。因此在談判過程中會將政治與經貿議題加以切割,希望透過議題的達成來對長期營造更多的信任。

　　北京「睦鄰政策」已經超越大國對小國慣用之施恩加惠的伎倆:如高層訪問,外交援助厚禮以及國外直接投資。其間的差別在於,北京願意順應邦鄰的利益,建立信任關係,強化中國的影響力。舉例而言,中國與東南亞國家和印度的雙邊關係,中國就願意讓步以開創雙贏局面[122]。

　　北京對外偏好一對一的方式,直接透過雙邊關係與對方打交道。透過戰略經濟對話,北京方面可以展現自己對於亞洲的影響力,中國在對外投資十分謹慎,在投資上已別國投資入中國為主,因為中國對外投資只佔全世界國外直接投資不到百分之一[123]。透過龐大美

[120] 林寶慶,〈林中斌:北京「對外和平、對台和解、對內和諧」經濟文化排美　中共新大戰略　開始奏效〉,《聯合報》,2006 年 12 月 14 號,第 A13 版。

[121] 潘銳,〈中美戰略經濟對話與中美關係〉,《國際觀察》,2007 年第 5 期。

[122] Susan Shirk,《脆弱的強權在中國崛起的背後》,遠流出版社:台北,2008 年 5 月,P.140。

[123] 〈研究:中國大玩金錢外交　對美不構成威脅〉,《中央社》,2008 年 5 月 6 日,http://news.chinatimes.com/2007Cti/2007Cti-News/2007Cti-News-Content/0,4521,130505+132008050600993,00.html

元外匯支持下，北京開始於世界上最大經濟體美國展開戰略經濟對話，不但可以降低對外直接投資時所必須負擔的風險，更能在整個亞洲產生影響。符合其長遠的戰略目標。

　　北京在不需面對選舉的壓力情況下，維持內部穩定是重點，所以會採取等待的態度會更加明顯，而這樣的態度也是謂了其能夠更提昇本身的影響力[124]，把重點放在發展上。北京在全球影響力漸增的同時，審慎地不挑起敵視對立，針對這種情勢，有人認為是基於北京的國防現代化與台灣問題，未來數年還可能引發對外衝突。然而北京不可能冒險承擔台海戰爭的代價，華府也希望兩岸維持和平穩定，因此台海戰爭不會輕易爆發[125]。在這樣的背景下，與華府的合作也反映出透過合作的手段對區域產生影響。北京的做法也是透過將政治與經濟的分開執行，不因為彼此牽絆而影響其靈活性，透過經貿營造政治長期的信任[126]。也由於中方在對話過程中堅持大範圍的框架，對於實際細部議題會減少重視，再有大框架的基礎下，也可以像其他國家做出宣傳進而發生影響[127]。從與越南的關係更可看出端倪，即使越南和中國或美國在歷史上有許多矛盾，但隨著中國整體實力提升，越南也加強了與中國的關係[128]。而北京透過與華府的對話，可使得周邊國家在北京得到華府的合

---

[124] 牛新春，〈談成對話加深理解與互信〉，《瞭望》，2007 年第 22 期，5 月 28 日，P.55。
[125] 對未來「中」美關係發展前景之分析，Time，2007 年 1 月 11 日。
[126] 潘銳，〈中美戰略經濟對話與中美關係〉，《國際觀察》，2007 年第 5 期。
[127] 浦采伯，〈中美戰略經濟對話：過程比結果重要〉，《商務週刊》，2007 年 6 月 5 日，P.59-60。
[128] 魏國金；法新社，〈南面圍中　美加強越寮柬關係〉，《自由時報》，2008 年 7 月 16 日，第 A10 版。

作立場後更能用比較安心的立場與北京合作,也對於北京在東亞地區的影響逐漸提升。

戰略經濟對話為中美雙方共同塑造國際秩序提供了重要的戰略機會。中國崛起日益從經濟層面上升到政治層面,美國也看到這一點。鮑爾森一再強調雙邊戰略經濟對話定將是長期化的,不要指望產生立竿見影的效果,因為這關係到中美磨合、建構新的國際秩序的意義[129]。這樣的思考也促使中國可以在這樣的原則和共識下持續增加對亞洲的影響力。

透過對話機制與華府的信任加深,進而加深的是周邊國家對於北京處理非傳統經濟領域能力的信任,包括漁業、環保、海上搜救等方面的合作[130]。這樣的影響也是北京政府所希望的。

第四節　華府的想法

美國一項政策研究預言,「美國恐怕要與中國這的新興強權,艱辛而可能是代價高昂的打幾十年交道[131]。」衝突是不可避免的,但是兩國的基本利益是雙方的吸引力大於排斥力。相互交往的結果,將取決於兩國政府是依靠各自外交政策的現實主義傳統,還是相反,讓國內政治操縱了自己對基本利益的追求。

---

[129] 楊藝,〈中美戰略經濟對話:機制與意義〉,《世界知識》,2008 年第 1 期,P.5。
[130] 大陸新聞中心,〈中越設熱線　邊界今年敲定〉,《聯合報》,2008 年 6 月 3 日,第 A14 版。
[131] James Shinn, "Weaving the Net: Conditional Engagement with China", Council on Foreign Relations, 1996, P.86.

如今美國雖然仍是全球超強，卻面臨許多問題。經濟弊病叢生，幣值下滑，面臨權利感高張而儲蓄力低落等長程問題。在軍事、政治層面上美國仍然稱霸全球。但單極的大架構包括經濟、金融、文化卻已日趨式微。華府仍然沒有真正的敵手，而且未來好一陣子也不會有，但他面臨的束縛會越來越多，也越需要有力的夥伴來協助。

一、解決現況

當全球化導致國與國的疆界越來越不明顯，國家也透過合作來找回失去的權力。這當然包括美國。而加稅和更多的管制就是實際的作法。飽受金融危機的美國，現在的問題不是要不要增加管制，而是要增加多少管制[132]。在這樣的背景下，展開與北京的對話除了解決現況之外，強而有力的國家集體合作，更能發揮一加一大於二的功效。

華府對對話機制的思考，源自於必須要取得可以看的見的利益，譬如協定[133]。因為其國會以及民主制度的監督，在對話過程中必須要多方面嘗試戰術的轉變，強和弱的相互運用，才能夠有所獲得。在對話過程中也講究點出問題然後一步步的解決[134]。因為國會在對話過程中可以成為行政部門的一項重要籌碼，扮演黑白臉的角

---

[132] 羅彥傑，〈經濟新民族主義崛起 世界不再是平的〉，《自由時報》，2008 年 4 月 29 日，第 A6 版。

[133] 潘銳，〈中美戰略經濟對話與中美關係〉，《國際觀察》，2007 年第 5 期。

[134] 浦采伯，〈中美戰略經濟對話：過程比結果重要〉，《商務週刊》，2007 年 6 月 5 日，P.59-60。

色，讓行政機關對北京有更多的談判空間，但談判後的成果國會仍可用立法的力量來有所表現或與行政部門抗衡[135]。

而運用對話機制，則是在華府的思考中，透過官方的對話，會比美國國會的威脅來的有效[136]，如果雙邊持續維持在話題上爭辯，現況永遠無法有效解決，為此希望透過面對面高層對話來達成目標，是華府一項重要想法。

鮑爾森被派擔任雙邊對話的美方代表，其實有很深的意義。他是小布希內閣中對財經事務瞭解最深入又是對中國瞭解最深入的人。他在高盛期間訪問過中國七十幾次。同時他用的首席助理當·萊特也是對中國即為瞭解的專家。所以由他處理雙邊的戰略經濟對話，可以說相當程度展露誠意的行為[137]。另外，由財政部長親自代表出馬，若對話無法達成成果，不僅失了面子，在面對國內壓力更會顯的無能為力[138]。

此外，鮑爾森所擔任的財政部長一職更是內閣制中的核心職位，比起原先的副國務卿佐立克的協調權威與能力更上一層。由從此更可以看出小布希政府對於解決雙邊經貿瓶頸的渴望[139]。

鮑爾森的個人特質也反映出了華府在面對戰略經濟對話機制的態度。他步步為營，以務實作風、高超技巧和靈活應對的能力逐漸

[135] 蔡秀梅，〈美國國會在對華政策中的作用（1979-2005）〉，《山東省農業管理幹部學院學報》，2007年 第23卷 第4期，P.124-128。
[136] 中央社，〈美財長：美中高層對話不會立即消除貿易緊張〉，《今日晚報》，2007年7月31日 http://news.chinatimes.com/2007Cti/2007Cti-News/2007Cti-News-Content/0,4521,130504+132007073101321,00.html
[137] 袁嶽，《中國企業家》，鮑爾森的聖誕禮物 2007年12月24日。
[138] 牛新春，〈中美戰略對話機制越來越開放〉，《瞭望》，2007年26期，P.55。
[139] 同註118。

為自己贏得注意和賞識[140]。且拜訪過中國七十餘次，這些背景和態度都是華府在對北京說明，我是用務實的眼光來跟你解決現況。也因為鮑爾森對北京的熟識而在對話中展現出和我談總比和不瞭解你們的人談好[141]。這樣外交上談判的表態更展現了華府希望對話機制能有所解決現況的期待。

　　解決現況的壓力也來自於選舉壓力，小布希政府的外交調整原自於民主黨的掌控國會。因為當民主黨掌控參眾兩院之後，布希政府外交政策出現明顯的調整。對小布希來說，他必須要盡快有所成果來回應已經人民對政府日漸低落的支持[142]。在對話過程中，鮑爾森也強調，希望能夠先解決一些短期浮現的問題，讓對話有實際成果，這也展現了美方務實的思維[143]。我要有成果才能繼續談下去。美國開始與北韓雙邊談判，不再透過中國的調停，要求北韓凍核而非廢核，並與伊朗、敘利亞在巴格達共同討論伊拉克情勢[144]，但在經濟戰略上又與中國展開對話，競爭與合作同時進行。這些作為都顯示華府當局為解決現況所做出的改變。

　　解決現況的急切也展現在華府不希望太多議員與北京政府官員互動上，因為當由議員出面往往會導致事情更加複雜化，一方面容

[140] 梁尚剛，〈亨利‧保爾森：即將入主美國財政部的「華爾街之王」〉，《金融博覽》，2006 年第 7 期。
[141] 〈美國財長在美中第三次戰略經濟對話第一天的講話（全文）〉，2007 年 12 月 12 日，http://usinfo.state.gov
[142] 蔡蕙如，〈美中經濟對話登場　鮑爾森促中國採取行動〉，《中央社》，2007 年 5 月 23 日，http://tw.news.yahoo.com/article/url/d/a/070523/5/eqbp.html
[143] Zhou Jiangong，〈美國會圖立法審查匯率　財爺來華再談人民幣〉，《中國時報》，2007 年 7 月 30 日，http://www.atchinese.com/index.php?option=com_content&task=view&id=37348&Itemid=110
[144] 林正義，〈美國對中國關係的調整〉，《自由時報》，2007 年 4 月 27 日，第 A19 版。

易產生誤會，另一方面也會有許多不必要的麻煩，這是華府所不樂見的，此點也可以視為華府對解決現況的渴望[145]。因此在對話過程中，華府也展現認同吳儀對對話機制的看法和見解，希望雙方瞭解對話未來有利[146]。而小布希也為這點假設做出表態，認為雙邊的交流當然充滿某些領域的合作和摩擦，但都不影響雙方要為彼此努力的合作趨勢[147]。在布希政府第一任期內，雙方將中美關係定調為建設性合作關係。但隨著中國實力增長，全球政經影響力擴大，布希第二任期內，中美建立戰略安全對話與戰略經濟對話兩種機制，進一步落實「利益攸關者」的共同責任。去年，美國次貸危機、美元疲弱與國際能源危機，華府備感吃力，北京都儘量和美國合作。這種合則兩利做法，獲得布希政府在奧運議題上的支持，布希始終強調會參加奧運開幕式[148]。這些作法都顯示出華府希望解決現況的轉變。在對話進行中，華府也展現多面向，務實的處裡每項議題[149]。因為華府希望藉由經貿作為突入口來促使整體中國產生實質上的改變，而經貿議題的對話成功是雙方不斷發展的第一步。因此在美國內部也充滿的對於擱置爭議的意見，位的就是能夠務實的解決現況。並認為雙邊推動交流的方向是正確的[150]。

[145] 黃彥豪，〈從近期中美貿易衝突觀察胡錦濤訪美〉，《研究通訊》，第 9 卷，第 4 期。2006 年。

[146] 外電，〈美政府反對國會制裁中國提案〉，《中國時報》，2008 年 1 月 18 日，第 A13 版。

[147] 張宗智，〈布希見吳儀　關心匯率、台灣問題〉，《聯合報》，2007 年 12 月 24 日，第 A18 版。

[148] 陳毓鈞，〈胡錦濤大戰略……美日台韓　遠交近合〉，《聯合報》，2008 年 6 月 28 日，第 A19 版。

[149] 潘銳，〈中美戰略經濟對話與中美關係〉，《國際觀察》，2007 年第 5 期。

[150] 曹鬱芬，〈布萊爾促擴大美中交流　專家有意見〉，《自由時報》，2007 年 5 月 1 日，第 A4 版。

　　在對貿易逆差上，為何華府仍展現了某種程度的彈性呢？因為即使雙邊貿易的差距擴大但是美國仍能長期獲利，但既然如此為何還需要對話呢？因為即使美國仍能獲利，對華府來說，維持長期與北京貿易的穩定才是對美國貿易的最大成功[151]，如果獲利不能有穩定的環境，再多的貿易利潤都會被侵蝕的。因此布希也在國對對中貿易制裁的法案中表達了他反對透過制裁來抵制中國的立場[152]。

　　在長年對中國等待改變的戰略下，北京逐漸利用時間提升自身實力，不難看出美國對中國日盛一日，有如芒刺在背，上世紀前半葉美國希望中國只是「過眼雲煙」，如今這一希望早已成空。只好盼望他是一位「負責任的合夥人[153]」。因此華府對北京的消極等待已經結束，所展現的是另一種積極互動的態度。

　　為解決現況，小布希也在對話過程中不斷肯定對話的重要來展示華府對於對話機制的肯定和重視[154]。這些努力也反映華府為解決現況的決心，看準目標別且決心十足。對於人民幣議題的態度，也能表現華府對解決現況的決心。因為即便是美國，也不會天真的認為，北京會因為此次的對談而對人民幣匯率有所讓步。因此，顯然就美國對談代表而言，如何利用人民幣匯率的壓力，而獲得其他項目更多更具體的承諾，才是重點[155]。

---

[151] Erik Britton and Christopher T.Mark,Sr ,"The China Effect : Assessing the impact on the US economy of trade and investment with China", The China Business Rivew,Match/April 2006 P.1.

[152] "China/USA economy: Difficult dialogue", ProQuest ,May 22, 2007.

[153] 傅建中，〈中國政策辯論〉，《中國時報》， 2007 年 4 月 25 日，第 A13 版。

[154] 中央社，〈布希接見吳儀　美關切人民幣是否升值　兩國貿易失衡　白宮反對立法懲〉，《中華日報》，2007 年 5 月 26 日，第 A8 版。

[155] 社論，〈只求戰術過關的戰略對話〉，《經濟日報》，2007 年 5 月 26 日，第 A2 版。

　　為解決現況的期望也展露在對話過程中，雙邊對話的基本立場是給彼此有個機會能夠面對面溝通，這樣可以避免誤會並且減少誤判[156]。而在華府的立場也認為與北京直接對話對解決問題最為有效[157]。當對話能夠避免這些阻礙，除了能夠維持對話順暢之外，更展現希望解決現況的決心。

二、對中國輸出影響

　　另一層想法，是對中國輸出影響。美國的基本態度和政策是將中國當作目前正和平崛起的未來世界強國對待，以便在變化著的基本格局之中以較低代價保障自己的重要利益，助成中國未來經久的對美和平和基本合作態度[158]。更重要的是，美國可以向世界宣告他可以掌控中國，間接增加它對其他國家的影響。

　　在華府的戰略思考下，中國的崛起已改變周邊均勢並形成威脅[159]。中國的崛起已是趨勢，華府不得不思考如何應付現今局勢發展。透過中國的擴大交往（enlargement and engagement）[160]及增加雙邊溝通機制，融合彼此共識，預防危機，追求共同利益。華府對

[156] 中央社，〈希爾：六方會談對美中打交道是項啟示〉，《中國時報》，2008 年 3 月 7 日，http://news.chinatimes.com/2007Cti/2007Cti-News/2007Cti-News-Content/0,4521,130504+132008030701303,00.html

[157] "Congress raises pressure on China", Financial Times, Jun 14, 2007. pg. 6.

[158] 時殷弘，〈中美關係與中國戰略〉，《現代國際關係》，2007 年第 1 期，P.35-36

[159] Syed Mohd Fanilla,"China Military Modernization Drive", Asian Defense Journal, May/2006, 引述 U S Department of Defense, Military Power of the People's Republic of China 2005 報告，中共研究彙編——國防部，2006 年 11 月，P.133。

[160] 楊永明，〈公共外交 vs 感謝外交：柯林頓大陸行——擴大交往的蘿蔔與棍子〉，聯合報，1998 年 6 月 21 日，第 15 版。

北京採取競合策略，對話與施壓並行之戰略。雙邊高層對話溝通機制可以使華府預測北京的走向，為可能的風險做好準備，並試圖透過戰略對話來影響北京，對北京改革近程施加壓力[161]。使中國成為一個「負責任的崛起者」[162]及「負責任的利害相關者」（a responsible stakeholder）[163]。

　　華府對北京的政策本質上仍希望透過交往來促使改變的。雖然不至於到戰略階層，但仍是必須用的戰術[164]。因此穩定和漸進是華府方面的重要思考，因此華府用更簡單卻更頻繁的交流來向北京爭取對中國發揮影響力。在對話過程中也不斷認可北京的努力，力求對話過程的順利[165]。因為透過政策的相互制訂和討論，更可以未來以美國為主的世界體系提供多一份保障[166]。對話機制所帶來的其他效應，也包括提供中國經驗給其他開發中國家參考，提供中國更多的互助，豐富中國各領域的建設資金來源，對雙邊的發展有潛在利多，更能夠對中國發揮影響。此外，當中美展開對話後，華府更在其他領域加強與北京的關係，例如任命林毅夫為新任首席經濟學家

---

[161] 卓慧菀，〈美中戰略經濟對話之意義〉，《戰略安全研析》，第 25 期，2007 年 5 月，政治大學國際關係出版，P.36。

[162] 時殷弘，〈中國崛起與中美日關係的戰略態勢及前景〉，《中國評論》，第 114 期，2007 年 6 月，P.16。

[163] 葛永光，〈美中關係：既競爭又合作〉，《戰略安全研析》，24 期，2007 年 4 月，政治大學國際關係出版，P.29。

[164] 外電，〈美國務院聲明：歡迎中國和平崛起〉，《中國時報》，2007 年 6 月 25 日， http://www.atchinese.com/index.php?option=com_content&task=view&id=35630&Itemid=33

[165] 劉屏，〈戰略經濟對話　美：調整匯率　代表中方願改革〉，《中國時報》，2007 年 5 月 24 日，第 A14 版。

[166] 蔡嘉珊，〈評估當代中國〉，中華歐亞基金會專文，http://www.fics.org.tw/issues/subject1.asp?sn=1418

兼資深副總裁（負責發展經濟學）來加強世界銀行與北京的關係[167]。
這些作為雖和美中戰略經濟對話無直接的關係，但透過經貿手段希
望對中國發揮影響的例子卻多不勝數。此外對話也促使雙邊關係轉
變，不只在經貿議題上。

美國國防部「四年防務檢討報告」中，指出中國是將來最可能
與美國在軍事上競爭的國家。中國未來的軍力部署，有可能抵銷美
國傳統軍力之優勢[168]。此外，中國並著眼於研發超越傳統戰的太空
戰及網路戰攻擊性能力。因此美國更應與中國維持關係，儘可能鼓
勵中國朝和平的道路發展[169]。在這樣的大戰略下，透過戰略經濟對
話對中國輸出影響，更給雙方發展有好的潤滑劑。

在處理中國問題上，從施壓的強硬手段並同時展開對話，這種
強弱交替的外交作為實為外交上的兩手策略[170]。除了為解決雙邊貿
易不平衡等現狀之外，更能夠透過交往對北京發揮影響力。希望中
國整體民主化仍是美方想法背後的主因，將雙方透過互動和對話拉
近彼此的距離，一點一點關懷和培養出來，也是華府所希望的[171]。
因此民主議題就像是華府一個不能說的秘密，卻悄悄的藏在心中[172]。

---

[167] 傅依傑，〈世銀新領袖林毅夫　佐力克慧眼打破歐美壟斷〉，《聯合報》，2008
年 2 月 6 日，http://udn.com/NEWS/WORLD/WOR1/4211322.shtml

[168] "Quadrennial Defense Review Report", February 6, 2006, http://www.
globalsecurity.org/military/library/policy/dod/qdr-2006-report.htm

[169] 林寶慶，〈中國不確定性　美預作準備〉，《世界日報》，2008 年 2 月 19 日，
http://udn.com/NEWS/WORLD/WOR1/4224244.shtml

[170] 林正義，〈美國對中國關係的調整〉，《自由時報》，2007 年 4 月 27 日，第
A19 版。

[171] 外電，〈美國財長保爾森再訪華　選中青海湖有原因〉，《東方早報》，2007
年 7 月 26 日，http://www.atchinese.com/index.php?option=com_content&task=
view&id=37170&Itemid=64

[172] 劉建飛，〈美國變革外交與中美關係〉，《環球視野》，2007 年第 9 期，P.37-40。

　　儘管北京在對話過程中形塑本身受害者的姿態[173]。但華府透過這樣對話仍能對中國輸出影響。在對話過程中，華府對於對話細節展現高度重視，不斷開會訂正細節，不希望對話有任何失誤，務求對北京的影響發揮到極至[174]。而非只是在傳統經貿領域對話，對非傳統領域的突破和累積共識，也能成為將來雙邊在談到立場較為堅定的議題時有能夠轉圜的空間。而經貿議題在整體華府戰略思考上作為突破口希望對北京整體產生質變[175]。

　　當雙方同意開始就投資保護協定進行討論，並且達成能源與環境十年框架協議。這個突破顯示了雙邊的利益將更為緊密相連，也更具有戰略高度意義[176]。這樣的作法能夠對中國發揮影響。也是對世界的象徵性宣傳，宣示美國對於國際上關心議題所做出表示。

　　中美雙方身為世界上的第一和第四大經濟體，雙邊的穩定關係對於世界局勢穩定發展有極為重要的影響[177]。華府透過對話機制的影響與北京保持清楚而直接的溝通，對於穩定的局勢幫助很深。因此在對話過程中減少其他因素會令北京更容易瞭解到北京的想法[178]。也更容易有所突破。華府透過對話機制積極引導北京走向一個對雙方發展都有利的方向[179]。

---

[173] 張建綱，〈中美貿易戰，並非不可避免〉，《Practice in foreign economic relations and trade》，2007 年 6 月。

[174] 劉屏，〈戰略經濟對話開幕　金融開放　外資登陸發行信用卡〉，《中國時報》，2007 年 5 月 25 日，第 A16 版。

[175] 潘銳，〈中美戰略經濟對話與中美關係〉，《國際觀察》，2007 年第 5 期。

[176] 陳毓鈞，〈胡錦濤大戰略……美日台韓　遠交近交〉，《聯合報》，2008 年 6 月 28 日，第 A19 版。

[177] 楊泰興，〈美中戰略經濟對話　大陸送禮　簽採購 136 億美元合約〉，《工商時報》，2008 年 6 月 18 日，第 A2 版。

[178] "Congress raises pressure on China", Financial Times., Jun 14, 2007. pg. 6.

[179] 黃介正，〈胡錦濤訪美與美中高層對話之意義與影響〉，《中華歐亞基金會專文》，http://www.fics.org.tw/issues/subject1.asp?sn=1919

　　當中國與美國的經貿互賴如此，鮑爾森對於對話的期待變更加深了。特別是對北京機制的建立，除了能夠解決彼此在經貿上的爭端之外，更能維持彼此的正常運作，這對於華府至關重要[180]。因為一但失去了對話機制，對中國要發揮影響力便失去了直接有效而且具有效力的管道。在對話間隔之間，鮑爾森接會拜訪中國，提出一些關切的議題讓北京有時間準備，並關切每次對話的成果是否執行順利，希望對話能順利然後讓對話更有代表性。在對話過程中，華府安排的國會參訪，也能讓北京體認到國會在華府政治中扮演的重要因素[181]。

　　身為世界的強權，理所當然希望在國際或雙邊事務上扮演重要的角色。華府不只是在戰略經濟對話中展現對北京的重視，更透過其他不同的對話機制表現對北京的在意[182]。展開對話前雙邊已經是相互的最大貿易夥伴。對話後鮑爾森更提及中美之間的經濟安全是彼此的命脈[183]。因此除了主動的希望對中國輸出影響之外。美方更期待透過對話將自身的經貿安全等級做另一層度的提升，因此對中國輸出影響不只是主動，更有其被動的相互依賴因素在內。

---

[180] 中央社，〈美中戰略經濟對話　力促緩和貿易緊張情勢〉，《今日晚報》，2007年5月23日，http://news.chinatimes.com/2007Cti/2007Cti-News/2007Cti-News-Content/0,4521,130504+132007052300899,00.html

[181] "China, U.S. Come to Trade Talks At Odds; Claims of Inequity, Bullying", The Washington Post, May 19, 2007. pg. A.1.

[182] 外電，〈戴秉國抵達華盛頓　中美第四次戰略對話20日開幕〉，《中國時報》，2007年6月19日，http://www.atchinese.com/index.php?option=com_content&task=view&id=35386&Itemid=33

[183] 康彰榮，〈美中戰略經濟對話閉幕　中促美承認市場經濟地位〉，《工商時報》，2008年6月20日，第A8版。

三、共響非共享

　　當世界銀行總裁佐立克在二〇〇五年九月他擔任美國國務院副國務卿時，於紐約美中關係全國委員會年會上發表演講。把三十多年來的美中關係以及美國對中國政策做了完整的論述。進而強調需要促使中國成為這個體系中負責任的、利益相關的參與者（A responsible stakeholder）。因為如果把全球體系看作是一家公司，美國毫無疑問就是這家公司的董事長，歐盟、日本都是大股東，現在中國也成為其中一員。因為中國已是國際體系的重要成員，所以大家會期望中國負起應負、可負的責任[184]。因為中國是華府官方中穩定世界經濟的關鍵[185]。而當雙方仍有不信任時，對話是雙邊溝通最好的方法。

　　但是，美國在亞洲地區有兩個長期的優勢。第一，目前亞洲國家的多邊關係中，政府之間彼此不信任，比如日本和中國政府。但是，他們都需要一個穩定的環境進行發展，而目前世界上唯一有足夠財力、軍力來維持亞洲國家穩定局面的只有美國。第二，美國的經濟吸引力無人能比。

　　儘管美國每年都有七千億美元的貿易逆差，美國還是願意開放國內市場給世界各國。亞洲國家都在大力發展經濟，特別是大力發展出口產業，無庸置疑，美國市場是這個環節中最重要的一環。維持一個穩定的亞洲牽涉到鉅額資金、戰爭風險和長期承諾，這些方面都將有效鞏固美國在亞太地區的領導角色。因為與北京合作可以加深美國在東亞的影響力[186]。

---

[184] Robert Zowellick, "Whither China: From Membership to Responsibility?", September 21, 2005, http://www.state.gov/s/d/former/zoellick/rem/53682.htm
[185] Richard Mcgergor,"China ready to remind US that dialogue is not a one-way street", Financial Times, Dec 11, 2007. pg. 3
[186] 廖竹慧，〈中國崛起對亞洲的影響──2006台日論壇紀要〉，中華歐亞基金會

　　九〇年代初冷戰結束後，亞洲地區的區域性和跨地區的政治、經濟、安全組織像雨後春筍一樣蓬勃發展。從最初的東盟地區論壇、上海合作組織、亞洲合作對話，發展到後來的亞太經合組織、東南亞國家聯盟，以及如美中戰略經濟對話。這些組織對相關國家在溝通、促進、解決區域政治、經濟及安全問題、加強經貿和科技合作、共同對付區域挑戰等方面起到了重要作用。

　　中國隨著經濟和綜合國力的快速增長逐步發展成亞洲的重要穩定力量。冷戰後中國政府發展了自己的新亞洲政策，在東亞、中亞和東南亞的各種區域性組織中扮演著更為活躍的領導角色，這是中國外交政策和發展與亞洲國家多邊關係最重要的一部分。美國國務院副國務卿尼格羅龐提在「美中政治、經濟與安全的未來」聽證會表示，因應北京對台灣部署飛彈及不放棄對台動武之軍事威脅表示「特別關切」，在北京軍事缺乏透明及強勢的崛起，華府已訂定與北京互動六大目標，在經濟望維持合作並共同維持東亞和平穩定、遏止危險武器擴散與反恐等作為，另一方面加強美日印澳合作夥伴關係，防制北京迫或區域穩定[187]。

　　隨著中國國家實力的日益加強，北京在亞洲區域性的政治、經濟合作組織中扮演著日益重要的角色。而美國在東亞地區的霸主地位從二〇〇〇年到二〇〇八年蓋洛普所作的調查中，從 63% 下降至 33%，整整下跌了三成[188]。但美國位本身的利益應該發揮其在亞太

專文，http://www.fics.org.tw/issues/subject1.asp?sn=1399
[187] 外電，〈美國國務院副國務卿尼格羅龐提於「美中政治、經濟與安全的未來」聽證會發言〉，《多維新聞網》，2007 年 5 月 2 日，http://www6.chinesenewsent.com/MainNews/Topics/cna_2007_05_02_03_51_753.htm
[188] 美聯社，〈4 成美國人：中國是全球經濟霸主〉，《聯合報》，2008 年 2 月 23 日，第 AA1 版。

地區的重要作用。而華府透過自己熟悉的國際制度拉住北京成為華府的一項助力[189]。鮑爾森更在公開訪問中提到，期望北京在亞洲扮演更重要的角色[190]。

北京在亞洲區域性組織中扮演著多種角色。首先，北京是各種組織的積極參與者和支援者；其次，北京還積極發起區域性組織來商討區域安全問題，並起著重要的調停作用，比如為解決北韓核武危機而發起的六方會談。

為什麼北京這麼積極地參與亞洲區域性組織的活動呢？首先，北京把發展亞洲國家間的多邊關係當作一個主要的外交手段，因為多邊關係直接影響到中國的國家利益；其次，北京逐漸把亞洲看成一個整體，而不是一個個分裂的有衝突的個體。

另外一個很重要的原因是北京長期面對國際社會中流傳的中國威脅論的指責。北京想盡一切可能來降低中國威脅論的負面影響。甚至提出了一些發展亞洲外交關係的新口號，北京還致力於共建一個和諧安寧的亞洲地區，並試圖創造一個雙贏的區域環境[191]。

華府的優先考慮是經濟與貿易活動。為了保持亞太地區的和平和穩定，經濟發展是根本。中國在其中會發揮作用，並與美國一起作為主要的經濟發動機促進地區的穩定發展，帶領從一九九七到九八年亞洲金融危機的破壞中走出來，與日本不斷下降的作用相比，北京的作用更為明顯。日本在一九九〇年帶經歷十年的

---

[189] 陳欣之，〈兩岸和解 凸顯美中戰略意圖〉，《聯合報》，2008 年 7 月 18 日，第 A23 版。

[190] "Paulson sets out new US strategy on China", Financial Times , September 21 2006.

[191] 外電，〈中國的亞洲影響力仍依賴美國屏障〉，《星島環球報》，2006 年 12 月 18 日，http://www.stnn.cc:82/ed_china/t20061218_421394.html

經濟衰退。北京發揮的積極作用已經影響華府外交決策者對中國的印象。

雙邊關隨著雙邊關係的開展，勢必會產生不少問題，解決這些問題，就成為了兩國間共同且長遠的利益[192]。畢竟在戰略經濟對話當中，北京與華府雙方所接觸的議題不只是雙邊的，更包括許多全球性的議題，這樣的反應出美國越來越把中國當作解決雙邊以至國際問題的一個重要砝碼[193]。在中國已在經貿各方面取得了如此重大的成果及影響力的情形下，許多攸關全球經濟發展的重大議題，如金融改革、匯率的調整、市場的開放，及廢氣的排放問題等，都需要中國的參與及配合，始能有效的貫徹，透過雙邊共同發揮影響力，來取得彼此最大的利益[194]。更是華府的第三層思考。畢竟中美關係的維繫不僅重要而且會影響到區域甚至世界體系的穩定，但是他的複雜性必須需要一些機制和對話來維持穩定[195]。鮑爾森也表示，要評斷戰略經濟對話是否成功，最重要就是看這個機制是否能夠持續進行下去[196]。

---

[192] 彭媁琳，〈中美戰略經濟對話 解決雙方貿易不平衡 唯一共識〉，《工商時報》，2007 年 5 月 24 日，第 A9 版。

[193] 齊勇明，〈受中美高層對話影響：美對台更不耐煩更粗魯〉，《美國之音》，2007 年 6 月 22 日，http://www.chinesenewsweek.com/MainNews/Topics/2007_6_21_13_43_17_327.html

[194] 王高成，〈中共參加「八國高峰會議」的意義與策略〉，《中華歐亞基金會專文》，http://www.fics.org.tw/issues/subject1.asp?sn=1915

[195] 林寶慶，〈中國不確定性 美預作準備〉，《世界日報》，2008 年 2 月 19 號，http://udn.com/NEWS/WORLD/WOR1/4224244.shtml

[196] "China-U.S. Talks Continue, Amid Legal Volleys", New York Times.Jul 30, 2007.

　　要能持續對話必須要從承認利益相同但要透過外交手段來改變開始。有了信任，才有繼續對話機制的動力[197]。而鮑爾森也在對話中表現出希望北京是作為亞太地區和平的力量，這樣的說法也顯示出華府希望養賴北京在亞洲發揮共同影響力的思維[198]。這在鮑爾森身上的個人特質也可以看的出，強調經營業務的基本信念是要建立一種精益求精、追求完美的文化。他強調團隊精神，認為通過團隊的努力幫助客戶實現目標是成功的關鍵[199]。華府選擇讓鮑爾森與北京擔任戰略經濟對話的代表，也表現出華府希望與北京共同影響的決心。在對話過程中，安全防衛與規格也是外交層級上最高的，從此能感受到華府對於對話的重視，也表達了對北京的尊重，這樣代表華府了解到需要北京共同影響力的重要[200]。鮑爾森也在每次對話期間皆前往中國參訪，無論主辦國是華府或北京，以表達對北京的尊重[201]。除了對外影響之外，更能夠共同排解掉國內的一些壓力。例如當鮑爾森面對國會的壓力時，便安排吳儀前往國會訪問，面對面的和國會議員對話，除了展現尊重，更能透過北京來共同影響國會[202]。

---

[197] 中央社，〈美智庫對中國　如何盡責參與國際利益不同調〉，《今日晚報》，2007年6月12號，http://news.chinatimes.com/2007Cti/2007Cti-News/2007Cti-News-Content/0,4521,130505+132007061201081,00.html

[198] "Secretary Paulson's closing statement at meeting of U.S.-China strategic economic dialogue", US Fed News Service, Including US State News, Dec 13, 2007.

[199] 梁尚剛，〈亨利・保爾森：即將入主美國財政部的「華爾街之王」〉，《金融博覽》，2006年第7期。

[200] 劉屏，〈等同元首級訪問　吳儀訪美對話　兩國部長幾到齊〉，《中國時報》，2007年5月23日，第A13版。

[201] 賀靜萍，〈鮑森促人民幣加快升值〉，《工商時報》，2007年7月31日，第A9版。

[202] 中央社，〈吳儀月底訪華府　擬會晤美國議員〉，《今日晚報》，2007年5月3

　　中國需要美國繼續在亞洲發揮作用。因為中國需要一個穩定的亞洲，而美國有能力幫助做到這點。和中國在區域中努力提升影響力相比，美國的努力就遠遠落後了。美國近些年來由於伊拉克戰爭等問題已經大大忽略了在亞太地區的發展策略。這更促使華府對北京的整體思維的轉變[203]。也使華府逐漸接受不能單獨掌控中國的現實[204]。

　　當北京對周邊國家產生各項威脅的時候，透過與華府的戰略經濟對話改變了關係。而華府也藉由北京在此的影響力，共同維持美國在此的影響力，並可透過北京進而改善與此地區國家的關係[205]。這是很好的機會，讓華府可以透過北京的力量，展現與中國一起努力的態度然後改善形象[206]。北京的外交戰略，重於將「中國威脅論」轉變為「中國機遇論」，藉由逐步融入全球體系的過程，依賴與不挑戰美國主導下的國際格局與秩序，甚而透過軟、硬權力，開展「周邊外交」與「多邊外交」，創造「崛起中全球霸權」的優勢[207]。而華府更透過戰略經濟對話來借北京的影響力來協助自身改善關係，這種共同影響而非共同分享的戰略眼光，也為美國展開戰略經濟對話的思考。也因此在對話中，華府透過對話與北京取得共識，不再一

　　　日，http://news.chinatimes.com/2007Cti/2007Cti-News/2007Cti-News-Content/
　　　0,4521,130504+132007050300922,00.html
[203] 吳寧康，〈穆倫：中國並不渴望和美國發生衝突〉，《奇摩新聞網》，2007 年
　　　10 月 26 號，http://tw.news.yahoo.com/article/url/d/a/071026/58/n1xq.html
[204] 綜合報導，〈美對中四不　改遏制為接觸〉，《聯合報》，2008 年 2 月 7 號，
　　　http://udn.com/NEWS/WORLD/WOR1/4008207.shtml
[205] 大陸新聞中心，〈中越設熱線　邊界今年敲定〉，《聯合報》，2008 年 6 月 3
　　　號，第 A14 版。
[206] "OPINION: US-China Strategic Economic Dialogue 'Working through the
　　　friction'", Businessline, Jun 9, 2007. pg. 1.
[207] 姚源明，〈地緣政治與中國外交戰略〉，《歐亞基金會專文》，http://www.fics.
　　　org.tw/publications/subject1.asp?sn=52

意孤行的態度，也展現希望透過北京發揮影響的思維[208]。當中國整體實力向上提升而影響到美國在東亞地區的影響力時，若能透過與中國的合作而非競爭，讓周邊的國家感受到雙邊在亞洲並非淪為對抗的零合遊戲，對未來美國在此的影響力提升是有益的。因此與北京共響而非共享是華府方面的第三層考量[209]。

第五節　小結

　　美國學者鄧勇與摩爾（Thomas G. Moore）認為，「對中國來說，經濟全球化是一把雙刃劍……若處理得不好，這股改造力量，很可能導致中國尋求大國地位的要求脫軌。全球化會為經濟不安全帶來強大的新動力。[210]」中國當然不會把自身排除在全球化以外，他希望從中得到利益，身置利用全球化作為一個工具，去監督強國的行為與舉動：「中國戰略思想家相信，現在跨國力量、國際制度，以及多邊主義有更需要全球化的現象，可以用來把美國的霸權秩序『民主化』，從而削弱單邊主義的強權政治。[211]」

---

[208] 中央社，〈希爾：六方會談對美中打交道是項啟示〉，《今日晚報》，2008 年 3 月 7 日，http://news.chinatimes.com/2007Cti/2007Cti-News/2007Cti-News-Content/0,4521,130504+132008030701303,00.html

[209] 魏國金；法新社，〈南面圍中　美加強越寮柬關係〉，《自由時報》，2008 年 7 月 16 日，第 A10 版。

[210] Yong Deng & Thomas G. Moore, "China Views Globalization: Toward a new Great Power Politics?" ,The Washington Quarterly, Vol.27, No.3, Summer 2004, P.117.

[211] Yong Deng & Thomas G. Moore, "China Views Globalization: Toward a new

　　總之，美中戰略經濟對話作為一種雙邊、多領域、高層次、定期的國際經濟協調新框架，反映了中美經濟相互依存提高的客觀需要，對於穩定和發展中美經濟乃至戰略關係都具有很重大的意義[212]。

Great Power Politics?" ,The Washington Quarterly, Vol.27, No.3, Summer 2004, P.118.

[212] 楊藝，〈中美戰略經濟對話：機制與意義〉，《世界知識》，2008 年第 1 期，P.5。

第五章　前景

　　二○○四年中國國家主席胡錦濤提出「和平崛起」,認為中國成為世界強國必須透過經濟發展、加入全球共同體、直接取得區域領導權而不和美國或其他國家產生直接軍事衝突[1]。北京對外以「和平發展」定調,強調中國是一個和平發展的國家[2]。北京清楚了解他目前發展道路需要一個和平共生的環境,而美國是當前強權,尤其是亞洲政治、經貿具有舉足輕重的影響力,假若雙邊關係出現對抗,中國未來的發展上會付出慘重代價。中國透過與美國的合作將能夠獲得低代價的成功[3]。

　　戰略經濟對話提供雙方高層對話及溝通平台,讓雙方在平等互惠的立場下對話。對話除解決雙方經貿歧見外,並可說明中國發展的立場與主張,展現北京開放的決心。北京願意與國際社會接軌,融入國際社會。這套戰略思維不只是因應華府壓力所做出的調整,更是為其「和平發展」鋪路,向世界宣告中國為「和平發展」所做的調整。對華府來說,體認到中國的崛起是不可避免的,不應該去阻止。甚至將透過多邊對話而暫時獲得舒緩的北韓核武問題歸功於對話機制的建立[4]。鮑爾森更提出希望中國能夠成為亞太和平的重要支柱[5]。

---

[1]　Rebecca Grant ,"The Chinese Calculus", Air Force Magazine, Feb/2006,中共研究彙編——國防部,2006 年 11 月,P.141。

[2]　邱子軒,〈中共和平發展戰略與和平崛起論之內涵比較〉,《國防雜誌》,第 21 卷,第 3 期,2006 年,P.100。

[3]　時殷弘,〈中美關係顯著發展的一大可能前景〉,《國際問題研究》,2007 年第 2 期,P.4-5

[4]　綜合報導,〈美前國務卿基辛格:中國崛起不可避免,亦不應阻止〉,《大紀元》,2007 年 4 月 3 日,http://www.atchinese.com/index.php?option=com_content

第一節　助力

　　中美之間複雜的雙邊經貿關係，雙方卻又摩擦頻頻。作為發展最迅速的新興大國與現在唯一超級大國，磨合中美關係、協調兩國經濟政策都非常重要。但這種過程又必定是艱難的，甚至充滿痛苦[6]。

　　雙邊的競爭態勢顯現，增進合作、減少對抗成為重點。構建雙邊的戰略經濟關係與國際規範規則互動。作為一個後起的經濟大國，中國與美國的摩擦不可避免，決定了雙方的經貿關係以及形成中的戰略經濟關係將是鬥爭與合作相互交錯，目標卻逐步向前發展[7]。而背後的助力可以列出以下三點。

一、合作共識

　　北京和華府都很聰明，知道要合作避免對抗。雙邊連年的經貿摩擦和衝突，希望透過理解和對話解決。形成雙邊建設性戰略夥伴關係的戰略經濟對話的基礎[8]。但雙邊經貿關係發展充滿波折。進口配額、出口審查、關稅報復、反傾銷、301 黑名單，這些問題都和貿易、投資的上升而更加劇烈。這說明在後冷戰時代，靠單純的經

&task=view&id=31796&Itemid=33

[5] "Secretary Paulson's closing statement at meeting of U.S.-China strategic economic dialogue", US Fed News Service, Including US State News , Dec 13, 2007.

[6] 梅新育，〈中美經貿戰略博弈尚在中盤〉，《中國對外貿易》，P.8～9。

[7] 陶堅、張運成，〈構建中美關係的戰略經濟基礎〉，《中美經貿合作專輯》，1998年，第 6 期，P.4-8。

[8] 陶堅、張運成，〈構建中美關係的戰略經濟基礎〉，《中美經貿合作專輯》，1998年，第 6 期，P.4-8。

濟和貿易利益關係，尚不足以保證國家間特別是大國間長期和穩定
的合作。經貿議題只構成合作的必要條件，而非充分條件。戰略經
濟對話是美國激勵中國扮演同其經濟和軍事地位相一致的國際事務
角色努力的一部分。華府不僅會聽北京說些什麼，還會看它做了些
什麼。合作與交流、互利與互信，是對話的主導力量。美中戰略經
濟對話是解決彼此間存在問題和共同關注議題的平台。因為無論是
經貿，還是國際事務等問題，北京與華府都離不開對方的幫助。而
這些利益的交叉將使雙方展現出合作精神[9]。對華府來說，樂見於中
國在經濟上的成功，因為對美國也是有利的[10]。

　　無論是對中國或美國來說，雙方的交往總是充滿合作也有摩擦
的[11]，但是華府在面對雙邊或多邊議題都需要與北京密切合作的情
況下，對話的某種意義是上雙方未處理諸多矛盾而做的選擇。因為
對美國來說，在科技技術上的領先優勢，可以利用提高關稅等對中
國施加壓力，而中國也可以利用加強進出口管理來對美國施壓，但
雙方卻選擇以對話協商來解決現況，因此運用對話機制解決問題也
是展現合作的重要表示[12]。

　　不只是官方，民間對於戰略經濟對話更是充滿期待。對民間來
說，高層的對話可以加深投資者的信心，而當投資者信心增加時發
展也能更加迅速[13]。經濟狀況好的時候，雙方的改革更有推力。因

---

[9]　田輝，〈「合作」：中美戰略對話的主線〉，《黨政論壇・幹部文摘・》，2007
　　年 8 月，P.27。

[10]　"Paulson sets out new US strategy on China", Financial Times, 2006 9 21.

[11]　張宗智，〈布希見吳儀　關心匯率、台灣問題〉，《聯合報》，2007 年 5 月 24
　　日，第 A18 版。

[12]　左小蕾，〈中美戰略對話有利於平衡世經格局〉，《瞭望》，2007 年第 1 期，P24

[13]　中央社，〈中國駐美大使：磋商對話解決中美經貿問題〉，《今日晚報》，2007
　　年 9 月 11 日，http://news.chinatimes.com/2007Cti/2007Cti-News/2007Cti-News-

為當雙方利益擴大，民眾投資增多，也間接刺激消費的增長。這樣由下而上的趨勢也是合作的動力之一。

中國崛起的如此之快，讓其他強權也頗為忌憚。英國從一七八〇年開始，花了五十八年才讓國民生產毛額增加一倍；美國從一八三九年開始，花了四十七年；日本從一八八五年開始，花了三十四年；南韓從一九六六年開始，只花了十一年就倍增了經濟規模；接著是中國創下新紀錄，從一九七八年開始，只花了九年就讓國民生產毛額增加一倍，然後不到一九九六年，又增加了一倍[14]。

對華府來說，如果不展開對話，對美國會產生傷害。美國國會更不應該對中國採取保護主義措施對自己更不利，因此國會應該降低攻擊中國的溫度。因為美中兩國是密不可分的連體嬰，保護主義會使雙方受害，而且對美國的傷害會比中國大[15]。對保護主義的觀點，雙方都認為不好，太多的貿易保護不但對彼此都造成傷害，更會嚴重打擊好不容易建立的信心[16]。不只對北京，華府更理解與各國合作維持穩定的重要，小布希和鮑爾森更是對於戰略經濟對話機制無比看重。

從一開始的人事任命，鮑爾森身為布希內閣中最了解中國和經濟的人，更是中國領導班子裡習近平的多年好友。派來與北京對話，其背負著極大的期待。而小布希的作法更可看出他對對話機制的重視和合作的渴望。派出政府高層出馬，如果對話破局，對雙方的面

Content/0,4521,130505+132007091101766,00.html

[14] Robyn Meredith，《龍與象》，遠流出版社：台北，2007 年 10 月，P.174。

[15] 本報訊，〈美中互為人質　中國手握好牌〉，《世界日報》，2007 年 5 月 24 日，http://udn.com/NEWS/WORLD/WOR6/3859319.shtml

[16] "Joint fact sheet: third U.S. - China strategic economic dialogue〉, US Fed News Service, Including US State News, DEC.13.

子都不好看，所以雖然會形成對談的壓力，但也表現出雙方的重視及對於合作的急切。但也由於無論是在內部或外界都存在一定的疑慮，因此能做的就是一步一步的來改變。降低彼此疑慮，增進彼此信心，才能出現轉變。

從長期性來看，對話更有助於加強合作。提高層級，讓雙方感到彼此的尊重[17]，在面對經濟全球化的衝擊，都能顯示合作的共識。這樣的思維來自於雙方，對華府來說考慮到布希政府任期只到二〇〇九年一月，鮑爾森主動提出中美間十年合作的構想，把共識朝向機制化努力，試圖跨越政權交替的影響，建立一個較穩的框架[18]。而鮑爾森的作法更看出希望透過對話機制建立的長期性合作。北京官方更是透過公開發言不斷強調合作對雙方都好的觀點。吳儀更表示中美經貿關係應視為雙方長程戰略關係的一環[19]，透過這樣的表態來強調合作的重要。

合作的共識也展現在對人民幣匯率態度的改變，當人民幣在對話中形成壓力，北京也利用機會對華府釋出善意。最直接的就是在每次鮑爾森訪問中國時，人民幣都會升值展現善意[20]。不只是華府對北京的關切，北京也對美國的次貸危機或油價上升表示關切[21]。

---

[17] 陳毓鈞，〈胡錦濤大戰略……美日台韓　遠交近合〉，《聯合報》，2008 年 6 月 28 日，第 A19 版。

[18] 袁嶽，《中國企業家》，鮑爾森的聖誕禮物 2007 年 12 月 24 日。

[19] 劉學源，〈吳儀警告勿將中美經貿關係政治化〉，《法新社》，2007 年 5 月 22 日，http://tw.news.yahoo.com/article/url/d/a/070522/19/eq4o.html

[20] 中央社，〈美財長抵中國訪問　環保與匯率是關切重點〉，《今日晚報》，2007 年 7 月 30 日，http://news.chinatimes.com/2007Cti/2007Cti-News/2007Cti-News-Content/0,4521,130505+132007073000934,00.html

[21] 外電，〈財長鮑森 4.1 訪中國〉，《世界日報》，2008 年 3 月 25 日，http://udn.com/NEWS/WORLD/WOR6/4272818.shtml

因為當世界以美元作為強勢貨幣或金融準則時，北京需要華府的合作也是雙方的助力。在戰略層面建立穩定關係，是兩國經濟的內在穩定所建立的。當雙方均處於各自最好的經濟發展時期，為啟動戰略經濟關係準備了有利的條件。在雙邊政治關係不甚穩定的時期，中美經貿關係卻迅速的發展。雙方之間有著超越政治關係的內在經濟需求[22]。

對話展開前，北京皆會簽訂投資協定來營造良好的氣氛[23]。但也有人對於北京大量採購對改善雙邊關係無益或認為這是北京在對華府施壓的表現。鮑爾森利用公開表示立場，認為北京的投資是雙方的共識。中國的消費是有利雙邊經貿的，這樣的說法也是為維持雙方合作的助力[24]。而當華府內部也對中國表達反對立場時，小布希更是戰到第一線反對內部鷹派的言論。例如當在六方會談上，美國前任常駐聯合國代表博爾頓批評美國不應該向北韓妥協，但小布希卻公開駁斥了這位好朋友的論調，並表明朝鮮核問題達成協議應感謝中國[25]。小布希的轉變也有部分原自於來自國會的保護主義，促使華府加速對談。因為當雙邊關係緊密但對抗卻加劇時，對雙方都不利。在對話機制建立後，國會對投資審查只涉及真正影響國家

[22] 陶堅、張運成，〈構建中美關係的戰略經濟基礎〉，《中美經貿合作專輯》，1998年，第6期，P.4-8。

[23] 康彰榮，〈美中戰略經濟對話閉幕　中促美承認市場經濟地位〉，《工商時報》，2008年6月20日，第A8版。

[24] "Opening Statement by Secretary Henry M. Paulson, Jr. at the May 2007 Meeting of the U.S.-China Strategic Economic Dialogue", May 22, 2007, http://www.ustreas.gov/press/releases/hp414.htm

[25] 方德豪，〈中美關係轉向升溫：戰略利益結構使然〉，《大紀元》，2007年2月16日，http://www.atchinese.com/index.php?option=com_content&task=view&id=29546&Itemid=110

安全的行為，而不涉及更廣泛的經濟利益或產業政策因素[26]。雖然在對話開始前會雙方代表私下總是不斷提及，但在公開場合或是雙方都在的機會卻是絕口不提[27]。當國會立法對中國匯率提出制裁時，鮑爾森更是跳出來表達反對，認為這樣決不是處理匯率問題的合適之道[28]。爭議擴大時，華府也安排吳儀前往國會，讓議員直接與國會對話，降低對抗的力道[29]，這些作為也代表認同合作而做出的行為。

雙邊發展的緊密，能從公開發言看出來，鮑爾森認為彼此的經濟安全是彼此的命脈。當經濟安全受到挑戰，便會引發一連串的災難[30]。合作的想法也源自於承認利益相同，但這相對抗可以透過外交手段來改變現況。坐下來面對面更能夠避免不必要的誤會，讓合作更加穩定[31]。在對話過程中，雙方也將對話的重點放在自己的身上，強調因為在某些議題上因為沒辦法獨自解決或是得到對方幫助將有助於更大的改善，避免將目前陷入的困境歸咎在對方身上[32]。

---

[26] 中央社，〈第四次美中戰略經濟對話六月華府舉行〉，《今日晚報》，2008 年 5 月 23 日，http://news.chinatimes.com/2007Cti/2007Cti-News/2007Cti-News-Content/0,4521,130504+132008052301237,00.html

[27] 劉洪，〈在對話協商中收穫〉，《瞭望新聞週刊》，2007 年第 22 期 5 月 28 日，P.31

[28] 中央社，〈美財長會胡錦濤前　表明反對懲罰性匯率法案〉，《今日晚報》，2007 年 8 月 1 日，http://news.chinatimes.com/2007Cti/2007Cti-News/2007Cti-News-Content/0,4521,130505+132007080101026,00.html

[29] 中央社，〈吳儀將訪美　鮑爾森籲與議員談貿易逆差問題〉，《今日晚報》，2007 年 5 月 3 日，http://news.chinatimes.com/2007Cti/2007Cti-News/2007Cti-News-Content/0,4521,130505+132007050300938,00.html

[30] 康彰榮，〈美中戰略經濟對話閉幕　中促美承認市場經濟地位〉，《工商時報》，2008 年 6 月 20 日，第 A8 版。

[31] 中央社，〈希爾：六方會談對美中打交道是項啟示〉，《今日晚報》，2008 年 3 月 7 號，http://news.chinatimes.com/2007Cti/2007Cti-News/2007Cti-News-Content/0,4521,130504+132008030701303,00.html

[32] 劉屏，〈鮑森、吳儀開場白　針鋒相對〉，《中國時報》，2007 年 5 月 23 日，

如此的作法更是要避免產生更大的歧見。因為不確定性太大,所以任何可以避免誤會的機會都要把握。對話過程中也認定許多作為,都是未爭取更多談判籌碼而做,不贊同的立場也僅在私下對記者表示,但公開上的批評都盡量避免[33]。

小布希也在對話過程中表示,對話機制建立地功用就是在傳統國際秩序失效或不夠用的時候,能有其他辦法解決。這也促使雙方在戰略上走向正面,在對於非傳統安全和有共同利益的國際或區域問題上保持有限合作[34]。因為當合作會帶來更多的利益,又未核拘泥於意識形態的對抗呢?季辛吉在戰略經濟對話中的演說可以視為中美雙方主動合作的注解。季辛吉說:「當今社會沒有人能夠靠單邊主義獲得利益,中美良好合作會造福世界。中美兩國的競爭是自然的並不可怕,同時中美兩國的合作也必不可少。三十五年前,誰會想到中美關係竟然能夠發展到現在的水準!每一屆美國政府,不管是如何開始的,不管哪個黨派的人擔任美國總統,不管他最初的立場是什麼,他最後都會自覺認識到,世界和平需要中美兩國緊密合作。」

二、貿易增長

對於美國充滿天真希望,透過經貿來改變北京政治思維的觀點,似乎不夠精確。戰略經濟對話的展開其實表現了美國的務實。

第 A13 版。

[33] "China, U.S. Come to Trade Talks At Odds; Claims of Inequity, Bullying", The Washington Post, May 19, 2007. pg. A.1.

[34] "President Bush and President Hu of People's Republic of China Participate in Arrival Ceremony", April 20, 2006, http://www.whitehouse.gov/news/releases/2006/04/20060420.html

但貿易的增長才是堆動戰略經濟對話的助力，也是雙邊關係變緊密的主因[35]。

　　美國前國務卿歐布賴特說過一句話，經貿關係一直是動盪不定的中美關係穩定的基礎。貿易的增長更促使雙邊的關係更深更緊密[36]。自由市場經濟學的真正價值，不只是改善經濟生產力，更在於提振了人文精神，並解放了數億中國人的心靈，對他們來說，終於能掌握自己的命運，這正是中國積極邁向現代化的原因[37]。

　　中美關係需要有一種長期的戰略性經濟關係加以維繫，因為中美關係能夠維持穩定是由於經貿。隨著貿易的增加，讓彼此關係更加強化，也讓小布希政府在對中國政策上做出改變[38]。例如兩國貿易不平衡的問題，加入戰略因素後便有可能找到化解之道。美國對中國貿易逆差近幾年增加較快，但從較長的時間看，卻有收斂的可能性。如果兩國之間存有密切的戰略關係，就會從長計議，共同努力使長期內貿易趨於平衡的可能性轉化為現實，達到雙贏。如果從眼前得失出發而拘泥於近期的表面赤字而採取貿易保護行動非但無助于最終的平衡，反會陷入對抗並惡化雙方的政治關係[39]。這樣的壓力也讓華府了解即使戰略經濟對話的持續性，鮑爾森也認為即使

[35] Wu Yi.,"It's Win-Win on U.S.-China Trade",Wall Street Journal, May 17, 2007. pg. A.21.

[36] 傅夢孜，〈中美經貿關係可能演繹的政治內涵〉，《國際經濟評論》，2007 年 8 月，P.13。

[37] Kishore Mahbubani，《亞半球大國崛起》，天下出版社：台北，2008 年 5 月，P.42。

[38] 陳毓鈞，〈胡錦濤大戰略……美日台韓　遠交近合〉，《聯合報》，2008 年 6 月 28 日，第 A19 版。

[39] 陶堅、張運成，〈構建中美關係的戰略經濟基礎〉，《中美經貿合作專輯》，1998 年，第 6 期，P.4-8。

機制建立十分困難或對未來充滿挑戰，但還是要讓機制繼續運行下去。因為貿易增長讓彼此需要有溝通平台來了解彼此的需要，才不會對自身的利益產生傷害並保護自己的利潤[40]。

　　貿易的增長是需要政策維持的。雙邊透過長期對話機制的建立，可使貿易不會產生太大的波動，降低成本的損失[41]。更重要的事，對話機制給了投資者信心，讓雙方投資人有動力去付出更高的成本。而投資數量加重也能讓政府對話上有更多的籌碼[42]。因為對雙方來說，增加聯繫是雙方的共識，當雙邊加強了聯繫，更能維持穩定促進投資信心[43]。因此雙方更是努力希望做出成果來刺激投資。

　　對於華府來說，隨著雙邊貿易增長但是對美國來說仍是長期獲利[44]。而增加對中國貿易與投資對於美國經濟影響短期雖有損失但長期是獲利的。無論在經濟成長或是勞工平均勞動力，美國的生產力都會由於與中國貿易增加而呈現生產力高成長但就業率維持不變的情形[45]。

---

[40] "China-U.S. Talks Continue, Amid Legal Volleys", New York Times.Jul 30, 2007.

[41] 潘銳，〈中美戰略經濟對話與中美關係〉，《國際觀察》，2007 年第 5 期。

[42] 康彰榮，〈美中戰略經濟對話閉幕　中促美承認市場經濟地位〉，《工商時報》，2008 年 6 月 20 日，第 A8 版。

[43] Richard Mcgergor,"China ready to remind US that dialogue is not a one-way street", Financial Times, Dec 11, 2007. pg. 3

[44] Erik Britton and Christopher T.Mark,Sr "The China Effect : Assessing the impact on the US economy of trade and investment with China" ,The China Business Rivew, Match/April 2006 p1

[45] Erik Britton and Christopher T.Mark,Sr ,"The China Effect : Assessing the impact on the US economy of trade and investment with China ",The China Business Rivew ,Match/April 2006 P.6

　　華府和北京都了解，雙方合作的協議代表的是超過世界一半以上的貿易量。這樣巨大的背景下所達成的協議對於世界的影響巨大[46]。而雙方的相互需要源自於雙邊經濟的互補、互利性強。雙邊貿易增長的根本原因就在於兩國的資源條件、經濟結構、產業結構以及消費水準存在著較大差異並具有很強的互補性。在貿易結構上，長期以來中國對美國出口的產品基本上是美國已喪失競爭力、不再生產的勞動密集型產品。而美國對中國出口的產品則主要為技術、資本密集型產品，這是雙邊不同的生產力發展水準、不同的經濟發展階段造成國際生產分工類型在貿易格局上的反映。雙邊的經濟互補關係具有長期性，這對雙方來說都是不可多得的機會。充分地發揮這種互補優勢，符合中美兩國的根本利益。現狀上，雙方在自然資源、人力資源、科技、市場等方面各有優勢，二十年來的發展又成為擴大兩國經貿合作領域和提高合作水準的助力。除了兩國傳統的貿易品如服裝、鞋帽、家電、玩具、機械設備、通信設備、電子器件以及糧食、棉花等以外，合作領域已進一步拓寬到化工、石油、核能、發電設備、飛機、汽車、天然氣、航太、金融服務等行業。從趨勢上，中國的經濟實力和技術水準進一步提高，中國出口產品的資本和技術含量將會提高。這不僅會擴大中國的出口能力，同時還會增強中國的進口能力，也能協助推動美國的產業結構升級。美國現正積極謀求打開中國的服務業市場，因為這是它占絕對優勢的領域[47]。

---

[46] 馮海音，〈中美經濟戰略對話「黑白顛倒」？〉，《德國之聲》，2007 年 5 月 24 日，http://www.dw-world.de/dw/article/0,2144,2556780,00.html.

[47] 陶堅、張運成，〈構建中美關係的戰略經濟基礎〉，《中美經貿合作專輯》，1998 年，第 6 期，P.4-8。

　　過去與現在的不同，源自於貿易的成長。當全球經濟正進入政府重新介入個人與商業領域的新世紀，藩籬再度架起，不妨稱之為「新民族主義」。國家扮演更吃重的角色，必須重拾更多權力。透過國家間的合作，讓政府的能力更有代表性。對話機制提供了讓雙邊高層有機會可以對於成長迅速的雙邊貿易，營造更多的管理空間。

三、議題靈活

　　合作助力中，議題靈活是一項重要的方式。因為美中戰略經濟對話充滿複雜性。但是對於雙方來說，即使複雜仍要持續逕行，才能讓彼此在因為害怕而產生對抗之外有另條路來解決現況[48]。議題廣泛設定不但可以避免被爭議議題綑綁，更能透過其他領域的合作來達成爭端的調整或解除。議題靈活設定，更可以使得對話的長期性、戰略性和持續性更有代表性[49]。

　　首先從名稱上，稱之為戰略經濟對話，讓對話透過戰略觀點更可以長期維繫並且連結，戰略高度出發也更具有全局性。因為如季辛吉所說，因為世界的變化使得中美關係變的模糊，但當世界變模糊更需要仰賴中美雙方的合作才能有所轉變[50]。

---

[48] "OPINION: US-China Strategic Economic Dialogue 'Working through the friction", Businessline, Jun 9, 2007. pg. 3.

[49] 王華，〈中美經濟戰略對話機制的意義〉，《當代世界》，2007 年，第七期，P.19-22。

[50] 江靜玲，〈矛盾美國夢　中國全新參與世界〉，《中國時報》，2008 年 7 月 9 日，第 A13 版。

戰略經濟對話議題超過了三十個以上[51]。對話廣泛不止更容易瞭解對方更使得互動更深了。當雙邊皆派出高層官員，除展現重視之外，透過各部門的相互溝通，讓官方、非官方、民間的政府和非政府機制便完善。做為高層機制的補充，更可以在傳統經貿領域外的議題有發揮的空間[52]。並透過增加其他因素可給華府了解到北京的想法，也會對對話有所幫助[53]。

當面對爭議的匯率議題，雙方也避免讓它成為互相指責的焦點，而選擇用有彈性空間來回應各方的質疑，這也代表對爭議的擱置而選擇合作[54]。人民幣匯率議題，雙方在對話中是逐漸擱置的[55]。最明顯的指標是在美中經濟戰略對話進行到第三次之後，美國聯準會主席柏克南在第三次的對話中缺席了[56]。顯示雙方更希望透過人士代表的安排，提高對議題設定的靈活性。

其他議題的合作更是議題靈活的功能，例如能源話題，在對話機制一開始是被忽略的，但在對話過程中，不斷的提及並了解到能源的重要性。因為對美國和中國，無論是從自己，還是從兩國角度來看，都在繼續尋求在開發具有可持續性的安全的能源供給以及保

---

[51] Richard Mcgregor,"China ready to remind US that dialogue is not a one-way street", Financial Times, Dec 11, 2007, pg. 3

[52] 程大為，〈「中國方式」協調大國經濟〉，《瞭望》，2007 年第 52 期，P.56。

[53] "Congress raises pressure on China", Financial Times., Jun 14, 2007, pg. 6

[54] 中央社，〈布希接見吳儀　要求中國讓人民幣升值〉，《今日晚報》，2007 年 5 月 25 號，http://news.chinatimes.com/2007Cti/2007Cti-News/2007Cti-News-Content/0,4521,130504+132007052500916,00.html

[55] "Renminbi Rise Exceeds 10%",SinoCast China Business Daily News, Dec 13, 2007. pg. 1.

[56] 李雪飛，〈中美戰略經濟對話第三次碰撞〉，《瞭望》，2007 年，第 50 期，P.58-59。

護環境的同時保持經濟增長的途徑[57]。更重要的是議題的設定也能
改變陷入僵局的情況。在第四次對話之後，能源議題更已經變成主
要對話內容[58]，雙邊在能源議題的合作可以幫助中國改善能源結
構，減少溫室效應氣體排放和環境污染，增強中國在因應相關問題
的能力。同時又能使美國先進的環保技術有廣闊的商業化價值，帶
來更多的報酬[59]。更重要的是與其在傳統經貿問題上爭論，倒不如
將其他議題的成果轉變到對經貿議題發揮邊際影響。

　　華府與北京相關議題逐漸取得共識且逐一落實具體執行方案。
如進一步開放雙邊金融業且開放程度也增加且擴大，並確定雙方民
航天空開放的承諾。另外北京因應國際對環保課題的重視及全球暖
化的關注，大力發展清潔能源和再生能源，有助於降低西方國家對
北京目前急劇發展的經濟體系所衍生的「環境威脅論」，有利於北京
在經濟發展與國際責任間取得一個平衡。

　　廣泛的議題設定更有助於彼此在外交策略上的軟硬兼施發揮。
非傳統的軟實力透過靈活議題更能相互影響。更重要的是，靈活的
議題才有成果展現[60]，也能安撫雙方內部的保守勢力。

---

[57] 鮑爾森，〈美國財政部長保爾森月日在中國科學院發表的演講整理〉，《中國
　　石油石化　半月刊》，2008 年 4 月 15 日，第八期。

[58] 中央社，〈中美經濟對話　可能簽能源合作協定〉，《中國時報》，2008 年 6
　　月 16 日，http://news.chinatimes.com/2007Cti/2007Cti-News/2007Cti-News-
　　Content/0,4521,130504+132008061600891,00.html

[59] 綜合報導，〈綠色同盟　中美可能簽署 10 年框架協定〉，《聯合晚報》，2008
　　年 6 月 16 日，第 A6 版。

[60] "Paulson sets out new US strategy on China", Financial Times 2006 9 21.

第二節　美中經濟戰略對話阻力

　　二〇〇五年十月，美國國防部長倫斯斐訪問中國時，向中國國家主席胡錦濤與國防部長曹剛川抱怨中國正在發送對美外交政策的「混合信號」，認為中國未來的政策指向促進軍事實力上升。當時，曹剛川拒絕接受美國對中國軍力建設的批評，並指出中國的財政資源主要集中在經濟發展而發軍事開之上[61]。倫斯斐的指責反映了美國的傳統思想，現今的中國仍就缺乏透明度，無論從軍事或政治。

　　中國的崛起衝擊的是美國全球超級霸權的地位。北京喊出「和平崛起」的用意就在降低華府的心理威脅。在全球化的現在，美國是中國最大的出口市場，中國則是美國最大的債權國。雙方處於彼此依賴但又互信不足的微妙處境。當中國外交教父錢其琛在北京大學發表演說時，有學生引了毛澤東的話來提問，當今中國外交政策的「主要矛盾」是什麼，錢其琛的回答是，「中國輿論與富建設性外交政策之間的矛盾。[62]」而戰略經濟對話阻力源自於，雙邊傳統思維、輿論和務實觀點下的拉扯。將阻力歸類於以下三點：

一、傳統思維

　　中國崛起成為世界的經濟強權，有些美國人因此驚慌失措。美國領導全球經濟已達一個世紀，因而認為這是責無旁貸的神聖權

---

[61] Phillip P.Pan, "Rumsfeld Chides China for 'Mixed Signals'", The Washington Post, October 20,2005, pp.A16&A18.

[62] Susan Shirk,《脆弱的強權在中國崛起的背後》，遠流出版社：台北，2008 年 5 月，P.175。

利。中國經濟崛起，除了與美國競爭之外，更成為美國的主要債權國，這讓美國人情何以堪[63]。不只是美國，中國經濟融入世界，在安全上既有利也有弊。它使國家立即強大起來，也更易受到外來影響。中國社會和政府機構中，仍有些階層認為改革開放的決策使自己受損[64]。

美國的經貿發展，高度仰賴的就是資訊科技方面的領先。外界認為，在北京對貿易赤字與智慧財產權不能做出讓步或保證時，戰略經濟對話是不會有成果的。在匯率上，如果人民幣不升值，面對的是美國的壓力，但若升值，則需面對內部社會不夠穩定的壓力，對北京來說，會破壞了他一直追求的和平穩定[65]。因此北京會選擇寧可在對外對抗而凝聚國內團結，而不會破壞穩定造成內部動盪，在這樣的思考模式下，不合作會回到對抗的思維也成為對話的阻力。

華府對北京戰略定位並未最終完成，仍存在不確定性。首先，華府對北京戰略定位建立在美國對目前和今後一段時間內國際力量格局的評估之上，並不是固定不變的，而會隨著美國對形勢發展的認識而變化。其次，雙邊關係的穩定並不一定代表和諧一致。雙邊關係出現兩個方面的趨勢，一方面是中美關係相對穩定了；另一方面是美國對中國的防範增加，中美競爭加劇。從未來趨勢看，只要美

---

[63] Susan Shirk，《脆弱的強權在中國崛起的背後》，遠流出版社：台北，2008 年 5 月，P.326。

[64] Andrew J. Nathan and Tianjian Shi, "Left and Right with Chinese Characteristics: Issues and Alignments in Deng XiaoPing's China", World Politics 48, July 1996, P.22-50.

[65] 彭瑋琳，〈張軍：人民幣政策　不會有更大的讓步〉，《工商時報》，2007 年 5 月 24 日，第 A9 版。

國認為中國的未來是不確定的，美國就會想盡一切辦法防範中國[66]。因為對美國來說，中國並不是在外交安全上的同盟。

　　對華府來說，在展開對話後，美國仍部署在阿拉斯加的十多架 F-22 戰機轉移到關島，同時也派遣七個 F-22 飛行大隊中的三個大隊到太平洋地區。美軍這項行動也針對朝鮮半島情勢和中國，盼加強美軍在西太平洋地區的空優[67]。對中國的擔憂，也展現在軍事監測上，美國對中國的軍事關注，隨著中國軍事力量增加，也逐漸增強[68]。軍事方面，北京有計畫、迅速的軍事現代化作為，已然形成美國在西太平洋地區安全利益的威脅。當台海仍然是一個重要的、潛在的衝突地區時，北京就不惜以武力尋求對台灣之領土要求。此外，解放軍在東海與南海地區形成之威脅已超越台海，包括大陸周邊的美國鄰邦。北京近來持續強化機動導彈及海、空軍武力，加上中日對釣魚台群島領土紛爭、東海油氣田開發爭議都有可能發展成軍事衝突，似乎可以預見北京已準備與日本展開軍事對峙，其準備的動作可能超出外界預測的範圍，美國將難以避免捲入此項軍事衝突。基於此，美國政府應要求北京「公開解釋其國防支出、意圖、原則，以及軍事演習，以資緩解各方對其迅速擴充軍事的關切」。美國與台灣的關係愈強固，華府的可能反應愈強烈，北京就會愈審慎。但是，「台灣和美國並無可靠而有效的對策，以因應中共的挑釁與攻擊」。因此美國政府應增加在西太平洋地區的軍

---

[66] 胡社華，〈正確處理與大國競爭及合作的關係促進和諧世界建設〉，《咸寧學院學報》，2007 年 8 月，第 27 卷第 4 期，P.24-27。

[67] 綜合報導，〈針對中國　美將在關島部署 F-22〉，《自由時報》，2008 年 5 月 29 日，第 A3 版。

[68] 外電，〈中國部署新海洋監測系統　增美潛艦防衛困難〉，《中央社》，2008 年 5 月 10 日，http://udn.com/NEWS/WORLD/WOR1/4335116.shtml

力,以因應北京在此一地區日增的軍事部署[69]。除軍事部署加重外,並加強在亞洲的結盟關係來牽制中國軍力,並在台灣、日本、南韓、菲律賓、新加坡、印尼及馬來西亞等盟國之間發展「互通性」[70],代表傳統思維上,華府即使跟北京有對話,但仍著重於盟友間的合作。

而雖然美國在軍事力和政治力量上雖然不會讓出「老大」的位置,但隨著在世界經濟上佔據的經濟力量比重出現下滑的同時,在各種國際機構中的投票力量將不可避免地相對有所下滑。當中國每年都在增加 10%以上國防經費,二〇二〇年將達到美國的一半的四千億美元。在探索太空發展上,也在投入龐大的預算。在軍事力量上,則將成長為能夠威脅美國的唯一國家。

北京自一九七九年推動經濟改革以來,即以經濟的的成長來支持軍隊現代化的改革。正如美國國務院副國務卿格羅龐提(Gohn Negroponte)所指出的。中國因對外貿易大幅成長而帶動的高經濟成長率,一方面擴大了北京在國際上的影響力;另一方面也使北京有能力進行軍事現代化改革,提升中國整體國力[71]。美國有一個主要由新保守派和若干五角大廈官員所形成的集團,從軍事角度發出中國威脅的警告。中國在擴張軍力,國防預算每年成長百分之十以上,中國也有二十枚核武飛彈可以打到美國太平洋沿岸城市[72]。這樣的傳統思維更是對話當中的阻力。

---

[69] 施子中、徐文路,〈美中經濟安全監督委員會年度國會報告〉。

[70] 綜合報導,〈中國海南島建潛艦基地 美國關切〉,《自由時報》,2008 年 5 月 14 日,第 A3 版。

[71] 朱家敏、無閒得、江春琦,〈中共空軍軍力發展對台海安全之影響〉,2006 年空軍官校航空安全暨危機管理學術研討會,2006 年,P.3。

[72] "Out of their Silos; China and America", The Economist, June 10,2006.

中國在往後十多年之後，以購買力為指標，據推測將成為世界最大 GDP 國家，也是最大外匯儲備國。在外交舞台上，也將採用軟硬兼施的政策，來培養政治力量。語言和文化魅力也相當驚人[73]。而儘管經濟和軍事實力日益強大，但中國的軍經實力並未完全轉變為柔性國力元素，而所謂「柔性國力」是指一個國家在經濟、文化、人力資源、外交和政治的影響力，以助他們在區域和全球施展間接影響力[74]。這也加深了對北京的疑慮也挑戰著美國的霸權地位。

隨著中國崛起，所引發的效應就不容易解決。中國仍是一黨專政，以往認為經濟自由化將誘發政治民主化的期望可能會落空。甚至北京並以經濟資源資助其他獨裁國家，使歐美想希望那些國家進行政治改革增加難度。從樂觀角度來看，中國的崛起仍可加以引導，不像以前德國、日本崛起所帶來的全球恐慌。然而，若仔細觀察，情勢仍不樂觀。除非中國與美國不爆發戰爭，也不會發生失控的經濟競爭，才有可能和平共處。但是本世紀美國相對實力開始下降，中國實力相對上升，未來全球仍有可能因此造成動盪[75]。

對於戰略經濟對話，美方可接受戰略一詞，但在以外交和安全上為主的中美高層對話上，美方拒絕用戰略一詞，因為美國不會與中國成為外交安全的戰略伙伴，因為美方認為「戰略」一詞應保留給美國與盟邦之間使用，故國務院所有新聞稿一律稱這項會談為「高層對話」。中方則認為美中外交對話絕對具有戰略意義，故建議使用

[73] 李哲熙，〈美專家：2020 年中國與美國將形成兩極體制〉，《東亞日報》，2006 年 12 月 12 日，http://china.donga.com/big/srv/service.php3?bicode=060000&biid=2006121203238

[74] 外電，〈調查：中國軍經實力　未轉變為柔性國力〉，《中央社》，2008 年 6 月 18 日，http://udn.com/NEWS/WORLD/WOR1/4389776.shtml

[75] 〈對未來「中」美關係發展前景之分析〉，Time，2007.1.11。

「戰略對話」。儘管不為美國所接受，中國至今仍堅持自己使用「戰略對話」[76]。北京與華府在對話過程中，所陷入的對抗也在於不希望華府來對中國控制，但當北京有類似言論時，華府也會對北京提出抱怨，為何不願意合作加入世界體系，多負擔點責任[77]。但站在北京的立場，也會有受害者形象產生，認為展開對話已經是為了改善關係，希望華府不要步步進逼[78]。除了國際議題之外，雙邊的貿易摩擦也是爭論主因，當美國經濟衰退、增速減慢、就業問題嚴重、貧富懸殊擴大時，中美經貿關係很容易變為替罪羊[79]。這樣的傳統思維也是讓對話陷入困難的原因。而學者更提出雙方的矛盾不會解決，歧見只會越來越深，讓對話失去意義，更不會達成成果[80]。

與中國展開合作，更讓華府內部對北京有疑慮的人擔心，認為中國對外和平攻勢越來越積極，是代表北京要在亞洲掌權，更是會對美國、日本等的影響力形成排擠作用。當中國的經濟力量增強，連帶國防預算也增加。這樣的中國，連美國國防部都毫不掩飾的視為潛在性的敵國。北京不斷表示自己的軍事實力是和平的，還提出「非傳統安全觀」，強調「合作安全」，許多軍事演習也強調是沒有特定敵人的海上救難與反恐，甚至邀請外國前來觀摩，把他變成一

---

[76] 劉坤原，〈美中第四屆高層對話今在華府揭幕〉，《中央社》，2007 年 6 月 21 日，http://times.hinet.net/news/20070621/internationality/c83acfd57b70.htm.

[77] 何偉文，〈中美共同繁榮的若干謀略思考專題〉，《國際經濟評論》，2007 年 7、8 月，P.41-42。

[78] "China, U.S. Come to Trade Talks At Odds; Claims of Inequity, Bullying", The Washington Post.., May 19, 2007. pg. A.1.

[79] 王緝思，〈中美利益交匯與戰略互動〉，《國際經濟評論》，2007 年 7、8 月，P.8-9。

[80] 綜合報導，〈美施壓人民幣升值　中回嗆　吳儀：經貿問題政治化　難以接受〉，《蘋果日報》，2007 年 5 月 24 日，第 A20 版。

種「軍事外交」。但這樣做並不足以釋疑。美國增加西太平洋兵力，在關島和琉球駐軍，與東南亞國家如菲律賓、印尼加強軍事關係〈甚至拉攏越南，越南總利潘文凱 2005 年 6 月都成為白宮的座上賓〉，都對中國構成包圍之勢[81]。這種包圍雖不是冷戰時期的圍堵，但至少是一種軟圍堵。如此亦成為戰略經濟對話的一種阻力。

二、民主制衡

選舉和民主在對話機制過程中，可以是優勢，帶也會是負擔。除了匯率等議題之外，當對話無法有具體進展時，人權議題也會被提出。國會也會由此議題對北京提出施壓，讓雙方對立加深，影響對話進行[82]。對國會來說，議員必須要顧及本身的選票而強烈反對。當立法系統的利益與行政系統有所牴觸，最好的方式就是透過立法來對政府施壓。行政系統也要了解到，不可能要對別的政黨完全認同你的政策。這是民主政治的常態，也是民主制衡對於對話機制所產生的阻力。

一些學者和媒體認為，由於中國是後冷戰時地最大的社會主義國家，雖然中國已經放棄了條列式的馬列主義意識形態，但中國仍然一黨獨裁專政且反對西方的價值觀念，所以中國崛起後仍有可能成為非西方意識型態國家的領袖。這必然對西方的民主、人權、平等、自由等價值觀念形成挑戰。

---

[81] 劉必榮，〈國際觀的第一本書〉，先覺出版社，台北市，2008 年 9 月，P.18。
[82] "Let's Talk; China agrees to resume human rights talks with America", The Washington Post, Mar 10, 2008, pg. A.14.

　　對話機制的阻力源自於雙方政治體制上有所差異。雖面對的壓力不同，但是都必須要考量到本身政治體制下的影響。對話機制的阻力也來自於民主的多元[83]。和中國參加世界貿易組織之前對比，美國國會對中國的意見分歧很大，有些州接受了中國的投資（例如接受了海爾投資），還有些州與中國的貿易往來很多，這些州的議員們往往對中國抱持非常積極的態度。但這些議員的聲音不大，在美國國會中聽到的往往都是抗議的聲音。原因在於在中國參與世界貿易組織前，美國國會年年都要審議中國的最惠國待遇問題，支援中國的那些議員們在辯論中非常積極，他們擔心萬一中國的最惠國待遇落空，美國與中國的貿易中斷，他們那些州的利益會嚴重受損[84]。但在進入世界貿易組織之後，反而就不如之前積極了。於是美國華府透過國會繳交的報告對中國施壓。

　　華府對對話首要考量，是中美雙方之間貿易逆差的不斷擴大、人民幣匯率、知識財產權保護與市場開放，這些議題亦成為美國國會關心的重要問題。除非北京為減少此一逆差採取實質性的措施，否則，可以預料的將是國會的持續施壓。包括對中國商品徵收關稅及訴諸 WTO 仲裁等作為。同時透過戰略經濟對話，尊重理解兩國經濟發展結構的差異，以平等互惠來解決彼此貿易的問題。華府透過對話與施壓並行的戰略，企圖主導北京開發方向，以經濟發展影響中國社會轉型，以確保美國的經濟利益及競爭優勢。並透過對話機制討論雙邊及全球經濟議題，加強雙邊政策協調，得到北京在國

---

[83] 綜合報導，〈吳儀訪美前夕美政府國會續批中國違反智財權〉，《奇摩新聞網》，2007 年 5 月 18 日，http://tw.news.yahoo.com/article/url/d/a/070518/5/ehyw.html

[84] 丁一凡，〈中美戰略經濟對話的回顧與展望〉，《國際經濟評論》，2007 年 11 月 12 日。

際議題的配合和援助，利於美國解決棘手問題。即使雙方政府常是
許多方式要降低人民幣等爭議議題對對話機制產生的阻力，但還是
無法完全避免。

在美國對中國政策的主要問題上，美國國會的作用在上升，在
對中國政策上的涉入範圍越來越大，從政治、軍事領域發展到經濟、
社會、文化等各個領域。美國國會在對北京政策上存在矛盾心理，
理性與非理性交織在一起[85]。

在許多觀察美中戰略經濟對話人的眼中，行政受制於立法是雙
方展開對話機制的一項重大阻力。在政治日程上無法同步，當美方
出自於本身政治因素需要北京配合時，中方往往無法做到。因為當
共和黨控制國會時，布希在阻止華府的保護主義立法方面就已經遭
遇了很多困難。何況當兩院的多數席位都被民主黨佔據，問題就變
得更加難以控制。國會壓力一直是華府如何建立雙邊互信面臨的重
大挑戰[86]。因為國會需要透過立法上有所表現與行政部門抗衡，因
此當華府在對話機制中同意抹些議題，還必須要國會通過。因此，
無論是在對話進行或是之間，選舉壓力迫使國會對白宮施壓，這樣
的作法是對話機制的重大阻力。

對華府與北京來說，雙方的歧見不在於改變的方向，而在於改
變的步調。鮑爾森提及，美國人是以行動為導向，因此他期待的是
北京在對話後更多的實際行動[87]。因為實際成果才能化成對華府有

---

[85] 蔡秀梅，〈美國國會在對華政策中的作用（1979 - 2005）〉，《山東省農業管理
幹部學院學報》，2007 年，第 23 卷，第 4 期，P.124-128。

[86] "China, U.S. Come to Trade Talks At Odds; Claims of Inequity, Bullying", The
Washington Post, May 19, 2007. pg. A.1.

[87] 劉屏，〈鮑森、吳儀開場白　針鋒相對〉，《中國時報》，2007 年 5 月 23 日，
第 A13 版。

利的支柱來面對國內民主的壓力，因此在對話過程中急於得到有利的成果。但是步調必須在北京也能夠承受的速度，如果北京順從華府不斷改變，對於北京在掌控中國社會將形成巨大壓力，對北京的整體領導能力更是一項重大挑戰[88]。

對華府來說，建立一個戰略經濟對話，本身來說就是對美國輿論的一種交代。美國政府建立一個對話，以告訴民眾，「我們在對中國政府施加壓力，在跟中國談判」[89]。這樣雖然塑造了華府對於人民的信任，但同樣也必須背負巨大的期待與面對民主政治下所需背負的壓力。壓力下能承擔多少的負擔亦成為對話的阻力。

三、外看內、內看外

當雙邊展開對話後，要面對的除了來自內部和對方的壓力外，最常面對的是來自外部對內的評斷。充滿複雜性的雙關係更讓外界對於未來多所質疑甚至是悲觀的[90]。這樣的印象也對於在日後雙方發展對話機制會產生很大的阻力。

在外界眼光看來，首先，十九世紀英國稱霸全球，乃是一連串即不尋常的狀況所造成。以他的國力來說，他在全球國內生產毛額的合理比率應在 3～4%之間，但實際數字卻多出十倍左右。一但異

[88] 林寶慶、張宗智，〈經濟對話開幕　中方：反對保護主義〉，《聯合報》，2007年5月23日，第A13版。

[89] 丁一凡，〈中美戰略經濟對話的回顧與展望〉，《國際經濟評論》，2007年11月12日。

[90] 中央社，〈民意調查顯示　希望恐懼並存於中美兩國人民〉，《今日晚報》，2007年12月11日，http://news.chinatimes.com/2007Cti/2007Cti-News/2007Cti-News-Content/0,4521,130504+132007121101268,00.html.

常狀況消退，西歐趕上產業化、德國統一、美國解決南北分裂，英國勢必會式微。英國政治家艾默里（Leo Amery）於一九〇五年就已看出端倪；「區區英倫三島怎麼挺得住美國德國這兩個迅速成型的富強大帝國？」他問道：「我們如何憑四千萬人去跟幾乎是我們兩倍大的國家競爭？」這也是今天美國面臨中國崛起時，很多美國人要問的問題[91]。

　　中國的迅速崛起讓美國及亞洲周邊國家感到憂心。尤其北京近年來的軍事擴張，根據美國國防部公佈的「二〇〇七年中國軍力報告」指出，中國國防預算大多隱藏在其他部門，粗估 850 億至 1,250 億美元，這遠比北京自己公佈的 450 億還要多[92]。其軍費以超越日本成為亞洲第一，並且是世界最大的武器進口國家[93]，「中國威脅論」的言論充斥整個國際社會，面對國際社會的疑慮。北京對外說明軍費是維護主權的必要預算，中國並未企圖積極發展軍備。並辯稱中國國防預算無論是以絕對金額或占國內生產總額的比例來看，都遠不及其他主要強國[94]。在對話機制展開之後，中美高層的退役將領也展開定期對話。看似已離開權力核心的將領們，在美國觀察家的眼中，卻是北京安排遊說國會的武器[95]。這樣的思考更讓許多人認為對話機制是開了一個窗口讓國外勢力進入進而威脅到美國自身的國家安全。

[91] Fareed Zakaria，《後美國世界》，麥田出版社：台北，2008 年 10 月，p204。
[92] "Military Power of the People's Republic of China2007", US Department of Defense, May 2007, P.25.
[93] "Armaments, Disarmament and International Security Chapter summaries", Sipri Yearbook 2007, July 2007, P.11-13.
[94] "Edmond Rice, US Allies Brace for Submarine Force Development", Asian Defense Journal, Apr/2006，中共研究彙編——國防部，2006 年 11 月，P.80。
[95] 亓樂義，〈中美高層退役將領　11 月再會邁阿密〉，《中國時報》，2008 年 6 月 11 日，第 A13 版。

　　對外界來說，中國崛起的性質、方向與速度仍不明朗。中國領導人對於國際社會如何看待中國之崛起，採取相當謹慎的態度。溫家寶總理甚至宣稱要「韜光養晦一百年」；但不容諱言，美國政策圈對於中國逐漸增強的國際影響力，仍保持謹慎的戒心。美國國務卿萊斯表示中國的發展正處於一個戰略的十字路口，端視北京當局選擇成為和平、繁榮、負責任的強權，或成為與對抗美國利益的區域安全威脅，對於美國來說，美國絕不能從亞太地區撤退，必須繼續留在那裡，因為一旦退出，要想重返就得費很大的力氣[96]。北京的成長都會削減美國在亞太的影響力。而對話剛剛好就是北京在與華府產生爭議時最好的擋箭牌，無論是美國拿任何批評來責怪中國，北京都能把對話機制拿出來，持續為他尋求發展爭取更多的時間和空間[97]。

　　美國國會應檢討美國國內稅制，創造有利於國內投資之制度環境，強化科研領域（R&D）的國家資金與政策投入，確保美國在高科技尤其是軍事安全相關領域技術領先地位，同時要嚴防由於中國加入世界經貿體系之後所造成的全球工資下滑壓力，這將對美國國內產生難以預料的影響。此外，美國應加強要求中國遵守入世承諾，尤其是智財權的執行方面[98]。此外，在美國政府方面，在其「國際經濟與匯率政策報告」的春季和秋季報告中，美國財政部對美方貿易夥伴的匯率政策進行評價，以確定其是否存在匯率操縱。自從該報告問世以來，中國先後次出現在「匯率操縱國」的名單中[99]。這樣更使得雙邊對抗加深。

[96] "Remarks Upon Arrival in Kyoto, Japan", June 26, 2008, http://www.state.gov/secretary/rm/2008/06/106270.htm

[97] 丁一凡，〈對話與告狀的背後——三位學者解讀中美經貿狀況〉，《世界知識》，2007 年 12 期，P.17-18。

[98] 施子中、徐文路，〈美中經濟安全監督委員會年度國會報告〉，

[99] 鐘偉，〈人民幣匯率問題考驗中美政府智慧〉，《中國外匯》，2007 年 7 月，P.8。

　　如此的改變促使許多觀察家認為美中戰略經濟對話實質上紙是美國在對整體世界經濟掌控力還能維持的時候，打擊成長中經濟強權的一項作為而已，更提及北京應會記取日本的教訓，避免成為美國霸權之下的另一個犧牲品。隨著貿易的不斷加深，中美之間的摩擦也不斷出現，觀察家提出華府除了想透過機制控制中國外，更對華府的貿易保護主義提出不滿，提醒北京要防範美國設立新的貿易壁壘[100]。自民主黨二○○六年底掌控國會以來，參眾兩院充滿主張「公平貿易」的貿易保護主義之聲，短短四個月內，通過了十五個對於中國貿易的提案，涉及對中國商品施加 27.5%的懲罰性關稅、要求人民幣升值、取消中國永久最惠國待遇等等。另一方面，小布希政府進入執政後期，因深陷伊拉克戰爭泥淖而導致施政威信下降，受到內外牽制增多，已將主要精力用於安撫國會與民眾的不滿情緒，在對中國經貿問題上不願再過度透支政治資源[101]。這種客觀環境也使美國難以牽制國會的反中浪潮，容易使華府在對中國經貿關係上對國會妥協，不利於對話機制的發展。

　　對北京未來發展成功與否，也是對話機制持續的變數，由於中國改革是採取雙軌經濟，經濟體系當中，還有一些領域沒有改革好，包括金融機構過於集中、資源稅費過低、有些壟斷部門還沒有開放競爭，都導致財富過度集中在少數人手中，加大社會分配不公，影響宏觀經濟發展。此外有些國有企業看起來很賺錢，但是靠能源、資源賺錢，如果在競爭行業，國有企業效率仍有待改善[102]。而隨著

---

[100] Derek Sands. "China, U.S. agree on regular high-level dialogue", Knight Ridder Tribune Business News, Apr 9, 2005. pg. 1

[101] 珍妮，〈中美戰略經濟對話機制的特點與走向〉，《WTO 經濟專刊》，2007 年第 6 期。

[102] 中央社，〈林毅夫：中國近 10%經濟成長率可維持 20 年〉，《今日晚報》，2008

中國的興起，媒體也開是利用西方人對失業的恐懼上作文章，但中國進行工業化革命最讓人不安的地方，可能是能源需求的暴增，中國對天然資源的消費增加值得關注，因為那牽涉到數目龐大的人口。美國和歐洲加起來有六億人，而光是中國就有超過十億人，中國的石油消耗量倍增則是始於一九九四年。中國已是消費煤與鋼最多的文章，比美國還要多。強大的需求大幅抬高了許多商品的國際價格，包括鋁、石油到鋅[103]。當中國向全球經濟邁進時，不僅在世界各地製造了工作，也衝擊了大自然。

在內部來說，在北京內部的分析，對戰略對話機制的未來也充滿質疑。因為即使季辛吉三十多年前神秘訪問中國，被譽為中美建交的破冰之旅，開啟了中美合作大門。但中美之間並沒有因此更為緊密。雖然大談中國崛起，會帶動中美合作的雙贏。但反觀在兩國建交的幾十年中，中美無論是合作還是衝突，都顯示出兩國利益關係複雜。對於是否用合作就能夠化解雙方分歧，會因合作而降低對抗的說法被外界質疑太過樂觀。

對於戰略經濟對話機制的建立，中國內部更對其有所顧慮，包括中國都是以受害者自居，甚至將美國的操作模式上比擬相似在一九八〇年代的廣場協議[104]。一九八五年九月二十二日，在美國紐約廣場飯店，美、日、英、法、西德五個工業已開發國家財長和央

年 6 月 6 日，http://news.chinatimes.com/2007Cti/2007Cti-News/2007Cti-News-Content/0,4521,130505+132008060600996,00.html

[103] 根據國際貨幣基金的研究，在過去七年中，商品價格再實質上平均上漲一倍多，而據估計再 1998 年到 2003 年之間，全世界對鋁的需求上升，有四分之三可歸因於中國，對銅、鎳、鋼的需求上升則可全部歸因於中國。Robyn Meredith，《龍與象》，遠流出版社：台北，2007 年 10 月，P.195。

[104] "OPINION: US-China Strategic Economic Dialogue 'Working through the friction", Businessline, Jun 9, 2007. pg. 2.

行行長秘密會晤並簽署了著名的《廣場協議》，聯合干預外匯市場，使美元對日元、馬克等主要貨幣有秩序地下調，以解決美國巨額貿易赤字，從而導致日元大幅升值。

「廣場協議」簽訂後，上述五國開始聯合干預外匯市場，在國際外匯市場大量拋售美元。繼而形成市場投資者的拋售狂潮，導致美元持續大幅度貶值。一九八五年九月，美元兌日元在 1 美元兌 250 日元上下波動，協議簽訂後不到三個月的時間裡。美元迅速下跌到 1 美元兌 200 日元左右，跌幅高達 20%。作為一九八〇年代的資本主義世界第二大經濟體和世界第二大經濟強國（八十年代末期時超過了蘇聯），日本親眼目睹其經濟結束經濟起飛後快速竄升的趨勢，逐漸演變為緩慢增長、停止增長乃至嚴重衰退。到了一九九〇年代中期又經歷貨幣快速貶值，從此一蹶不振，泡沫經濟破裂、崩盤，至今仍未恢復。因此透過對話機制讓中國變成下個日本，是美國的謀略[105]。而北京雖然有對戰略對話機制的警覺，但也認為如果美中貿易關係崩裂，仰賴出口的中國大陸經濟會比內需導向且多元的美國經濟遭到更嚴重的後果[106]。所以心不甘情不願的與美國展開合作。

美國內部的觀點則認為，美中經濟安全監督委員會（US - China Economic and Security Review Commis-sion，簡稱 USCC）於二〇〇五年十一月將發表的報告交給國會。認為美國政府目前所遵行的美中關係作為長期而言不利於美國，往後應該慎選對中國策略[107]。此一

---

[105] 江湧，〈對話與告狀的背後──三位學者解讀中美經貿狀況〉，《世界知識》，2007 年 12 期，P.18。

[106] 外電，〈美智庫：美財長訪中　反映世局變化〉，《中央社》，2006 年 12 月 15 日，http://udn.com/NEWS/WORLD/WOR1/3649015.shtml

[107] " 2005 Annual Report Recommendations", November 2005, http://www.uscc.gov/annual_report/recommendations/05_website_recommendations.pdf

立論的根據，係在於這一年的觀察當中，美中雙邊經貿持續擴張，美國製造業已感受到中國製造業的競爭壓力。儘管美國在全球高科技產業方面仍領有優勢，可是中國急追的速度已讓美國感到潛在的威脅[108]。另一方面，中國的市場經濟發展，不但在政治改方面舉步不前，從今年的人民幣升值、中資公司在美上市情形等表現來看，實際的市場經濟自由化程度上，也未能更加明朗化，更遑論中國至今仍未遵守當年的許多加入 WTO 的承諾，中國對國際的制裁手段亦無動於衷。

對美國來說，隨著全球化的發展，美國輿論主要的聲音是反對的。各種各樣的調查證明美國的群眾有 70%是反對全球化的。在美國表示對全球化不滿、反對全球化的浪潮中，中國是首當其衝的目標。所以，美國會中就有人提出許多意見，要求美國懲罰中國[109]。

如果美國認為中國之崛起係處在一個戰略的十字路口，在相當程度上即意味著美國未來的對中國政策亦可能處在戰略的十字路口。而這場對決競賽在短時間將很難有所突破，因此雙邊關係的未來將視美中兩國在全球、區域以及雙邊關係之發展而調整。面對中國的時候，美國尤其需要抉擇。中國正以最大規模、最快速度登上世界大國地位，規模之大與速度之快甚至超越美國，史上沒有任何一個國家比得上。如何取得平衡，一方面抑制中國，另一方面是順應他合理成長，正是美國外交最重要的戰略挑戰。但美國國內政治氛圍往往把讓步和調適視為姑息。對此無論是內與外的觀點都可能成為對話的阻力。

---

[108] "Paulson sets out new US strategy on China", Financial Times 2006 9 21.

[109] 丁一凡，〈中美戰略經濟對話的回顧與展望〉，《國際經濟評論》，（北京：2007年 11 月 12 日）。

第三節　突發事件探討——有毒玩具

在美中戰略經濟對話中，雙邊關係也面臨考驗。而雙方在危機中顯現的，也是對話機制在其中發揮的作用。透過以下敘述有毒玩具的事件，我們也能察覺雙方在對話機制中展現的需與求，合與競。

一、事發原因

在美中經濟戰略對話進行完第二次時，大部分觀察家們對北京與華府的戰略對話機制的未來是悲觀的。而在此同時，又爆發了世界最大玩具製造商美泰（Mattel）的有毒玩具事件，這無疑對似乎陷入困境的戰略經濟對話雪上加霜。在此之前我們必須把背景釐清一下。美泰是世界最大玩具製造商。又叫美泰公司，是美國品牌玩具公司。以收入計算年收入大約是五十億美元。美泰也是最大的玩具企業。著名產品有芭比娃娃、獅子王、UNO、辛普森家庭等。一九四五年，魯絲‧漢德勒（B.Ruth Handler）與丈夫伊利奧特漢德勒（Elliot Handler）、哈洛德‧麥特森 Harold Matson 三人在一間車房創辦了美泰公司，總部設於美國南加州。

一九五九年，魯絲‧漢德勒由女兒裁剪成人紙娃娃啟發，發表了當時世界最有名的芭比娃娃，受到極大批的小女孩及母親歡迎，至今已售出超過十億支芭比娃娃，到目前為止，全世界有 80%的芭比娃娃是從美泰生產線製造的。

事情爆發的點是美泰全球業務行政副總裁湯瑪斯‧狄波斯基（Thomas Debrowski）在二〇〇七年九月二十一日飛到北京，在全球記者面前,親自向當時的中國國家質檢總局局長李長江,為美泰連續三次分批召回中國製造有毒玩具的事件,向中國人民道歉。並同時表示,所召回的玩具絕大部分是美方設計所產生的缺陷,不是中國方面製造的問題。美泰願意為召回負全部責任[110]。

這個被國際媒體稱為羞辱的公開道歉,看得西方國家和政府都目瞪口呆,因為一旦做出道歉,後面隨之而來的很可能就是一連串法律訴訟[111]。事前大家也都認為這樣的事件不但會傷害了美泰和中國製造玩具的名聲,更會對當時進行的美中戰略經濟對話機制產生衝擊。但事情的演變竟然是美泰居然做出道歉,這一切的轉變也是讓我們想要去理解北京與華府如何在有毒玩具的議題上作的互動。

二、華府作法

在二〇〇七年八月二號。美泰的品管發現從中國製造的美泰玩具上含有過多的油漆,而所有上色的玩具和裡面的零件都充滿潛在性的危險,於是便第一次回收了將近一百萬件玩具。

到二〇〇七年八月十四日。美泰第二次宣布回收一千八百多萬件中國製造玩具,其中九百五十多萬件在美國。包括「特定玩偶、公仔、玩具組,以及可能造成小型強力磁鐵鬆脫的配件」,他們可能會讓小孩誤食造成生命危險。有毒玩具事件發生之前,無論是

---

[110] "Mattel sorry for 'design flaws", BBC news, 2007.9.21, http://news.bbc.co.uk/2/hi/business/7006599.stm

[111] "Third recall for China-made toys" ,BBC news, 2007.9.5, http://news.bbc.co.uk/2/hi/business/6979151.stm

美國或歐盟對於中國進口的玩具都沒有標準的審核方法。美泰在美國販賣的由中國製造的進口玩具，都是符合二〇〇三年美國的規定。但由於每國發生小孩誤食美泰生產的玩具磁鐵，之後更引發胃穿孔，因此在二〇〇七年八月美泰重新訂定兒童玩具的成分標準[112]。

　　二〇〇七年八月二十三日，美泰回收了另外八十五萬個美國和美國本土以外受影響的玩具，但他們在製作時符合中國出口產品可以接受的上限。中國商務部副部長高虎城也開記者會表示，這三起召回事件中的兩千零二十萬件玩具中，僅有14%無涉及油漆鉛含量超標這既有生產廠家在購買和使用原材料、在生產管理當中的漏洞同時也有品牌的經銷商在驗收環節當中的缺陷。

　　接著，美泰全球業務行政副總裁湯瑪斯‧狄波斯基（Thomas Debrowski）在二〇〇七年九月二十一日飛到北京，在全球記者面前，親自向當時的中共國家質檢總局局長李長江，為美泰連續三次分批召回中國製造有毒玩具的事件，向中國人民道歉。並同時表示，所召回的玩具絕大部分是美方設計所產生的缺陷，不是中方製造的問題。美泰願意為召回負全部責任[113]。

　　在回收期間也發生了一些意外。其中最嚴重的就是香港企業家張樹鴻，多年來在佛山設廠生產美國樣版的玩具，以生產芭比娃娃、芝麻街著名。他是利達玩具有限公司的老闆，總部在香港西環。二〇〇七年，其出口的玩具，被美國美泰公司以油漆品質不合格為

---

[112] "Mattel recalls millions more toys", BBC news, 2007.8.14, http://news.bbc.co.uk/2/hi/business/6946425.stm

[113] "Mattel sorry for 'design flaws'", BBCnews,2007.9.21, http://news.bbc.co.uk/2/hi/business/7006599stm

由要求退貨，導致張損失三千萬美元以上。二○○七年八月十一日下午，張樹鴻被發現在公司倉庫內自縊身亡。他事前剛剛給三間廠房約五千名員工遣散費[114]。

美泰的有毒玩具讓美泰面臨了市場佔有率的下降和銷售數字的下跌。透過媒體的報導更導致美國甚至全球的父母仔細考慮對美泰玩具的抵制。國際組織世界消費者聯盟組織在二○○七年十一月在雪梨舉辦了國際大會，獲得壞產品獎的是可口可樂，Kellogg's 玉米片、武田藥品工廠和美泰玩具。而美泰公司也是第一次獲的這樣的「殊榮」。

而美泰公司執行長羅伯特‧艾克特（Robert Eckert）在二○○七年九月十四號在參院聽證時，還強調都是中國外包廠商未按照美泰的標準製造。他說，「他們（指中國）讓我們失望，導致我們讓顧客失望[115]。」但是艾克特只把重點擺在含鉛塗料，絲毫沒提到二千二百二十多萬因設計不當而被召回的玩具。

三、北京作法

中國是世界最大的玩具生產國。二○○六年，中國生產玩具兩百二十億億件，佔全球 60%。美泰跟中國已有二十五年關係，其中生產了幾十億件玩具。美泰每年的玩具 65%是在中國生產的。目前美泰在中國擁有五家直營的工廠，還有五十幾家玩具產品製造供應商。

---

[114] 萬文婷，〈所產玩具被指含鉛毒　佛山一港商上吊自殺〉，《大江網》，2007 年 8 月 13 日。

[115] "Mattel apologises to the chinese people", Ftchinese, 2007.9.24, http://www.ftchinese.com/sc/story_english.jsp?id=001014359

　　美泰從二〇〇七年八月開始發現玩具有問題，先是塗料中含鉛過多，再是玩具中的小磁鐵容易被小孩誤食，而對全球市場上的美泰玩具進行回收。前後三次，回收了兩千多萬件玩具。

　　由於這些玩具多是由中國製造，所以對中國製造的名聲造成很大打擊。連歐盟執委會消費者事務委員會都表示，要重新評估是否對中國製造的商品加強把關。

　　北京當然對此大為緊張，因此決定先把整個事件搞清楚。這是危機處理的第一步，審視全局。在重新審視回收事件之後，發現前兩批回收的兩千多萬件玩具中，因含鉛量不合的佔 15%，總數大約四十三萬六千，聽起來很多，但是比例不高。其餘 85%約一千八百多萬件都是按照美國進口商的設計生產。至於第三批八十四萬八千件被回收的玩具中，油漆中的鉛溶出量都符合標準。

　　北京也發現，關於含鉛量的標準各國不同，中國國家玩具強制性技術規範，與國際 ISO 8124-3《玩具安全》標準，和歐盟 EN71-3《玩具安全》標準，對玩具油漆塗料中鉛的可溶出限量都是 90mg/kg。國際上絕大多數國家也都是按照鉛的可溶出限量來評定玩具上的油漆是否合格。

　　但是美國除了對玩具油漆中鉛的溶出限量規定 90mg/kg 外，還對油漆中的鉛總量有規定，限量為 600mg/kg。這些不同的檢驗標準，也是將來必須協商談判時所應該討論的項目。

　　第二，整頓內部。這包括對不合格廠商的起訴，勒令停業，或加以輔導。有三百多家廠商被勒令停止出口，並註銷生產許可證。當初向佛山利達玩具提供不合格油漆的企業，也被追究刑事責任，共有四人遭到居留。

　　第三，鞏固內部。主要是進行法律規範的加強，二〇〇七年八月三十一日，中國「國家質檢總局」公佈並正式實施《兒童玩具召回管理規定》[116]，對於原先對於兒童玩具的規定和管理更加完善並符合出口國需要。

　　根據這個規定，即便生產的兒童玩具符合大陸有關產品安全的法律、法規和強制性標準要求，但經過調查、評估之後，認定存在缺陷的，生產者還是必須停止生產、銷售，並向社會公佈有關情況，通知銷售者停止銷售和通知消費者停止消費，同時進行換貨、退貨。

　　第四，媒體宣傳。二〇〇七年八月二十七日上午，中國國家品質監督檢驗檢疫總局局長、國務院產品品質與食品安全領導小組副組長李長江，在國務院舉行了記者會，介紹當前中國政府加強產品品質與食品安全工作的措施，並回答國內外記者提問。李長江說明了大陸為品質問題所作的六項措施，並透露國務院前一陣子，在事隔七年之後，又首度召開了全國品質工作會議。溫家寶親自與會並做了重要講話。這些動作可以看出北京對中國製造產品品質的重視。

　　二〇〇七年九月四日，北京官員又邀請十七家國外媒體到廣東玩具生產基地參觀。因為廣東的玩具出口量佔全國 70%，地點包括廣東檢驗檢疫局技術中心的玩具實驗室和三家規模各異的玩具生產企業，其中，最大的企業員工上萬人，最小的僅有一百人左右。讓外國記者可以實際與生產工廠的員工對話並作訪問。

　　第五，北京也開始對美泰施壓。美泰無論在生產上，還是在銷售上，都依賴中國，所以必須和中國修補關係。這也展現了全球化的環境下，中國大陸在全球生產鏈上舉足輕重的角色。其實在九月

[116] 國家質量監督局第 101 號管理規定，中國產品質量監督司，http://big5.aqsiq.gov.cn/gate/big5/cpzljds.aqsiq.gov.cn/jgzn/jddt/200709/t20070903_37814.htm

二十一日道歉之前，美泰負責全球品質的資深副總裁吉姆‧瓦特
（Jim Walter），在九月一日就用美泰的信紙，寫了封信給李長江。
信中表示兩國之間可能有什麼誤會，並強調美泰和中國政府合作的
決心。

　　但在公開場合，美泰還是相當強硬。包括美泰執行長艾克特
（Robert Eckert）九月十四日在參院聽證時，還強調都是中國外包
廠商未按照美泰的標準製造。「他們讓我們失望，導致我們讓顧客
失望[117]。」但是艾克特只把重點擺在含鉛塗料，絲毫沒提到一千八
百二十萬因設計不當而被召回的玩具。

　　美泰過去雇用了一大堆律師，專門負責打官司。即便有玩具被
召回，也從不承認自己有錯。因為一旦承認並道歉，後面的賠償官
司就打不完了。這次使用兩面手法，表面強硬，私下求和，最後被
迫公開道歉，著實讓歐美許多市場專家跌破眼鏡。值得注意的是，
美泰道歉後，股價也開始回升。可見美泰也是算過以後，才走了這
步險棋。至於後續所可能需要負擔的成本，那就後續再打算了。

四、結果探討

　　北京面對這次的危機，第一步是審視全局。這就像孫子說的：「踐
墨隨敵。[118]」面對危機時必須先了解我們到底面的的是何種危機，
更多更確實的資訊可以使得我們避免錯誤或製造誤會。北京面對危
機不是一昧閃避而是先弄清楚狀況後使自己有更多方法處理事件。

---

[117] "Mattel apologises to the chinese people", Ftchinese, 2007.9.24, http://www.
ftchinese.com/sc/story_english.jsp?id=001014359.
[118] 吳仁傑，《新譯孫子讀本》，台北：三民出版社，民國 85。

這樣的作法讓北京發現並不是自身沒有按照美泰的規定製造，而是雙方法規上的不同。這樣也讓北京在處理事件上站到和對方一樣的起跑點上。

第二步，北京開始鞏固內部。孫子說：「道者，令民與上同意也[119]。」北京這個做法有兩個目標，首先，這讓北京不致陷入困境，使它能夠專心處理與美泰之間的問題。其次，這樣的作法展現了北京向世界宣告對處理有毒玩具問題的決心。

第三步，宣傳。孫子說：「激水之疾至於漂石者，勢也；鷙鳥之疾至於毀折者，節也[120]。」一開始，媒體並不喜歡北京處理有毒玩具事件的態度，特別是西方媒體。北京理解自己的弱點，答應讓媒體們採訪在玩具工廠工作的員工。冷靜和沉著的態度展露了他的自信，媒體的輿論也許不會稱讚獲肯定北京的作為，但起碼可以降低批評或攻擊的力道。

故事接下來呢？在二〇〇七年十二月十日，第三次美中戰略經濟對話前，美國商務部部長卡洛斯‧古德雷斯在拜訪中國時，也拜訪了中國國家品質監督檢驗檢疫總局。從李長江的手中得到北京政府送給他的禮物，一隻電子狗。這個行為有兩個意義，首先，北京告訴華府，中國製造的玩具是可靠並且有保障的。其次，北京和華府同時告訴全世界，這場危機已經成為歷史，我們走過來了。

討論誰在這場危機中獲勝，似乎沒什麼意義，因為雙方都得到了些東西，也失去了一些東西。這也是對話機制中的重點，有得有失。所以我更想談談雙方各得到了什麼？

[119] 吳仁傑，《新譯孫子讀本》，台北：三民出版社，民國85。
[120] 吳仁傑，《新譯孫子讀本》，台北：三民出版社，民國85。

　　美泰公司，全球業務行政副總裁湯瑪斯・狄波斯基得到了一個羞辱的公開道歉[121]。而公司總共回收了兩千兩百萬左右的玩具。一家下游公司的董事長為此自殺。而總公司至少損失了四千萬美金[122]。但對華府來說，穩定了經貿關係，降低了利益的損失。也讓今後進口的中國玩具能夠更有可靠性。更重要的是，向世界表現出，我能對中國有一定的影響力。而且也間接告訴世界，我的標準才是世界標準。

　　北京政府呢？查緝並勒令停業了三百家非法的玩具製造公司。還制定了一套管理兒童玩具的法規章程[123]。這些成果讓中國人民和消費者有更安全和可信賴的購物環境。外國媒體間接保證了北京政府的改革和轉變。更重要的是，中國並沒有失去美泰，這個大公司、大伙伴而保住了數以萬計中國人民的工作。

　　更有趣的是，當美泰道歉之後，觀察家認為是北京在從稅金和法律上對美泰公司施壓，而美泰做了讓步。因為人在屋簷下，不得不低頭。這樣的想法，可能正確。然而，也有另一種想法。甫當選美國總統的歐巴馬，當時正在民主黨內進行初選。在新罕布夏州的演說中，歐巴馬說，如果我當選總統，我會禁止所有從中國進口的玩具。過了四天之後，在愛荷華州的另一場演說，歐巴馬改變了他的立場。歐巴馬說，如果我當上了總統，我會和中國一起努力讓所有美國架上的玩具都是安全可靠的[124]。歐巴馬有在美泰和中國做投資嗎？我想答案應該是否定的，但是，他為何轉變呢？

---

[121] 港商因所產玩具含鉛自殺，《多維新聞網》，2007 年 8 月 13 日，http://www6.chinesenewsnet.com/MainNews/SinoNews/Mainland/2007_8_13_8_29_3_520.html

[122] 吳越，〈美泰因招回利益受損〉，《僑報網》，2007 年 10 月 15 日 http://www.usqiaobao.com/rqph/2007-10/15/content_28706.htm

[123] 國家質量監督局第 101 號局令，中國產品質量監督司，http://big5.aqsiq.gov.cn/gate/big5/cpzljds.aqsiq.gov.cn/jgzn/jddt/200709/t20070903_37814.htm

[124] Obama retreats form call for China toy-import ban ,China International, 2007.12.

第四節　小結

　　北京無論在對話機制或有毒事件或是對話機制中展現了他面對危機的態度，冷靜、自信、創造不確定。孫子兵法說：「不可勝在己，可勝在敵。[125]」對手總是能夠你的優點和缺點，而當你主動出擊時，你便將你的一切攤在陽光下給對方檢視。對方能看到你所忽略的。每次的互動和事件就像一面鏡子，幫助北京迅速改正自己的問題，特別是當北京正忙碌於發展自身經濟的時候。在我的想法，有毒玩具回收事件並沒有打擊到北京，反而創造了另一條路給北京改正自身的弱點，特別是社會問題。華府也由對話得到了他想要的，經濟上的利益之外，更展現了對世界的影響力，更告訴世界，我的標準才是世界標準。而這些，就是美中戰略經濟對話機制所帶給雙方所最需要的東西。

15, http://en.ec.com.cn/article/entrade/enfocus/entextile/200712/533446_1.html

[125] 吳仁傑，《新譯孫子讀本》，台北：三民出版社，民國 85。

第六章　結論

　　美中戰略經濟對話機制的建立，代表新世界格局的轉變之外，更重要的是它促使國家間互動形態的調整。本質上，北京與華府間的相互戰略疑慮不可能消失。從根本上說，美國的全球戰略仍存在的某種程度變相的冷戰思維。現實主義國際政治理論認為，後起大國必然要挑戰既有大國的地位。中國力量的迅速增長是近年來持續發生的最顯著的地緣政治變化，這被美國的一些戰略家認為將威脅美國的既有霸主地位。如何化解這種危險的戰略互不信任？增加交往交流，在各領域問題上進行合作。此外，中美在行動上需要照顧各自的安全關切，避免互相挑釁。既照顧對方的關切，同時多解釋、多溝通才是避免衝突的唯一可行之道。

第一節　研究發現

　　美中戰略經濟對話的建立，對雙方和世界各國都得到認識，在雙方實力不明確或信心不足的時候，對話是解決雙方歧見最好的方法。華府在對話中展現的事出自於自身的自信而對外強勢為自己爭取到更多的影響力，若美國更了解自身本身的優勢，將力量發揮在優勢上，能發揮的影響力更大。北京在對話中容易自省所以可以了解或得到隱性利益，也許短期只能維繫穩定，但長期對於成長是有幫助，但需要貫徹才能發會影響。

一、進展被低估

當柯林頓初會江澤民時，對江並未留下什麼特別印象，不過柯告訴幕僚，中國領導人很容易被低估。對領導人的低估也發生在對話機制的開始，無論是媒體或觀察家，都認為對話機制很難建立，當雙方仍有歧見和爭議時，對話機制只會增加雙方的成見，無法消除已有的疑慮。這樣的思考不只發生在雙方內部更包括了許多第三國家的觀察家[1]。因為雙方利益相衝突，資源有限的情況下，對抗也就更深。

在戰略經濟對話剛開始時，成效普遍被大家低估。在美中雙邊存在極大的不信任同時，對話是不可能產生任何成果的，而對話機制，也終將會變成一個加深彼此對立的犧牲品。但在對話雙方皆尊重對話機制下，對話讓希望討論的議題能有地方安心討論，而不必會流於放話的角力戰[2]。

在國際經貿互賴越來越緊密的同時，對話成為國家與國家解決歧見對好的方法。但對話機制所代表的意義是，讓雙方能夠透過對話機制交換訊息，在危機尚未形成或產生誤會時，有直接而迅速的管道讓雙方高層交換意見，避免更深的誤解[3]。對話機制更能夠提供雙方多一項預防機制，讓危機在醞釀的時候，就能第一時間察覺，在誤會發生前解決。這樣的作法更能加深雙邊的互信[4]。

---

[1] 〈陸委會第 153 次諮詢委員會議新聞資料〉，2007 年 6 月 28 號，http://www.mac.gov.tw/big5/cnews/ref960628.htm.

[2] Wu Yi.,"It's Win-Win on U.S.-China Trade",Wall Street Journal, May 17, 2007. p.A21.

[3] "The power of dialogue", China Daily, Jun 20, 2007. pg. 10.

[4] 王緝思，〈中美利益交匯與戰略互動〉，《國際經濟評論》，2007 年 7、8 月，P.8-9。

　　對話機制一開始被低估，源自於普遍認為還是政治主導[5]。但隨時間以及空間的轉變，造成環境也發生質變，經貿超越了政治主導而讓對話機制能有所成果，當政治利益和經濟利益越緊密，經貿主導的力量就會上升。也證明了對話比政治主導下的威脅和懲罰來的好。而經貿主導對話也在過程中積極的發展，這樣的轉變是緩慢但持久的。

　　對話機制也面臨的疑問是，美國與其他很多國家也有多邊對話，實際進展卻有限，因此對話機制會有效嗎？美中戰略經濟對話是雙邊對話，對話機制的建立在某種程度上可以加強雙邊關係，讓有美中都有參與的多邊對話更有所作為[6]。換句話說，多邊對話不能全然支持雙邊對話的進行，因為牽扯到更多國家與國家間的互動關係，但雙邊對話有進展卻能促使多邊對話有所動力，當兩邊又是極具影響力的大國同時，更能夠發揮一加一大於二的效果[7]。

二、助力大過阻力

　　在機制建立的過程當中，助力是大過於阻力的，因為如果說雙邊出現突發的意外事件，潛藏在兩國社會中那種「敵國圖像」有可能浮上檯面，造成嚴峻的政治與安全危機[8]。所以機制只許成功不能

---

[5] 陶堅、張運成，〈構建中美關係的戰略經濟基礎〉，《中美經貿合作專輯》，1998年，第6期，P.4-8。

[6] 程大為，〈「中國方式」協調大國經濟〉，《瞭望》，2007年第52期，P.56。

[7] Derek Sands, "China, U.S. agree on regular high-level dialogue", Knight Ridder Tribune Business News, Apr 9, 2005. pg. 1

[8] Susan Shirk，《脆弱的強權在中國崛起的背後》，遠流出版社：台北，2008年5月，P.309。

失敗。從官方來說，元首拍板定案的交流更有代表性。非官方來說，對話的成功不只幫助彼此穩定了經貿體系，互相依賴也不只是展現在成長的經貿，背後更代表著兩國有四到八百萬人因為中美雙方的合作而降低了工作上被政治因素干擾風險[9]。更給了這些人信心面對更多的挑戰。對美中雙方來說都不能夠負擔得罪這些人後所要承擔的風險。

隨著中國因素在世界體系內的上昇，戰略對話的最大助力，其實是華府了解與北京何比對抗好[10]。更重要的思維是，就算政治利益可能會凌駕一切，甚至是領導人的威信，但經濟和貿易的力量已經成為政治利益最重要的一部份[11]。在這樣的思維下，主流就變成了發展與合作，讓對話過程中許多不信任和爭議暫時降溫，就實際議題討論，這樣幫助對話成果的加速達成。即使雙邊有政治議題在旁邊產生震盪，仍不會改變緊密的關係或產生轉變[12]。

北京接受對話機制也代表認可對話可以解決問題，整體對話機制進行中，北京對內部形塑受害者的形象，團結國內共識。對華府北京也適時展現對於對話成果接受的意願，這樣的區別代表內外有別[13]。因為毛澤東說過，有區別才有對待。有區別對待才能有不同策略的制定還有產生效果。

雙方派出高層展開對話，可以讓雙方都在顧及尊嚴的情況下，更穩定的維持對話的關係[14]。這樣的作為，展現了合作的意願，雙

---

[9] Wu Yi.,"It's Win-Win on U.S.-China Trade",Wall Street Journal, May 17, 2007. pg. A.21.

[10] 程大為,〈「中國方式」協調大國經濟〉,《瞭望》,2007 年第 52 期,P.56。

[11] 傅夢孜,〈中美經貿關係可能演繹的政治內涵〉,《國際經濟評論》,2007.7-8,P.13。

[12] "China/USA economy: Difficult dialogue", ProQuest, May 22, 2007.

[13] "The power of dialogue", China Daily, Jun 20, 2007. pg. 10.

[14] "Engage China Coalition Supports Strategic Economic Dialogue", US Fed News

邊都派出高層官員，更能解釋為彼此都希望對話機制能夠成功建立。建立之後，助力更協助了對話的持續性。對話的持續性才是對話必須要重視的原因，長期的對話關平的不只是信心上的不足，更是對雙方影響力和領導力的加分[15]。

雙方在信心不夠的領域也找出了處理得方法。這樣的轉變也發生在軍事上，即便雙方的信心仍有不足，但在軍事交流的對話上找出了在軍事的急難救助上合作，這樣的轉變也成為促進雙邊軍事交流的重點[16]。讓彼此展開了更高層的軍事交流和軍事熱線的設立。

三、專家尚未承認錯誤

戰略經濟對話剛開始，觀察家認為對話只是小布希政府在面對國會壓力以及提出的各種問題所設置的的擋箭牌和認為對話根本就是個失敗的作為，因為根本對於關心的議題毫無設定好解決的時間表[17]。一切對話成果只會流於形式。且認為鮑爾森對北京展開經濟戰略對話的時候是採取的協助其實是威脅。想傳遞給北京一種訊息，你跟我談比跟不熟的人談好。更認為鮑爾森真正認為的是如果北京不肯做出讓步，而國會通過制裁法律，那小布希政府也就能跟

Service, Including US State News, Dec 11, 2007.

[15] "China-U.S. Talks Continue, Amid Legal Volleys", New York Times.Jul 30, 2007.

[16] 劉芳，〈吉亭：美國與中共軍事交流正快速改善〉，《今日晚報》，2008 年 7 月 23 日，http://news.chinatimes.com/2007Cti/2007Cti-News/2007Cti-News-Content/0,4521,130504+132008072301120,00.html

[17] 丁一凡，〈對話與告狀的背後──三位學者解讀中美經貿狀況〉，《世界知識》，2007 年 12 期，P.17-18。

北京說我沒辦法了[18]，然後將一切的部隊或損失歸咎於對手身上，謀取個人政治利益。民主黨也不會笨到背負這樣的罪名。因此北京一定要接受小布希政府的意見，才能保護北京的利益。而當北京對華府讓步，華府就會施加更大的政治壓力，希望下次得到更多[19]。華府像是永遠餵不飽的猛獸，一但不能滿足他的需求，便會起而攻擊甚至吞噬中國。

　　觀察家也認為北京會將戰略經濟歸類為類似歷史上美國對日本的經濟控制。目的就是不斷利用貿易摩擦打開日本的金融市場造成日本的金融體系潰敗，不斷提醒北京不可以低估華府在展開雙邊經濟戰略對話後頭的戰略性意圖[20]。加上第一次對話過後不僅人民幣匯率問題沒有處理，連市場開放（market access）的部分也沒有任何進展。媒體並指稱美中雙方代表在對話最後以近乎粗暴的方式結束這次對話。這樣的氣氛使許多人認為再度對話的機會不大[21]。在第三次對話開始前，學者更認為對話會中止，吳儀會在對話中拒絕出席表達抗議[22]。因為認為對話是謂解決問題而設立的，問題沒解決，氣份也不佳，那對話也別談了。

[18] 張立平，〈對話與告狀的背後——三位學者解讀中美經貿狀況〉，《世界知識》，2007 年 12 期，P.20。

[19] Zhou Jiangong，〈不滿美方經濟問題政治化　北京或檢討中美戰略經濟對話意義〉，《亞洲時報》，2007 年 5 月 28 日，http://www.atchinese.com/index.php?option=com_content&task=view&id=34402&Itemid=110

[20] 江湧，〈對話與告狀的背後——三位學者解讀中美經貿狀況〉，《世界知識》，2007 年 12 期，P.18。

[21] 賴怡忠，〈美中經濟對話 vs.國共經貿空談〉，《自由時報》，2007 年 5 月 27 日，第 A15 版。

[22] "China, U.S. Come to Trade Talks At Odds; Claims of Inequity, Bullying", The Washington Post, May 19, 2007. pg. A.1.

　　對話機制建立時，許多人皆認為美國是看中國的經濟熱潮時，希望能分一杯羹。中國與美國展開的合作也是因為利益，一但雙方的經濟遇到了困難就會放棄對話機制，繼續回到對抗。這樣的看法似乎只對了一半，美國的確得到了利益。但除此之外，看看現今的情況，華府除了在戰略經濟對話進行時，不斷的強調希望雙方的對話是長期性的作為，官方更在國內智庫或公開演說強調，即使小布希總統卸任之後，美國與中國的戰略經濟對話還是會持續進行[23]。當現今全球經濟遇到困難，美國深受次貸風暴等危機讓金融體系衝擊時，溫家寶在接受 Newsweek 訪問時，明確表達將和美國共同合作，共同度過經濟困境，更不吝惜提供協助[24]。北京更在歐巴馬當選下任美國總統的時候，透過外交部記者會，主動表達希望戰略經濟對話持續的意願[25]。這樣的轉變與之前認定雙方大難來時各自飛的態度，已經有所轉變。更令許多預估對抗會加劇的專家意外。

四、雙方跨越意識形態

　　近二十年來，經濟議題在國際政治中所扮演的角色日益重要，而經濟全球化更直接或間接的促使各國經濟相互開放、依賴、融合進而產生制約。所謂經濟全球化，是指生產、貿易、投資、金融等經濟行為在全球範圍的大規模活動，是生產要素的全球配置與重

---

[23]　林琳，〈美副財長：美中戰略經濟對話應會持續進行〉，《大紀元》，2008 年 1月 31 日，http://news.epochtimes.com/b5/8/1/31/n1996717.htm
[24]　"We Should Join Hands", Newsweek, October 6, 2008. P.31.
[25]　綜合報導，〈中國冀中美戰略經濟對話機制持續〉，《星島日報》，2008 年 11月 18 日，http://news.sina.com.hk/cgi-bin/nw/show.cgi/32/1/1/944012/1.html

組，是世界各國經濟高度相互依賴的融合表現[26]。經濟全球化為國際社會帶來的重要變化之一，就是「合作」逐漸成為國與國間互動的主要型態[27]。

在對話過程中，領團人的互動也能發現到雙方超越意識形態，儘管會陷入被媒體抨擊利益交換的形象，但雙方領團人仍在對話展開時單獨私下對話，希望能將歧見作有效的溝通[28]。這樣除了代表期望合作製造雙贏，更代表戰略經濟對話中的所做所為超越了意識形態，轉以務實解決問題的心態面對戰略經濟對話。因為隨著時代的轉變，大國競爭轉換在其他各方面表現出來，主要都集中在經濟、科技、文化等領域。不只是冷戰期間美國、蘇聯那樣在意識形態的競爭。

對華府來說，對話機制建立最重要是能夠解決眼前所遭遇的難題，因為在美國必須面對選舉壓力下，對話要有成果。因此在戰術上也會多變，用議題去換取更多的讓步空間。也令對話能跳脫意識形態，用更靈活的議題來使機制運作順暢。

如果只有華府一方轉變，對話也不會有成果，因為對話成果的建立不是一方說謊或不斷付出，而是向雙方跳探戈，有互動才能有交換[29]。北京也放棄了意識形態上的對抗，展現合作的態度與實際作為，也是對話能進行的重點。

---

[26] 王鶴，〈經濟全球化和地區一體化〉，《全球經濟》，第三期，1999。

[27] 楊潔勉，〈大合作：變化中的世界和中國國際戰略〉，天津：天津人民出版社，2005 年，P.275。

[28] 綜合報導，〈吳儀會寶森　談匯率、智財權〉《聯合報》，2007 年 5 月 22 日，第 A18 版。

[29] Richard Mcgregor, "It takes two to tango, says Beijing", Financial Times. London, Dec 11, 2007. pg. 13

　　從爭議議題上，更能看出雙邊超越意識形態。在對話過程中，將人民幣議題視為手段，來爭取雙邊更多的實際成果。這樣的轉變是經過一番審慎考慮的，而作為更需要避免淪於意識形態的對抗，才能夠有的改變。

　　經濟對雙方有多重要，談談另一個轉變。在小布希即將卸任，新總統歐巴馬的政權交接小組正在為提升對話層級作準備。歐巴馬準備把美中部長級「戰略經濟對話」和副部長級定期「戰略對話」合併，由下任美國副總統拜登和中國領導人定期舉行協商[30]。二〇〇八年從奧運前的七、八月，一直到十二月八號北京展開中央經濟工作會議間，第五次戰略經濟對話前。短短不到半年的時間，北京政府的九個政治局常委全部都出國考察經濟情勢。這樣的現象是從一九二一年共產黨成立以來從來沒有的狀況。這樣的轉變也能為超越意識形態做下最好的注解。

五、他國也跟進

　　戰略經濟對話機制的運行，最重要的是讓北京與其他的國家也展開了類似的對話，包括和歐盟[31]以及日本[32]。看看現今世界上的最大的經濟體，美國、日本、德國、法國、英國、義大利在內，都與

---

[30]　康彰榮，〈中美經濟對話　升至副元首級〉，《工商時報》，2008 年 12 月 5 日，第 A7 版。

[31]　郝亞琳、韓潔，〈首次中歐經貿高層對話在京舉行〉，《新華網》，2008 年 4 月 25 日，http://big5.xinhuanet.com/gate/big5/news.xinhuanet.com/newscenter/2008-04/25/content_8052211.htm

[32]　中評社，〈秦剛：第二次中日經濟高層對話時間正在協商中〉，《新華網》，2008 年 11 月 20 日，http://news.xinhuanet.com/newscenter/2007-12/01/content_7181229.htm

中國直接展開了戰略經濟對話[33]。有趣的是,美國是第一個,接下來是日本、歐盟。這樣的事實證明,大家都想和中國合作之外,北京在裡面,運用了和美國建立的關係,拉近了和日本、歐盟的距離。

孫子兵法說,「不可勝在己,可勝在敵。」這句話是叫善戰者先做好防守的工作。對北京來說,與美國開始的對話,他最想獲得的,就是自身能力的提升。當對話機制有成果之後,建立的形象也讓其他國家動心。從中歐經濟貿易上看,中歐貿易近年有迅速成長,歐盟已經是中國第一大貿易夥伴,中國則是歐盟第二大貿易夥伴,但雙方貿易的失衡現象卻日趨嚴重。對日本來說,二〇〇五年在中國的日資直接或間接吸納的九百二十萬就業人口。而二〇〇四年日資企業在中國繳的稅,高達四百九十億人民幣[34]。因此與中國的經貿問題,更對歐盟、日本來說至關重要。因此在美中戰略經濟對話後,北京與日本、歐盟都展開了類似戰略經濟對話,希望與中國建立比較固定的對話機制[35]。對此北京更是大大歡迎,因為能讓他所期待的協助更有所比較和提昇競爭性,也能獲得更大的成效。藉由這樣培養了與日本和歐洲的關係,來制衡美國。但所有的一切都是要在與世界上最大的經濟體美國建立了一定的互信之後,才能吸引到別人的加入。

不只是北京,對華府也是一樣,在建立與北京的戰略經濟對話之後,美國和巴西也展開了戰略經濟對話[36]。透過同樣的機制幫助

---

[33] Richard Mcgregor,"China ready to remind US that dialogue is not a one-way street", Financial Times, Dec 11, 2007. pg. 3

[34] 劉必榮,《國際觀的第一本書》,先覺出版社:台北,2008 年 9 月,P.27。

[35] Richard Mcgregor, "It takes two to tango, says Beijing", Financial Times, Dec 11, 2007. pg. 13

[36] U.S. officials hold economic dialogue eith Brazilian leaders, praise Brazil's role as refional leader,US Fed News Service, Including US State News, Dec 13, 2007.

發展中國家發展來刺激本身的經濟，取得更多的利益。與北京的對話也給了巴西很好的啟示，面對面的談議題能夠幫助自己國家解決很多獨自無法解決的問題。換句話說，如果美中戰略經濟對話機制是失敗的，那更不可能會有之後的中日戰略經濟對話和中歐戰略經濟對話或是美巴戰略經濟對話了。

六、實質的進展

對話機制能持續進行，是雙方除了達成許多實質上的進展。除了爭議性低的問題有所成果外，爭議性高的議題更是有實際的進展。因為正逢美國的選舉年，因此對話的持續比需要又實際的進展[37]。就像如果一個成天跟父母說自己多用功的小朋友，如果考試總是不及格，父母親又怎麼能相信呢？

人民幣一直是對話的爭議議題，但我們來看看，對話機制的建立對人民幣匯率有何影響。當對話機制展開前，人民幣匯率在二〇〇二年到二〇〇五年七月間上升了 8%。但在對話機制展開後，也就是從二〇〇七年七月到二〇〇八年八月間上升了 12%[38]。這也讓因人民幣而產生的摩擦放話，聲音變的越來越小，因為速度的確變快。人民幣議題也証明對話機制使雙方在爭議的議題上，也是有實際進展的。持續的對話對解決匯率是有益的，這樣也使得對話從不看好變成認同對話機制[39]。

---

[37] "Finance And Economics: Monologuing; China and America", The Economist, Dec 15, 2007. Vol. 385, Iss. 8559; pg. 86.

[38] 中央社，〈美財長：美中經濟對話將聚焦能源環境與投資〉，《今日晚報》，2008年8月20日，http://news.chinatimes.com/2007Cti/2007Cti-News/2007Cti-News-Content/0,4521,130504+132008082001025,00.html

[39] "JOINT FACT SHEET: THIRD U.S. - CHINA STRATEGIC ECONOMIC

品質安全也一直是各界對中國的質疑。透過美中戰略經濟對話，中美雙方先簽訂了兩項備忘錄，確保自中國進口的產品，包括食品、動物飼料、藥品與醫療器材等，符合美國的安全標準，並強化雙邊在中國對美出口食品、藥物上的合作。之後也確立了美國食品暨藥物管理局（FDA）位於中國的外交駐點設立常駐海外辦公室，以確保輸美產品安全。駐中國的食品暨藥物管理局將包括八個全職常駐職位，並僱用五名中國公民，和美國駐北京大使館及美國在上海和廣州的總領事館的新職員一起工作。這樣的結果也許只是對話機制中的成果之一。但有趣的是 FDA 以往只會因應個別情況，派監察員到外地工作，而在國外設立常駐機構是第一次，更是新的突破。

實質的進展能加深內部的信心，讓戰略經濟對話不至於成為一種淪為空談的機制。幫助北京與華府能對內有所交代，提升領導的威信。

七、收穫超經貿

戰略經濟對話的收穫，除了傳統在金融、貿易、匯率等傳統經貿議題上有所突破之外。更重要的是戰略經濟對話的成果是超越傳統經貿議題的。例如環境議題來說，長期而言，好的環境政策就是好的經濟政策[40]。北京和華府在對話機制中建立關於環境和能源議題的成果，能夠讓雙方都獲得利益。對北京來說，能夠得到長期在環保和能源領域無論技術或能力都領先的美國幫助。讓中國在發展自身環保和能源領域時，借助美國的力量，避免掉不必要的浪費。

DIALOGUE", US Fed News Service, Including US State News, DEC.13.
[40] Robyn Meredith，《龍與象》，遠流出版社：台北，2007 年 10 月，P.245。

對美國來說，提供自身的技術給中國，可對自己帶來可觀的利益，也能營造對環保議題關注的正面形象。

超經貿的收穫更展現在對話層級上面。一對一與華府互動更能使得在國家意識上昇華，直接或間接的融合和團結了北京的大中華主義，增進軟實力。特別是在亞洲，各國的經濟實力仰賴甚深的其實是分居在各地的華僑，當北京能處理好與華府的關係，也讓這些華僑在各地分散的凝聚力有了歸屬感。對北京一心想創造的大中華主義更有實際效果。

超經貿且深入的議題交往，中國從中得到的不只是接收了全新的科技能力提升，最重要的是讓北京的法制完備。開放市場除了降低對北京政府透明度不足的疑慮之外，更能給世界各地的投資者更多的信心。認定只要政府願意與北京溝通，就能夠有所改變，也讓投資者更願意對中國投資，促進發展。對美國來說，透過協助中國改善現況，能從中得到更多的經濟利益，改善美國的國際形象，更重要的是能鼓勵更多研發人才在受到極大利潤激勵下投入各項領域，維持美國在環保、能源、科技領域的領先地位。

華府來說，能從與北京的交往上，由對話機制上更了解北京。在對話過程中，華府利用機會好好了解北京或影響北京。在對話的安排上，無論是安排北京官員在華府參觀國會，本來是希望透過北京的壓力讓國會降低給予戰略經濟對話的阻力[41]，但卻讓北京官員了解民主機制的運作這樣的影響。遠勝於過去不斷在民主法治上指責或教導北京，反而引起不滿來的更有效果[42]。其他對話的非經貿

---

[41] 張蓉湘，〈中美在貿易與產品安全問題上爭論〉，《大紀元》，2007 年 12 月 11 日，http://www.epochtimes.com/b5/7/12/12/n1939274p.htm

[42] 劉屏，〈吳儀、裴洛西「龍虎鬥」笑聲收場〉，《中國時報》，2007 年 5 月 26

領域的成果也使華府有實際演練的機會實踐與北京談判的最好戰略，選擇一套雙方都能接受的方案並且堅持到底。

　　超過經貿的收穫更發揮在其他對話，在美中之間展開的各階層對話每年已經有六十種以上[43]。其中除了戰略經濟對話外，還有中美戰略對話（美方稱之為中美高層對話），談的主要是外交國放上的議題。在第三次戰略經濟對話後，在二○○八年一月舉行的第五次戰略（高層）對話，雙邊首次讓軍方加入[44]，而雙方國防部官員在二○○八年二月簽署了建立軍事熱線的協定，為將來可能面臨的國際危機提供聯繫的管道。但雙方建立軍事熱線電話的談判從二○○三年就已開始，但到二○○八年二月二十九日才在上海正式簽署這份協定[45]。中國國防部長梁光烈與美國國防部長蓋茨也在二○○八年四月十日首次通過新設立的中美國防部熱線電話通話[46]。也許這些轉變不能全歸功於戰略經濟對話的成果，但可以肯定的是，戰略經濟對話的成功讓雙方認定對話能化解歧見和對抗。相互影響的領域也從經貿環境擴大到非經貿領域的國防。這樣的收穫也間接證明，雙方的收穫都是超越傳統經濟和貿易領域的。

日，第 A14 版。

[43] 縱合報導，〈周文重：中美對話機制已超過 60 個〉，《文匯專訊》，2008 年 10 月 3 日，http://news.wenweipo.com

[44] 藍孝威，〈中美戰略對話　軍方加入〉，《聯合報》，2008 年 1 月 18 日，第 A17 版。

[45] 〈中美正式簽署建立軍事熱線協定〉，《BBCnews》，2008 年 2 月 29 日，http://news.bbc.co.uk/chinese/trad/hi/newsid_7270000/newsid_7271200/7271273.stm

[46] 〈中美國防部長首次接通軍事熱線〉，《BBCnews》，2008 年 4 月 10 日，http://news.bbc.co.uk/chinese/trad/hi/newsid_7340000/newsid_7341600/7341680.stm

八、全新的局面

在過去，美國對於敵對的國家會玩零合遊戲。例如冷戰時代對蘇聯用外匯打擊俄羅斯的石油經濟。對友善和有利益的國家會採取交往促使它改變，對日本和中國都採取對話來降低爭議。這樣說明美中關係轉變可能有點大膽，但可以參考另一個例子。

二〇〇八年七月中國在華府的新使館即將落成，超越俄羅斯大使館，成為華府最大的外國使館。美國總統布希在前往北京出席奧運並主持美國大使館新館落成儀式之前，先參加在華府的中國大使館落成儀式[47]。這代表美中關係超越美俄關係嗎？不一定，但可以代表北京與華府關係的互動程度進入了一個新的階段。

戰略經濟對話之後，中美關係進入了全新的局面。雙邊的互動不再是從國際格局到雙邊，最後才進入議題；而是從議題來促進雙方改變，在促使國際格局產生轉變[48]。這樣的改變，最直接的就是雙邊的互動會加深，機會也會變多。也許信任仍有不足，信心也有待提升，但會有更多的次數討論避免陷入危機。對話機制也因此透過北京和華府的「代言」成為國家與國家間互動的主要方法[49]。而美中的戰略經濟對話更有可能提升至副元首階層的高層對話。

美國透過與中國、巴西等發展中國家，共同制定政策來位美國為主導的世界體系提供多一份保障。對於過去不是取代，而是創造

---

[47] 劉屏，〈中共華府新使館　比鄰我代表處〉，《中國時報》，2008 年 7 月 16 日，第 A13 版。

[48] 王緝思，〈中美利益交匯與戰略互動〉，《國際經濟評論》，2007 年 7、8 月，P.8-9。

[49] "The power of dialogue", China Daily, Jun 20, 2007. pg. 10.

一個更大的格局。開發中國家在各項科技、能力都領先的已開發國家相互的合作，來獲取更多更大的利益。

不只如此，華府與北京的默契也展現在西藏問題上，達賴喇嘛訪美正好在第三次美中戰略經濟對話前夕，但美中戰略經濟對話卻沒受到這個事件影響。不只如期舉行，第三次更簽訂了比前兩次更多的協定。當然，認為雙方合作完全沒有衝突是過度樂觀，互動緊密也不代表全然融洽。但是衝突和合作並存，軟硬兩手的避險策略，勾畫了全新的局面。當雙方變的務實彈性，只要沒有太嚴重的事件爆發，對話不太會受到影響改變，也降低了因失去對話而逐漸增加的誤解。

當合作展開之後，必定會考量到長期的利益，當利益必須長期維繫，就不太有機會中斷[50]。合作的穩定更可從另一個地方看出來，隨著戰略經濟對話已經進行四輪，中國的對話前大採購也逐漸降低金額，金額從三百二十六億美元降低到八十億美元[51]。但雙方的投資卻沒有降低。這代表已經雙方機制的穩定，不需要在事前由政府花大錢為營造團結合作的氣氛。更重要的是，對雙方的領導人來說，親手拍板定案的互動，如果中斷，對自己的領導威信更是一項重大打擊。沒有政治人物會搬石頭砸自己的腳，自己手中建立又把它折斷。

更有趣的轉變來自於世界格局，看看現今國際體制，在北京穩定與日本的關係，改善兩岸關係後。全世界沒有國家不與北京穩定或改

---

[50] 陶堅、張運成，〈構建中美關係的戰略經濟基礎〉，《中美經貿合作專輯》，1998年，第 6 期，P.4-8。

[51] 外電，〈戰略對話前夕　美中公司簽署大筆交易〉，《中央社》，2008 年 6 月 17 日，http://udn.com/NEWS/WORLD/WOR1/4387831.shtml

善關係[52]。歷史上從來沒有。回顧世界歷史，身為世界或區域強權或多或少都會樹立一些敵人。看看現今國際體系，世界超強美國在深受伊斯蘭世界的怨恨。俄羅斯與喬治亞之間爭戰不休。但是中國在世界上卻是相對歡迎的。有趣的是不只是其他國家對中國的印象，轉變更發生在中國變的更樂意和世界連結。在東亞柔性國力的調查上，有一個問題看出中國的轉變。問題是如果中日韓自由貿易區成立，56%的美國民眾認為美國應該加入。但 57%的日本和南韓民眾反對美國加入。但中國則有高達超過七成民眾贊成美國加入。這樣的轉變，代表中國不害怕加入美國創立的國際體系中，展現了自信與心態上的調整。戰略經濟對話的催化劑，也創造了一個全新的局面。

第二節　建議事項（台灣）

季辛吉曾說過：「不懂大國關係，就沒有好的外交政策。」華府與北京間的戰略經濟對話的進行。由於雙方高層官員之多，受各國媒體之重視，顯示出這項對話代表了華府和北京的經貿關係愈來愈深。

當 CNN 有線電視新聞網播出特別節目「來自中國的挑戰」時，立即在節目中穿插實況轉播第二次美中戰略經濟對話時中國代表團的抵達的畫面。至於報名採訪戰略經濟對話的各國記者多達近三百人。對話中出席對話的中方和美方部會首長多達內閣之一半以上[53]。美中雙邊關係進展到這邊，這對台灣而言，是個警訊。

[52] 林中斌，〈兩岸大三通　北京無敵國〉，《財訊》，2008 年 1 月，P.126-128。
[53] 劉芳，〈華府專家：美中戰略經濟對話　是對我國的警訊〉，《今日晚報》2007

　　美中戰略經濟對話在相關利益基礎上平等、互惠、解決雙方歧見，移除部份障礙，提高雙邊經濟發展速度。雙方日益加深其密不可分的相關利益下，勢必對台灣產生重大影響。

　　與大國的關係尤其應該注意。小國必須在與大國互動的網絡之中，找到借力使力的槓桿[54]。當今世界美國還是世界上最強大的國家，所以穩住與美國的關係，與美國保持互信，還是台灣外交政策的重要支柱。中國的崛起也不能等閒視之，而東亞各國民族主義高漲，更是我們要面對的環境。不過我們更該察覺，在民族主義高漲之下，中國和周邊國家開始和解，外交也變的自信成熟。所以我們的外交，也應該從民粹回歸到專業。兩岸和解、穩住美日，達成多贏，應該還是最適合我們的外交政策。

一、多面向交往

　　過去兩岸折衝，必須經由美國華府的中介。如今兩岸的橋梁已經搭起，不必假手美國。所以對台灣來說，要思考的是如何讓橋更穩固。更重要的是，如何運用這好不容易建立起的橋樑，加深多面向的交流互動。台海的穩定對美國來說是好的，但是美方會把他的重心花在日本上，而非台灣[55]。因此我們更該運用多方面、多領域的交往維繫住自身的地位。

年5月23日，http://news.chinatimes.com/2007Cti/2007Cti-News/2007Cti-News-Content/0,4521,130502+132007052300872,00.html

[54] 劉必榮，《國際觀的第一本書》，先覺出版社：台北，2008年9月，P.274。
[55] 中央社，〈美專家：兩岸太親近　美恐需要重估區域戰略〉，《今日晚報》，2008年6月27日，http://news.chinatimes.com/2007Cti/2007Cti-News/2007Cti-News-Content/0,4521,130504+132008062701223,00.html

　　第一，最重要是談判人才的培養。許多人認為，弱國無外交，小國在國際關係上往往只能淪落為大國利益交換的籌碼。但隨著全球化的影響，人才的交流變成是現在各國最重要的資產。談判人才的培養，絕對不是單純的國家對國家間談判，而是當各國透過人才交流，將台灣的影響力發揮出去，才能讓台灣發揮影響力。更重要的是，各方人才的培養，而非單純著重於過去的國防、外交。包括旅遊、經貿、航空、醫療的人才，或是台灣已佔有一席之地的電子、半導體產業。吸收各方的人才並培養一定的談判視野，才能面對全球化下的危機，更能夠發揮影響力有所突破。當北京透過政治、經濟上的各項作為來試圖掌握優勢，台灣更應該從社會、文化的面向來突破。

　　第二，國會一直以來都是美國外交政策商必須考量的重點[56]，對台灣來說應該花更多精力在建立與國會的關係。因為任何白宮的法案都需要跟國會立法的通過才行。當行政當局受制於北京的壓力而難以突破，國會的多元聲音可能是台灣可以的突破口。更重要的是，當美中的有所突破對台灣是不利的[57]，所以在政治上多面向交往會使突破對台灣的直接衝擊變小，力量也被稀釋。相同的，有鑑於民主的機制，國內不同的聲音絕對不是政府對外談判時所必須背負的拖油瓶，將法規更完善的建立，讓行政立法都有更多的轉圜空間，也是有助於自身對外拓展關係的重要步驟。

　　第三，制定全方位對外經貿戰略，來突破北京經濟外交封鎖。制定對外經貿戰略，對全球各國宣示涵蓋多邊、雙邊和區域之多軌

---

[56] 肖煉，〈美國國會——中美對話的「影子主角」〉，《中國經濟週刊》，２００７年第２０期，P.26-27。

[57] 齊勇明，〈受中美高層對話影響：美對台更不耐煩更粗魯〉，《多維新聞網》，2007 年 6 月 22 日，http://www.chinesenewsweek.com/MainNews/Topics/2007_6_21_13_43_17_327.html

式經貿戰略構想,以突顯台灣全方位經貿政策,即與各國簽自由貿
易協定之決心[58]。並積極支持美國所提倡的亞洲自由貿易協定
(AFTA),以突破北京經濟外交封鎖。況且東亞地區早已因緊密的
經貿互賴關係成為經貿上的「命運共同體」,彼此互動息息相關,台
灣更是其中不可或缺的一環,因此多面向的交往更可謂追求一個和
平、穩定而繁榮的亞洲做出貢獻。

　　第四,即使在先前提及雙邊對話的功效大於多邊對話機制,但
對台灣來說培養基礎實力,仍需要透過參與多邊組織,展現自身的
影響力。對台灣來說,多透過非軍事、政治的力量加入區域組織,
成為其中不可或缺的一環。如果沒有中國製造世界會大亂,但中國
製造如果缺乏台灣這關鍵的環節便會失效,那台灣的戰略便能有所
突破。冷靜沉著,著眼於美中台三方基本政治理念與安全利益之共
利共通,加強信任、減少誤會,多方的接觸來營造共生。

　　第五,更理性的態度區別兩岸人民和政權、地方和中央、理性
和野蠻的共產黨領袖。從我們的想法、說法、作法上爭取對岸佔人
口 95%的人民。縮小對立面,理性區隔對待[59]。舉例來說,醫療是
台灣引以為傲的資產,在長年培育下,高水準人才不斷投入醫界,
也維持了品質。醫療觀光現已成為趨勢,他代表的除了經濟外更是
對於人性思維上的改觀。我們更該把握機會,將醫療觀光不只是一
種賺錢的工具,更是國家戰略上爭取民心的重要一環。

　　最後,多方面的交往也能在善意的展現。當世界銀行正式任命
北京大學中國經濟研究中心主任林毅夫為該機構首席經濟師,成為

---

[58] 蔡宏明,〈從上海股災事件看中國經濟安全及其對我之啟示〉,戰略安全研
析,24 期,2007 年 4 月,政治大學國際關係出版,P.18。

[59] 林中斌,〈結多制少　謙和制敵〉,《中國時報》,2005 年 4 月 19 日,第 A4 版。

世界銀行首位華人首席經濟師，同時也是世銀歷任首席經濟師中第一位來自發展中國家人士[60]。林毅夫曾多次在公開場合表示，身為在台灣長大的台灣人，希望能夠有作所做為幫助台灣。而林最大的希望就是期望有朝一日能夠返台奔喪。如果要釋放善意，回家奔喪或移靈等通人情的作為，也是試著可以考慮的。

多面向交往的重點在於創造不確定性。因為如果說只是維持單一領域或區塊的合作。即便多緊密都會有所偏限。而如果只有一種聲音，在制定決策時也會陷入盲點而無法自覺，這樣的決策效果也會令對方能夠事先預測並做出防範。因此對於台灣來說，多面向的交往，無論是對北京或對華府，都是我們應該要努力加強的。

二、要掌握優勢

美中對話的規模雖然很大，雙邊關係日益密切，但是台灣不應該、也不會遭到邊緣化。因為美中之間的經貿合作，從柯林頓和江澤民時期就已存在，但是台灣仍在當時維持住自己的地位[61]。但是台灣政黨輪替後政治的紛擾，使得經濟發展受阻。中國卻不斷進步，加上台灣與其他國家的關係惡化，例如美國，所以台灣應該加快腳步充分發揮既有的優勢。

在改善兩岸關係上，應該是親近而非親密。美國在對中國的關係上，並未將台灣當成戰略上的資產，美國反而希望台灣不要成為

---

[60] 李書良，〈華人圈第一人 世銀任命林毅夫首席經濟師〉，《工商時報》，2008年2月6日，第A7版。

[61] 陶堅、張運成，〈構建中美關係的戰略經濟基礎〉，《中美經貿合作專輯》，1998年，第6期，P.4-8。

戰略上的負擔。因此美國應不至於認為兩岸太親近會是威脅[62]。甚至歐巴馬在給恭賀馬英九當選總統的信函中表達支持馬英九致力於兩岸的作為，這樣的立場未來應不會改變。

戰略經濟對話相對地突出經貿議題在未來中美關係的重要性。而經貿更是台灣的突破口。軍力並不是美國實力的成因，而是他的結果。真正的動力是至今極為強勁的經濟和科技基礎。對台灣來說，北京與華府的密切對話一定會讓台灣面對更多更廣的挑戰。但只要台灣能好好迎接並調適，試圖在全球經濟鍊上扮演好不可或缺的一環，仍不至於會成為兩強利益交換下的犧牲品。

台灣也可利用在化歷史、民主人權等方面的成就與特色，作為重塑國家形象的出發點。因為台灣在數百年的開發史中，一定可以找出台灣與國際社會的互動模式，以及打動國際社會的「故事」與「價值」。台灣經歷日本殖民到中華民國，再由威權到民主，其政治、社會及人文的發展一定有被國際社會讚揚的部份。

觀光更是台灣的突破口，台灣的觀光優勢在於充滿歷史情緒和文化感受[63]，台灣百年歷史上與大陸分分合合，糾結著兵連禍結、演繹出一部命運多舛的傳奇，這種歷史感、神祕感醞釀出的複雜吸引力，讓台灣變成大陸人眼中最特殊、最嚮往的旅遊目的地。大國與大國間可以共同發揮影響，小國對於大國的吸引力較小，因此改變的是我們的心態。經濟利益是我們要爭取的，但更重要的是在經濟利益之外能獲取更多的關注和支持，才是掌握優勢的重點。

---

[62] 中央社，〈包道格：美中應找出助台灣參與國際組織之道〉，《今日晚報》，2008年6月27日，http://news.chinatimes.com/2007Cti/2007Cti-News/2007Cti-News-Content/0,4521,130504+132008062701222,00.html

[63] 王銘義，〈新形勢下 大陸準備面對爭議話題〉，《中國時報》，2008年6月9日，第A17版。

對華府來說，他們也對於亞太的安全有所體認。亞洲國家樂於
見到美軍繼續留駐西太平洋地區，原因是發生重大災害時，美國可
以動員強大的海、空軍力量協助救災。此外就是美國扮演區域穩定
的角色，使亞太國家可以集中精力，專注於國內的經濟發展、社會
轉型，不必分心擔憂邊界安全或軍事衝突[64]。如此的思維下，展現
合作的態度，也能爭取到支持。

此外，反恐安全為美國重要政策。台灣可配合美國反恐安全政
策，強化台灣國防力量，與區域安全和國際反恐做連結。形塑台灣
關鍵戰略地位，並將我國土安全及國防建設接軌，積極引進科技新
知及技術，借鏡華府與國內相關產業的研發，加強與國際業界的交
流與合作，做好台灣的國土防衛工作，除可符合美國的利益外，易
突顯台灣成為亞太區域安全不可或缺的重要地位。

掌握優勢的關鍵在於能避免浪費，內涵更似於現今商場常說的
藍海策略。特別是當小國資源不及大國時。抓住既有優勢並加以發
揮，並爭取更多的利潤。戰術的發揮不能只著重單一層面。例如經
貿議題，能從企業獲利擴展到人才交流，再促成思維轉變，才是直
得嘗試的投資。

三、舊橋不能斷

自一九七九年以來，中國與美國雙邊貿易增加一百零六倍，
中國成為美國第四大出口市場，中國快速發展的經濟實力促成華

---

[64] 劉芳，〈吉亭：美國與中共軍事交流正快速改善〉，《今日晚報》，2008 年 7
月 23 日，http://news.chinatimes.com/2007Cti/2007Cti-News/2007Cti-News-
Content/0,4521,130504+132008072301120,00.html

府採取平等、互惠及戰略對話溝通，以增加彼此經貿依存關係。
雖然雙邊關係存在競與合、矛盾詭譎多變，但是華府需要北京在
許多國際議題配合或援助合作[65]。雙邊互動的結果將影響亞太地區
及全球的發展及安全，基於彼此利益考量，雙方建立「建設性戰
略性夥伴關係」[66]。而且美國官方也認為台海穩定是中美關係的關
鍵[67]。台灣更應維持長年累積的實力，避免成為美中關係雙邊競爭
合作的籌碼。

　　中美雙方文化有重大差異。溝通過程中，中國人覺得數字有說
服力；美國人覺得故事比較吸引人，所以一開始就有了差距[68]。對
台灣來說，更可以在雙邊中擔任雙方聯繫的管道。因為胡錦濤希望
加強與台灣的交流，台灣更能夠透過與北京交往的經驗，讓美方在
與中國的互動前先建立基本的思維。而美國對台灣的態度，更將被
其他亞洲或世界上美國的盟友觀察，美國是如何對待自己的朋友
的。因此美國也必須與台灣維繫住交往，台灣也能在與美交流中對
北京輸出影響。這樣的作法會對台更有利。

　　比較令人擔心的，是台灣仍將美中戰略經濟對話的關鍵著重於
雙邊對話的歧見和表面的爭議。美中戰略經濟對話進行時台灣更該
維繫舊有的關係，來避免陷入麻煩製造者的危機。當台灣一面倒向
美國時，華府對我駐美人員冷淡。倒是兩次辜汪會談時，美方態度

---

[65] 沈明室，〈美中兩國經濟矛盾難解〉，《青年日報》，2007 年 6 月 4 日，4 版。

[66] 王高成，〈交往與促變──柯林頓政府對中共的外交戰略〉，五南出版社，
2005，P.138-158。

[67] 張宗智，〈美中戰略對話：台海穩定很重要〉，《聯合報》，2007 年 6 月 23 日，
第 A20 版。

[68] 劉屏，〈戰略經濟對話閉幕　金融開放　外資登陸發行信用卡〉，《中國時
報》，2007 年 5 月 25 日，第 A16 版。

轉熱絡，主動求見[69]。轉變不是革命，要的是循序漸進，太激烈的轉變會面對翻船的風險。

當美國公佈二○○七年中國軍力報告及藍德智庫「勇闖龍潭-中國拒阻戰略對美國的意涵」的報告，再次突顯中國軍力增強與威脅。並指出解放軍現代化短期主要目標為阻美介入台海戰略，即為台海可能的衝突做準備[70]。華府雖與北京建立「建設性戰略性夥伴關係」，但在整體戰略設計層面，是依附在美國軍事霸權與區域集體自衛機制的結構下擴大交往，不容許任何影響現況秩序的行為（包括現況台海和平）[71]。在現實利益考量下，台灣議題的妥協是華府向北京釋出善意的橄欖枝；但在華府整體戰略下，台海安全仍是不可逾越的底限。面對兩岸軍力發展失衡及可能的軍事衝突，在台灣關係法架構下，藉由美台共同戰略思考，友我團體及國防交流助益下，發展我軍購案強化國防建設，展現和國防的決心，建立備戰能量。另可藉由減少台美貿易逆差，注意美國國防科技發展及增加美國就業機會，發展國防與經濟兼具之夥伴關係。外交和國防是我們的後盾，不能拿來交換，但是可以在避免爭議時做出適當的調適。

在外交工具的運用方面，台灣的建軍應該還是自保，用以防衛國家的安全。我們比較難用軍事力量作為外交工具。透過軍購等議題，發展台美國防與經濟兼具之夥伴關係。對台灣而言，與中與美如果同時下兩盤象棋，勢必顧此失彼，捉襟見肘。如果將美中台關係視為是一盤跳棋，如果下得好，左右逢源，四通八達。

---

[69] 林中斌，〈超越兩岸盲點〉，《財訊》，2008.7.1，P.122-123。
[70] Roger Cliff et.al."Entering the Dragon's Lair : Chinese Antiaccess Strategies and Their Implications for Unites States", RAND , 2007, P.51-77.
[71] 楊永明，〈公關外交 vs 感謝外交：柯林頓大陸行——擴大交往的蘿蔔與棍子〉，《聯合報》，1998 年 6 月 21 日，第 15 版。

　　過去八年台灣政府的衝撞，反而提供美中政策溝通的管道，澄清彼此的戰略意圖[72]。這代表台灣必須要了解自身處境外，更該維持過去已經建立好與美方的關係。因為無論未來的兩岸關係或美中台三角關係在互動時，當我們也培養出一批優秀的談判人才，最重要的還是需要有放在談判桌上面的籌碼。當台北與北京已建立好定期溝通機制，而北京與華府的聯繫又如此密切，以往那句名言，通往北京最近的路是透過華盛頓。筆者認為，現應該用逆向的思維，維繫與華府關係最有效率的方法是透過北京。這不代表我們要一昧仰賴北京，而是當北京運用經貿戰略對台灣展露企圖，台灣更該好好運用北京和華府建立好的橋樑協助自己。

第三節　未來研究展望

　　九一一事件增加了中美的合作。之前的北京與華府關係基本上是以台灣問題為核心內涵。九一一前，美國在亞太的軍事部署局限在日本、南韓和一些東南亞國家。如今，中國周邊的前蘇聯國家也劃入了美國軍事勢力範圍。在堅持對中國武器禁運的同時，卻提供印度卻可以獲得華府的軍事技術援助。美國在爭取越南、蒙古，而且不斷加強日美同盟。隨著反恐戰略的推行，越來越多的能源重地被美國佔有，例如伊拉克，以及所有可能的中東國家[73]。而九一一

---

[72] 陳欣之，〈兩岸和解　凸顯美中戰略意圖〉，《聯合報》，2008 年 7 月 18 日，第 A23 版。

[73] 〈911 後的中美關係格局〉，《星島環球網》，2006 年 9 月，http://www.stnn.cc:82/

後，中美關係的內涵更加擴大，更加多面向[74]。美國若要像九一一之前以台灣問題壓服北京，並不容易。這有兩個方面的影響，一則中國獲得了更加廣闊的周旋空間，二則也讓中美兩國在更多的地方具有衝突的潛在風險[75]。

今後的兩國關係中，認為北京非敵即友的簡單化看法不再可能是主導地位。中美關係是複雜的雙邊關係，所謂既有合作，又有鬥爭。中美相互需要的基礎還在於兩國經濟已呈現高度的相互依賴。這是中美關係中一個平衡的重要因素。未來的美中戰略經濟對話層級可能會有所提升。而北京在傳統經濟問題上也會更開放。

中國與世界各國關係的重要性都比不上跟美國的關係。或者，中國面臨的種種潛在問題，只要不引起美國介入就沒關係。唯有演變成中美對決，才會產生深遠的全球性後果。中國挑戰美國的牽扯是不能與其他國家比擬的。從歷史來看，當世界第一強國受到新興強國挑戰時，雙方關係必定很尷尬。因此，雙方都在擔心並未防範未然做準備，只是雙方都不會公開承認罷了。

美中關係在歷經近年來的互動後，變的逐漸複雜化，所謂複雜化就是有競爭也有合作，美國某種程度肯定中國三十年來的快速發展，並期待北京在全球及區域安全上扮演一個負責任的利益攸關者角色[76]。

---

weekly/weekly0609/weekly0609_2/t20060908_324957.html.

[74] 中評社，〈台灣問題是中美關係最重要敏感問題〉，《中國評論新聞網》，2007年11月8日，http://www.chinareviewnews.com/doc/1004/8/6/2/100486244.html?coluid=7&kindid=0&docid=100486244

[75] 同上

[76] "Remarks of Robert B. Zeollick (Deputy Secretary of State) to National Committee on U.S: China Relations", September 21, 2005, http://wsinfo.state.gov/eap/Archive/2005/Sep/22-290478.html.

　　前美國國務卿季辛吉認為，隨著美中關係的展開，勢必會產生不少問題，解決這些問題就成為雙方共同且長遠的利益[77]，而戰略經濟對話提供了解決的機制，雙方以平等互惠的原則，對話溝通，消除歧見，經由合作追求美國與中國的重大利益[78]。儘管雙方相互競爭，甚至敵對，不可諱言的，雙方經濟關係發展密切，彼此共同利益日漸擴大。國際事務上更需要彼此配合解決，戰略經濟對話意涵已從兩國經貿關係展開以致整個全球關係。

　　中國身為亞洲新興的超級大國，以其經濟勢力為後盾，加入建軍成為主導區域的軍事強權，未來必然在區域及全世界扮演更重要的角色[79]。對於中國崛起，在未來中國仍打著「和平崛起」的旗號，繼續維持崛起的方向，並以儲備軍事實力為後盾，運用更靈活的經濟手段與更積極的政治事態介入國際事務，期望發揮更大的國際影響力[80]。未來的美中戰略經濟對話或許從另一個點觀察更有趣。歐巴馬任命的財政部長蓋特納，是美國歷史至今唯一能說流利中文的財政部長。美中戰略經濟對話的未來，不言可喻。

　　對台灣來說，美中關係變緊密，也許會擔心自身利益在大國溝通中成為桌面上的犧牲品。新加坡資政李光耀曾說過，新加坡的外

---

[77] 彭媁琳，〈中美戰略經濟對話，解決雙方貿易平衡唯一共識〉，《工商時報》，2007.5.24，第 A9 版。

[78] "James J.Przystup and Philip C.Saunders," Visions of Order : Japan and China in U.S.Strategy", Strategic Forum , Jun/2006，中共研究彙編-國防部，2006 年 11 月，P162。

[79] Syed Mohd Fanilla,"China Military Modernization Drive"，引述 U S Department of Defense, Military Power of the People's Republic of China 2005 報告，中共研究彙編-國防部，2006 年 11 月，P.127。

[80] 邱子軒，〈中共和平發展戰略與和平崛起論之內涵比較〉，《國防雜誌》，第 21 卷，第 3 期，2006 年，P.105。

交政策在於讓各個強國都認為新加坡和自己的利益是相關的。當新加坡與每一國的利益都相關時，各國怎麼可能去攻打新加坡呢？過去在美中台的國際關係界都流傳著一句話，通往北京最近的路是通過華盛頓。在我們越來越擔心失去美國的協助下，或許應該思考影響華盛頓最有效的路是透過北京這句話。政策上強調粗中有細，進退有別。如果能在與北京的交往中扮演不可或缺的一環，美方在考量自己的利益下，會更在意台灣這個盟友。

　　美中戰略經濟對話，華府與北京各位自己的戰略需求，各取所需，北京可能迫使華府對台灣議題有不同程度的妥協和讓步，這是國際現實的考量，台灣無須懷優憤慨，情勢雖不利於台灣，台灣仍可創造機會，有所作為。重要的是，認清自身的優點和獨特性，扮演好關鍵的角色，避免陷入無意義和進退兩難的困境，才是長久之道。寧願做個眼觀四面、耳聽八方的普通人，也別做個矇住雙眼的天才。不能注意到四周的轉變，再聰明也只能夠避免危險，或避免活在黑暗的恐懼之中。

附件

附件一：中國對美國貿易 1997~2007

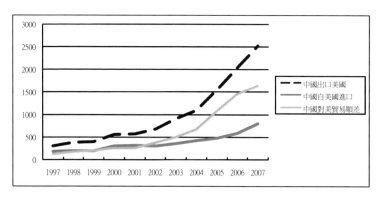

資料來源：中國商務部　http://big5.mofcom.gov.cn/gate/big5/zhs.mofcom.gov.cn/
aarticle/Nocategory/200405/20040500218164.html
製表：翁知銘

附件二：中國進出口總額 1997～2007

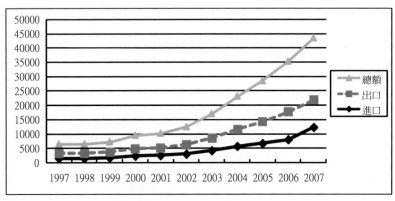

資料來源：中國商務部　http://big5.mofcom.gov.cn/gate/big5/zhs.mofcom.gov.cn/
　　　　　aarticle/Nocategory/200405/20040500218164.html

製表：翁知銘

附件三：FDI 占中國固定資產投資和國內生產總值的比重（1983-2005 年）

年份	外商直接投資（億美元）	總投資（億美元）	外商占總投資比例（%）	國內生產總值（億美元）	外商占國內生產總值比例（%）
1983	9.16	722.27	1.27	3008.79	0.30
1984	14.19	786.65	1.80	3093.00	0.46
1985	19.56	865.03	2.26	3057.52	0.64
1986	22.44	904.52	2.48	2957.00	0.76
1987	23.14	1019.30	2.27	3213.58	0.72
1988	31.94	1251.02	2.55	4011.37	0.80
1989	33.93	1173.00	2.89	4499.41	0.75
1990	34.87	945.00	3.69	3890.88	0.90
1991	43.66	1051.60	4.15	4071.90	1.07
1992	110.08	1466.46	7.51	4837.00	2.28
1993	275.15	2269.51	12.12	6134.38	4.49
1994	377.67	2068.12	16.33	5591.42	6.04
1995	375.21	2458.07	15.26	7280.72	5.15
1996	417.26	2810.90	14.84	8565.22	4.87
1997	452.57	3047.00	14.85	9526.30	4.75
1998	454.63	3468.22	13.11	10193.48	4.46
1999	403.19	3593.53	11.22	10830.58	3.72
2000	407.15	3998.85	10.18	11928.49	3.40
2001	468.78	4587.79	10.22	13243.36	3.54
2002	527.43	5440.46	9.70	14532.97	3.63
2003	535.05	6710.94	7.97	16403.74	3.26
2004	606.30	8511.76	7.12	19308.94	3.14
2005	603.00	10979.43	5.49	22593.44	2.67

資料來源：中華人民共和國國家統計局
製作者：翁知銘

附件四：中國前十大貿易夥伴

2002	2003	2004	2005	2006	2007
日本	日本	歐盟	歐盟	歐盟	歐盟
美國	美國	美國	美國	美國	美國
歐盟	歐盟	日本	日本	日本	日本
香港	香港	香港	香港	香港	東盟
東盟	東盟	東盟	東盟	東盟	香港
台灣	韓國	韓國	韓國	韓國	韓國
韓國	台灣	台灣	台灣	台灣	台灣
俄羅斯	俄羅斯	俄羅斯	俄羅斯	俄羅斯	俄羅斯
澳大利亞	澳大利亞	澳大利亞	澳大利亞	澳大利亞	澳大利亞
加拿大	加拿大	加拿大	加拿大	加拿大	印度

資料來源：中國商務部 http://big5.mofcom.gov.cn/gate/big5/zhs.mofcom.gov.cn/
aarticle/Nocategory/200405/20040500218164.html
製表：翁知銘

附件五:技術競爭力排名

排名	2002	排名	2003	排名	2004
1	美國	1	美國	1	美國
2	台灣	2	芬蘭	2	台灣
3	芬蘭	3	台灣	3	芬蘭
4	瑞典	4	瑞典	4	瑞典
5	日本	5	日本	5	日本
6	瑞士	6	南韓	6	丹麥
7	以色列	7	瑞士	7	瑞士
8	加拿大	8	丹麥	8	以色列
9	澳大利亞	9	以色列	9	南韓
10	挪威	10	立陶宛	10	挪威
⋮	⋮	⋮	⋮	⋮	⋮
63	中國	65	中國	62	中國

資料來源:World Economic Forum (2004) Global Competitiveness Report 2004-2005, http://www.datarankingcom/table.cgi?TP=in02-2&LG=e&RG=0
製表:翁知銘

附件六：世界競爭力排行榜

排名	積分	國家（地區）
1	100.000	美國
2	96.866	香港
3	90.993	新加坡
4	90.206	冰島
5	86.031	丹麥
6	82.501	澳大利亞
7	81.689	加拿大
8	81.541	瑞士
9	81.513	盧森堡
10	80.894	芬蘭
⋮	⋮	⋮
19	71.554	中國

資料來源：Finfacts Ireland Business & Finance Portal, http://www.finfacts.com/irelandbusinessnews/publish/printer_10003718.shtml.

製表：翁知銘

附件七：美中戰略經濟對話特性

	時間	特性
1	2006 年 12 月 14 至 15 日	象徵性大於實質性
2	2007 年 5 月 22 日至 23 日	有爭議，成果限於經貿
3	2007 年 12 月 12 日至 13 日	雙方超越了對短期經貿爭議問題的關注
4	2008 年 6 月 17 日至 18 日	收穫超越經貿
5	2008 年 12 月 4 日至 5 日	北京對華府首次批評

製表：翁知銘

附件八：美中戰略經濟對話大事記

	時間	事件	地點	代表人物	內容
1	2001 年 11 月	北京官方宣佈加入 WTO	北京	江澤民、白茜芙（Charlene Barshefsky）	中國對外經貿部宣布正式成立世界貿易組織司、中國政府世貿組織通報咨詢局和公平貿易局。
2	2001 年 12 月 11 日	中國正式加入 WTO	瑞士日內瓦	蘇爾特・哈柏森（Stuart Harbinson）	《中國加入 WTO 議定書》生效，中國成為 WTO 第 143 個成員。
3	2001 年 12 月 19～20 日	WTO 代表團就任	瑞士日內瓦	龍永圖	中國代表團第一次以成員身份在世貿組織亮相。
4	2006 年 9 月	戰略經濟對話源起	無	小布希（George Walker Bush）、胡錦濤	由美國財政部長鮑爾森向小布希總統建議，小布希與胡錦濤通話後確定。
5	2006 年 9 月 19～21 日	戰略經濟對話機制正式建立	北京	鮑爾森（Henry Paulson）、吳儀	雙邊發表聯合聲明，宣佈正式啟動美中戰略經濟對話機制。
6	2006 年 12 月 14 至 15 日	第一次戰略經濟對話	北京	鮑爾森、吳儀	達成成果（參照成果表）。
7	2007 年 5 月 22 日至 23 日	第二次戰略經濟對話	華盛頓	鮑爾森、吳儀	達成成果（參照成果表）。
8	2007 年 8 月 2 日	回收有毒玩具	美國	美泰公司（Mattel）	回收了將近一百萬件玩具。
9	2007 年 8 月 14 日	回收有毒玩具	美國	美泰公司	回收一千八百多萬件。

10	2007 年 8 月 23 日	回收有毒玩具	美國	美泰公司	回收八十五萬件
11	2007 年 9 月 14 日	美泰公司參加參議院聽證會	華盛頓	羅伯特·艾克特（Robert Eckert）	參院聽證時，強調都是中國外包廠商未按照美泰的標準製造。
12	2007 年 9 月 21 日	有毒玩具危機	北京	李長江、湯瑪斯·狄波斯基（Thomas Debrowski）	向中共國家質檢總局局長李長江，為美泰公司召回中國製造有毒玩具的事件，向中國人民道歉。
13	2007 年 11 月	世界消費者聯盟組織大會	雪梨	國際組織世界消費者聯盟組織	美泰獲選為四大壞產品公司之一。
14	2007 年 12 月 1 日	中日高層經濟對話	北京	曾培炎、高村正彥	在環保、智慧財產權、企業、流通物流等領域合作，對加強東亞地區經濟、財金合作達成共識。
15	2007 年 12 月 10 日	古德雷斯拜訪李長江	北京	古德雷斯、李長江	古德雷斯拜訪中國國家品質監督檢驗檢疫總局。
16	2007 年 12 月 12 日至 13 日	第三次戰略經濟對話	北京	鮑爾森、吳儀	達成成果（參照成果表）。
17	2007 年 4 月 25 日	首次中歐經貿高層對話在北京舉行	北京	王岐山、曼德爾森	雙方決定，對話每年舉行一次，在中歐兩地輪流舉行。
18	2008 年 6 月 17 日至 18 日	第四次戰略經濟對話	華盛頓	鮑爾森、王岐山	達成成果（參照成果表）。
20	2008 年 12 月 4 日至 5 日	第五次戰略經濟對話	北京	鮑爾森、王岐山	達成成果（參照成果表）。

製表：翁知銘

附表九：美中戰略經濟對話成果表

X：代表無成果

	第一次對話	第二次對話	第三次對話	第四次對話	第五次對話
金融	雙方同意在中國大陸設立紐約證券交易所和納斯達克代表處。	中國將在2007年下半年恢復審批證券公司的設立。	1. 中國證監會就外資入股中國證券公司進行評估。 2. 調整外資參股中國證券公司的股權比例。	1. 雙方允許外國金融機構向試點地區零售消費者提供消費金融服務。 2. QFII的投資本金鎖定期降低為3個月。	中方將允許國外資法人銀行與中資銀行享有相同待遇。
貿易	1. 美國支援中國加入泛美開發銀行。 2. 雙方締結促進美國對中國出口的融資便利協定。	X	1. 雙方對透明度投資進行討論。 2. 美國市場對中國有利益的領域進行交流。	加強關於知識產權問題的合作。	1. 雙邊投資保護協定談判。 2. 雙方達成互惠協定致力於便利和保護投資。 3. 提高兩國投資者的透明度和可預見性。

能源	中國將加入「未來發電計劃」政府指導委員會。	簽署《美國核管制委員會和中國國家核安全局關AP1000型核電機組核安全合作諒解備忘錄》。	X	X	中美在應對環境可持續性、氣候變化、能源安全進行密切溝通和廣泛合作。
航空	中美同意2007年1月重啓雙邊航空服務談判。	1. 同意擴大現有雙邊民用航空運輸協定範圍。 2. 大量增加兩國間每年航班班次。	X	X	X
環保	X	X	1. 簽署加強發展生物質資源轉化燃料領域合作的諒解備忘錄。 2. 簽訂合作打擊非法採伐和相關貿易的諒解備忘錄。	1. 簽訂了能源環保十年合作框架。 2. 同意與國際能源機構在共同關心的領域為對雙方的能源安全問題加強合作。	簽訂《中美能源環境十年合作框架下的綠色合作夥伴計畫框架》簽署了《關於建立綠色合作夥伴關係的意向書》。
智慧財產權	X	簽署《國土安全部海關與邊境保護局關於加強知識產權執法合作的備忘錄》	X	X	X

食品安全	X	X	1. 雙方擴大對話和資訊共用。 2. 增強法律、政策、計畫和鼓勵措施。 3. 對食品、藥品、醫療產品和消費品出口實施有效的政府監督。	1. 簽署《藥品和醫療器械協議備忘錄》的2008年工作計畫。 2. 簽署《食品和飼料安全協議五年計劃進展的聯合聲明》。	1. 北京同意美國消費品安全委員會制定《2008年消費品安全提高法案》條例。 2. 雙邊食品與飼料安全協議與安全資訊通報諒解備忘錄。
其他	1. 利用現有機制增加可持續性能源利用。 2. 促進個人旅遊和商務活動。 3. 發展援助和多邊開發銀行貸款。	簽訂標準與技術性貿易措施磋商合作機制合作意向書。	1. 雙方就經濟和金融動態及時進行溝通和資訊共享。 2. 兩國金融監管機構繼續就監管措施進行交流。	1. 同意啓動雙邊投資保護協定談判。 2. 兩國投資者提供投資便利和投資保護。 3. 提高投資的透明度和可預見性。	同意國際金融組織中的代表性予以調整。

製表：翁知銘

附件十：人物比較

	亨利・鮑爾森 Henry Paulson	吳儀	王歧山
年齡	65歲（1944年生）	71歲（1938年生）	61歲（1948年生）
國籍	美國	中華人民共和國	中華人民共和國
出身地	佛羅里達州	湖北省武漢市	山東省青島市
最高學歷	哈佛大學工商管理碩士	北京石油學院石油煉製系煉油工程系畢	西北大學歷史系畢
經歷	1. 國防部長助理特助 2. 尼克森政府國內事務委員會的成員總統顧問約翰・亞列舒曼助理 3. 高盛證券 4. 高盛公司總裁 5. 美國自然保育協會亞太理事會的聯席主席 6. 百富勤基金的董事局	1. 北京清華大學經濟及管理學院的諮詢委員會主席。 石油工業部生產技術司生產處技術員。 2. 高級工程師。 3. 北京東方紅煉油廠技術員、技術科副科長、科長、副總工程師、副廠長。	1. 北京清華大學經濟管理學院教授。 2. 高級經濟師。 3. 中國人民銀行副行長，建設銀行行長。 4. 廣東省常務副省長。 5. 海南省委書記。 6. 北京市委副書記、副市長、市長。 7. 國務院副總理。

	主席。	4. 北京燕山石油化工公司副經理。 5. 北京市副市長。 6. 對外經濟貿易部部長。 7. 衛生部部長。 8. 中共中央政治局候補委員、國務委員。 9. 國務院副總理。	
特殊事件	1. 非官方時去過中國超過七十餘次。 2. 大學畢業後為斐陶斐榮譽學會會員。 3. 曾與江澤民合作提供資金保護雲南省內的虎跳峽特殊景觀。 4. 捐獻1億美元的高盛股票給環境保護的教育。	1. 對全球暖化立場鮮明。中美知識產權談判。 2. SARS危機中，兼任衛生部部長職務，直接指揮防疫工作。 3. 參與中美有關中國加入世界貿易組織的談判。 4. 兼任新成立的「國務院防治愛滋病工作委員會」主任。	1. 擔任國務院產品質量和食品安全領導小組組長。協助處理廣東國際信託投資公司破產危機。 2. 擔任海南省委書記時，提出並確立為海南省「生態立省」的發展方向。 3. SARS危機中，接任為北京市代理市長。 4. 擔任中國人民銀行副行長期間，在朱鎔基的指導下協助中國金融體系進行重大改革。 5. 負責主管金融和商貿工作，同時還負責質檢、工商管理、海關、旅遊等工作。

製表：翁知銘

附件十一：參考書目

一、中文書目

王玉明，《社會科學研究方法原理》。1994 年，台北：洪葉出版社。

王佳煌、潘中道等譯。2002 年。《當代社會研究法──質化與量化的途徑》，台北：學富文化事業有限公司。

尹永欽，《巨變：1978 年－2004 年中國經濟改革歷程》。2004 年，北京：當代世界出版。

朱敬一主編，《WTO 架構下兩岸經貿關係研討會實錄》。民國 89 年，台北：孫運璿基金會。

林正義主編，《中美關係專題研究：1995～1997》。民國 87 年，台北：中研院歐美研究所。

何思因，《美國貿易政治》。民國 83 年，台北：時英出版社。

倪世雄等著，《當代西方國際關係理論》。2001 年，上海：復旦大學出版社。

周煦，《冷戰後美國的東亞政策》。民國 88 年，台北：生智出版社。

郭承天，《國際建制與國際組織》。民國 85 年，台北：時英出版社。

張亞中主編，《國際關係總論》。2003 年，台北：揚智文化事業。

張亞中、孫國祥，《美國的中國政策──圍堵、交往、戰略夥伴》。民國 88 年，台北：生智出版社。

郭壽旺，《華府智庫對美國台海兩岸政策制定之影響》。2006 年，台北：秀威資訊。

裘兆琳主編，《中美關係專題研究：1998～2000》。民國 91 年，台北：中研院歐美研究所。

陶德‧桑德勒（Todd Sandler），葉家興譯，《經濟學與社會的對話》。

2003 年，台北：先覺出版股份有限公司。

劉平、洪曉東、許明德等譯，《世界貿易體制的政治經濟學——從關貿總協定到世界貿易組織》。1998 年，北京：法律出版社。

劉碧珍、陳添枝、翁永和，《國際貿易——理論與政策》。2002 年，台北：雙葉書廊。

鄭劍，《跨越太平洋——中美首腦外交五十年》。1998 年，北京：世界知識出版社。

中國現代國際關係研究所主編，《國際戰略與安全形勢評估》。2002 年，北京：軍事科學出版社。

王良能，《中共崛起的國際戰略環境》。2000 年，台北：唐山出版社。

石之瑜，《中共外交的理論與實踐》。1994 年，台北：三民書局。

安衛、李東燕，《十字路口上的世界——中國著名學者 21 世紀的國際焦點》。2000 年，北京：中國人民大學出版社。

周煦，《冷戰後的美國東亞政策》。1999 年，台北：生智文化。

席來旺，《廿一世紀中國戰略大策劃——外交謀略》。1996 年，北京：紅旗出版社。

楊潔勉，《後冷戰時期的中美關係：外交政策比較研究》。2000 年，上海：上海人民出版社。

蔣曉燕、信強，《美國國會與美國對華安全決策（1989-2004）》。2005 年，北京：時事出版社。

王良能，《中共崛起的國際戰略環境》。2000 年，台北：唐山出版社。

王逸舟，《全球政治和中國外交》。2003 年，北京：世界知識出版社。

白禮博等著（Richard Bernstein＆Ross H.Munro），許綏南譯，《即將到來的中美衝突》。1997 年，台北：麥田出版社。

江西元，《大國戰略與未來中國》。2003 年，北京：中國社會科學出版社。

宋國誠，《21 世紀中國——全球化與中國之發展》。2002 年，台北：政治大學國際關係研究中心。

許志嘉，《當代中共外交政策與中美關係》。2004 年，台北：生智出版社。

丁樹範，〈中共十六大後安全政策〉，張虎、許光泰編，《中共十六大
　　後之走向》。2003 年，台北：政大國關中心，頁 33-39。

中央日報，〈中共密件透露將改變外交策略　改採「以國家利益為主的
　　務實外交」〉，中央日報，1991 年 11 月 18 日，第 7 版。

中國時報，〈大陸務實外交　中共經濟利誘　鎖定發展中國家〉，中國
　　時報，2005 年 1 月 10 日，A13 版。

中國現代國際關係研究所，《全球戰略格局：新世紀中國的國際環境》。
　　2000 年，北京：時事出版社。

尹慶耀，〈「六四」以後的中共外交〉，張隆義編，《中共的命運──
　　歷史的回顧與現況的分析》。1991 年，台北：政治國關中心。

牛軍，〈1962：中國對外政策「左」轉的前夜〉，牛大勇、沈志華編，
　　《冷戰與中國的周邊關係》。2004 年，北京。

王在邦、方華，2000，〈未來 5-10 年中國的國際戰略環境與對外戰略〉，
　　中國現代國際關係研究所編，《全球戰略格局》。2000 年，北京：
　　中國現代國際關係研究所。

王良能，《中共的世界觀》。2002 年，台北：唐山出版社。

亓成章，〈世界經濟全球化與區域化及其影響〉，魯毅等編，《新時期
　　中國國際關係理論研究》。1999 年，北京：時事出版社。

胡為真，《美國對華「一個中國」政策之演變：從尼克森到柯林頓》。
　　2001 年，台北：商務出版社。

唐家璇，〈為了爭取和平與發展的國際環境──新中國的外交理論與實
　　踐〉，《瞭望新聞週刊》，1999 年總 816 期，頁 22-26。

張登及，《建構中國──不確定世界中的大國定位與大國外交》。2003
　　年，台北：揚智文化。

張雅君，〈中共十六大後外交與安全政策取向：持續與變化〉，張虎、
　　許光泰編，《中共十六大後之走向》。2003 年，台北：政大出
　　版社。

許志嘉，《當代中共外交政策與中美關係》。2004 年，台北：生智出

版社。

陳向陽，《中國的睦鄰外交：思想、實踐、前瞻》。2003 年，北京：
　　時事出版社。

陳欣之，〈國際關係學的發展〉，張亞中編，《國際關係總論》。2003
　　年，台北；揚智出版社，頁 1-38。

陳潔華，《21 世界中國外交戰略》。2000 年，北京：時事出版社。

黃志雄，《WTO 體制內的發展問題與國際發展法研究》。2005 年，武
　　漢：武漢大學出版社。

王正毅、張岩貴，《國際政治經濟學——理論範式與現實經驗研究》。
　　2003 年，北京：商務印書館。

王良能，《中共崛起的國際戰略環境》。2000 年，台北：唐山出版社。

門洪華，〈中國國家戰略利益的拓展〉，《戰略與管理》。2003 年第 2 期。

胡敏遠，〈中共在中亞地區能源開採之研究〉，政治大學外交學系戰略
　　與國際事務碩士論文，2001 年。

董更生譯，《20 世紀之旅——七大強權如何塑造二十世紀》。2002 年，
　　台北：聯經出版事業公司。

劉傑，《機制化生存：中國和平崛起的戰略抉擇》。2004 年，北京：
　　時事出版社。

趙華勝，〈上海合作組織：評估與發展問題〉，《現代國際關係》，2005
　　年第 5 期。

劉守仁，〈美國反恐戰爭與中共中亞安全政策研究〉，政治大學外交學
　　系戰略與國際事務碩士論文，2002 年。

潘名諝，〈美國與中國在中亞地區反恐議題的競逐關係〉，中山大學大
　　陸研究所碩士論文，2003 年。

蔡忠誠，〈九一一事件後美中俄在中亞的競逐〉，政治大學外交學系戰
　　略與國際事務碩士論文，2004 年。

王輝青等譯，《國家安全戰略的制定》。1991 年，北京：軍事科學出
　　版社。

吳東林，《巨變中的強權戰略》。2002 年，台北：時英出版社。

吳建德,〈九一一事件後的南亞權力平衡與區域安全〉。《九一一事件後全球戰略評估》。2002 年,台北:台灣英文新聞股份有限公司。

李威儀譯,《中國新霸權——中國的企圖:支配亞洲與世界》。2001年,台北:立緒文化事業有限公司。

唐永勝、徐歐,〈超越傳統的地緣戰略〉。《世界、美國和中國——新世紀國際關係和國際戰略理論探源》。頁 1。2003 年,北京:清華出版社。

國防部史政編譯局譯,《美國在亞洲的角色:亞洲觀點》。2003 年,台北。(原書名:American Role In Asia Asian ViewS)。

張亞中、孫國祥,《美國的中國政策——圍堵、交往與戰略夥伴》。1999年,台北:揚智文化事業股份有限公司。

麥朝成主編,《中共與美國 WTO 協議之政經意涵座談會實錄》。2000年,台北:中華經濟研究院出版。

鄭又平、黃烈修譯,《國際關係國際政治經濟學》。2000 年,台北:韋伯文化事業公司。Guzzini, Stefano.1998."Realism in International economic"

賴銘傳,《國際戰略形勢分析》。2001 年,北京:國防大學出版社。

蕭全政,《政治與經濟的整合》。1988 年,台北:桂冠出版社。

二、期刊論文

尹承德,〈論中美經貿關係及其走向〉,《國際問題研究》。2005 年第 6 期,頁 7-8。

左原,〈中共加入 WTO 的基本分析〉,《美歐季刊》。1997 年 12 卷 1 期,頁 66。

佟福全,〈協商仍為上策——美國鋼鐵貿易摩擦及解決途徑〉,《國際貿易》。2002 年第四期,頁 29。

門洪華、胡鞍剛,〈中國對外開放與融入世界〉,《太平洋學報》。2005

年第 4 期,頁 17。

秦亞青,〈國際制度與國際合作──反思新自由制度主義〉,《外交學院學報》。1998 年第 1 期。頁 40-47。

曹乾、何建敏,〈中美雙邊貿易不平衡額究竟有多大:1993－2002 年的實證分析〉,《中國軟科學》。2004 年第 8 期。

裘兆琳,《中美關係專題研究:一九九八～二〇〇〇》。台北:中央研究院歐美研究所,頁 52-55。

鄭端耀,1997 年,〈國際關係「新自由制度主義」理論之評析〉。《問題與研究》,1997 年第 36 卷第 12 期。頁 1-23。

羅昌發、洪德欽,〈我國加入 WTO 後與美國經貿關係再檢視〉。2000年《中美關係專題研究 1998-2000》,台北:中央研究院歐美研究所,頁 197。

王立,〈試析美國對華政策的波動期現象〉,《國際問題研究》。2002 年。

王緝思,〈國際關係理論與中國外交研究〉,《中國社會科學季刊》。1993 年第 1 期。

吳心伯,〈從美國亞太戰略看布希政府對台政策〉,《現代國際關係》。2002 年第 5 期。

梁守德,〈淺談中國的新國際觀和外交戰略的新思維〉,《國際政治研究》。2004 年第 2 期,頁 6。

王元綱,〈中共在美國安全戰略中的角色〉,《中美關係專題研究2001-2003》。2006 年,頁 97-120。

門洪華,〈中國國家戰略利益的招展〉,《戰略與管理》。2003 年,頁 20-24。

許志嘉,〈911 事件後美國對中共政策的調整〉,《問題與研究》。2003年 42 卷 3 期,頁 79-102。

王崑義、蔡裕明,〈中亞地區恐怖活動現況與反恐作為之發展〉,第五屆台灣與中亞論壇國際學術會(5th Taiwan-Central Asia Forum),2005 年。

石澤,〈上海合作組織發展歷程評價〉,中國評論月刊第五次座談。2006

年，北京。

余學會、許濤，〈美國軍事力量進入中亞及其影響〉，《東歐中亞研究》。
　　2002 年第 3 期，頁 39。

林志昊，〈九〇年代中共國家戰略中之「夥伴外交」〉。2002 年東吳
　　大學政治研究所碩士論文。

苗華壽，〈從上海五國機制到上海合作組織〉，《和平與發展季刊》。
　　2002 年第 3 期。

孫壯志，〈新形勢下中共與中亞五國的經濟合作〉，《東歐中亞市場研
　　究》。2002 年。

張景台，〈中共的新安全觀：從理念到實踐〉，政治大學外交學系戰略
　　與國際事務碩士論文，2003 年。

許濤，〈中國外交的大手筆〉，中國評論月刊第五次座談，2006 年。

許濤，〈論新形勢下的上海合作組織〉，《現代國際關係》。2002 年
　　第 6 期。

陳嘉尚，〈從權力平衡探討中共崛起之地緣戰略〉，政治大學外交學系
　　戰略與國際事務碩士論文，2002 年。

楊宗嶽，〈中共經濟安全觀的興起與影響〉，東吳大學政治學系研究所
　　碩士論文，2004 年。

葉士文，〈中共在中亞的地緣政治利益與角色之研究〉，東海大學政治
　　學系碩士論文，2003 年。

元簡，〈「新安全問題」和美國對發展中國家的政策〉。《國際問題研
　　究》。2000 年 3 月。頁 59-60。中國大陸。

王波，〈淺析小布希政府的美國國家安全戰略〉，《世界、美國和中國
　　——新世紀國際關係和國際戰略理論探索》。2003 年。

王自揚，〈柯林頓政府外貿政策之探討〉，《美國月刊》。1993 年第 8
　　卷 12 期，頁 110-120，台北：國立政治大學國際關係研究。

王健全，〈北美自由貿易區對台灣有何重要性？〉，《經濟前瞻》。2002
　　年第 30 期，頁 142-145，台北：中華經濟研究院。

王崑義，〈美國的反恐怖主義與國際安全——兼論九一一事件以後台海

兩岸的處境〉，《遠景季刊》。2002 年第 3 卷第 2 期。

王義桅，〈日本的再崛起與中國的大戰略〉，《中國評論》。2003 年 11 月號，香港：中國評論文化出版。

王義桅，〈和平崛起的三重內涵〉，《環球時報》。2004 年 02 月 13 日，第十五版，中國大陸。

王銘義，〈反恐、民主、三芝會議今登場〉。中國時報，2002 年 9 月 8 號，版 1。

平可夫，〈中美安全戰略關係與東亞地緣政治〉，《當代中國研究》。1998 年第 63 期，頁 93-104，美國：當代中國研究中心。

何思因，〈國際政治對美國貿易政策的影響〉，《問題與研究》。1993 年第 32 卷第 10 期，頁 35-50，台北：國立政治大學國際關係研究中心。

何思因，〈美國與亞太地區的域整合〉，《美歐月刊》。1994 年第 9 卷第 11 期，頁 4-14，台北：國立政治大學國際關係研究中心。

吳心伯，〈冷戰結束之初美國亞太安全戰略之改變〉，《美國研究》。2002 年第 3 期，頁 50-65，中國大陸。

吳心伯，〈東北亞的抉擇：地緣政治與地緣經濟〉。2001 年《亞洲研究》。頁 8-25，香港：珠海書院亞洲研究中心。

吳心伯，〈冷戰結束之初美國亞太安全戰略之改變〉，《美國研究》。2002 年第 3 期，頁 50-65。中國大陸。

吳錦發，〈美國為才何強力介入台海安全〉，《民眾日報》。2001 年 1 月 12 日，版 1（新聞眼）。

宋鎮照，〈從亞太經合會之發展與挑戰看台灣的因應策略：政治與經濟的分析〉，《遠景季刊》。2001 年第 2 卷第 3 期，頁 51-86。

李文志，〈杭亭頓的戰略思想與美國全球戰略的關係〉，《問題與研究》。2002 年第 41 卷第 4 期，頁 1-20，台北市：國立政治大學國際關係研究中心。

李文瑞，〈美國貿易政策之演進〉，《美國月刊》。1994 年第 9 卷第 2 期，頁 28-37，台北：國立政治大學國際關係研究中心。

昊天，〈中國調整安全戰略應對美國戰略圍堵〉，《鏡報》。2002 年 5 月號。

林正義，〈美中台新形勢下的台海安全戰略〉，《台海安全戰略研討會》。台北：財團法人台灣新世紀文教基金，2002 年。

林正義，〈美國因應九一一事件的危機管理〉，《九一一事件後全球戰略評估》。台北市：台灣英文新聞股份有限公司。2002 年。

林佳龍，〈九一一事件後的亞太戰略情勢與台美日關係〉，《九一一事件後全球戰略評估》。台北：台灣英文新聞股份有限公司，2002 年。

金榮勇，〈布希政府的東南亞政策與挑戰〉，《問題與研究》。2001 年第 40 卷第 6 期，頁 53-68，台北：國立政治大學國際關係研究中心。

張亞中，〈中共的強權之路：地緣政治與全球化的挑戰〉，《遠景季刊》。2002 年第 3 卷第 2 期，頁 1-42，台北：兩岸交流。

張惠玲，〈中共與東協建立「自由貿易區」之戰略考量評析〉，《共黨問題研究》。2002 年第 28 卷第 7 期，頁 4-16，台北：共黨問題研究中心。

陳一新，〈從布希外交團隊與領導風格看美國外交與兩岸政策〉，《遠景季刊》。2001 年第 2 卷第 1 期，頁 1-34，台北：兩岸交流。

傅亞蘭，〈九一一事件對美中台三邊關係的影響〉，《共黨問題研究》。2003 年第 28 卷第 1 期，頁 80-93，台北。

鄭端耀，〈布希政府安全戰略評析〉，《遠景基金會季刊》。2003 年第 4 卷第 2 期，頁 1-8，台北：兩岸交流遠景基金會。

鄧中堅，〈美國的經濟外交　北美自由貿易區的定位與發展〉，《美國月刊》。1994 年第 3 卷，頁 4-18，台北：國立政治大學國際關係研究中心。

關中，〈後冷戰時代美國外交政策的批判〉，《遠景季刊》。2002 年第三卷第 1 期，頁 1-26，台北：兩岸交流遠景基金會。

于有慧，〈後冷戰時代中共新安全關的實踐與挑戰〉，《中國大陸研究》。

2001 年第 44 卷，第 4 期，頁 35-55。

中國時報，〈中印友好年　決重開邊貿古道〉。2006 年 6 月 20 日，大
　　陸新聞版。

中國時報，〈新世紀美日同盟　擴及全球〉。2006 年 7 月 1 日，國際
　　新聞版。

吳玲君，〈中國與東亞區域經貿合作：區域主義與霸權之間的關係〉，
　　《問題與研究》。2005 年第 44 卷，第 5 期，頁 1-24。

沈丹陽、李光輝、李傳，〈區域經濟一體化第三次浪潮與構築「泛亞洲
　　經濟共同體」〉，《國際經濟合作》。2004 年第 6 期，頁 6-9。

周睦謹，《中共「大國外交」之研究（1989-2000）》。淡江大學國際
　　事務與戰略研究所碩士論文，2003 年。

俞正樑，〈再論中國新外交〉，《毛澤東鄧小平理論研究》。2005 年
　　第 6 期，80-83。

張登及，〈發展中的中共「大國外交」新構想──兼論對兩岸關係形成
　　的挑戰與契機〉，《中國事務》。2001 年第 3 期。

張雅君，〈中日關係的安全困境：國際體系與雙邊利益層面的分析〉，
　　《遠景基金會季刊》。2005 年第 6 卷，第 4 期，頁 139。

蘇長和，〈發現中國新外交──多邊國際制度與中國外交新思維〉，《世
　　界經濟與政治》。2005 年第 4 期，頁 1-6。

龐中英，〈亞洲地區秩序的轉變與中國〉，《外交評論》。2005 年第
　　83 期，頁 41-49。

「中國與西方七國綜合國力最新比較」課題組，〈中國與西方七國綜合
　　國力最新比較〉，《統計研究》。2000 年。

中國國際關係學會主編，《國際關係史》。2004 年第十一卷 1980-1989，
　　北京：世界知識出版社

三、網路資料來源

人民網。http://finance.people.com.cn/BIG5/1037/4011263.html/

中華民國經濟部。民國 90 年。〈中共改革開放二十年來經濟發展之研析〉。http://www.moea.gov.tw/~ecobook/ecotoday

中國期刊網。http://cnki.csis.com.tw/

中國商務部網站。http://big5.mofcom.gov.cn/

牟傳珩，2006，〈胡溫時代外交定位——中共四代外交探秘（之四）〉，新世紀網，http://www.ncn.org/asp/zwginfo/da.asp?ID=6

孫壯志，2006，〈上海合作組織的誕生和蓬勃發展並非偶然，而有其深刻的歷史必然性〉，新華網，http://gb.chinareviewnews.com/c

時殷弘，2003，〈中國的外部困難和新領導集體面對的挑戰——國際政治、對外政策、台灣問題〉，《戰略與管理》，第 3 期。

高秋福，2002，〈美國進軍中亞的如意算盤〉，《瞭望新聞週刊》，第 18 期。資料來源：http://photo.eastday.com/epublish/big5/

裴幸謙，2006，〈中國的和平發展不應有遺珠之憾〉，《中華歐亞基金會研究通訊》，9(2)，http://www.fics.org.tw/publications/m

黃琳，2005，〈解讀中國新外交戰略圖：全方位和平外交出現進展〉，《瞭望東方週刊》：http://big5.xinhuanet.com/gate/big5

毛澤東，1949，〈論人民民主專政〉，《毛澤東選集》第四卷，http://www.ahgzw.gov.cn/dangwei/m_wxuan/4_65.htm。

鄭必堅，2003，〈中國和平崛起新道路和亞洲的未來〉，學習時報，11 月 3 日，中國網 http://www.china.org.cn/chinese/zhuanti/hpdl/

盧俊偉，2003，《中共區域發展之政經分析 1949～2002》，台北：台灣大學政治學研究所碩士論文。

蕭全政，2004，〈論中共和平崛起〉，《政治科學論叢》，22: 1-30。

聯合報，2006 年 6 月 18 日，〈繼胡錦濤、李肇星後能源合作　溫家寶訪非洲七國〉，A13 版。

顏君聿，2006，〈國際能源爭奪方興未艾：中國能源佈局之啟示〉，《台灣經濟研究月刊》，29(10): 55-61。

簡淑綺，2005，〈中國大陸原油需求與油源外交之研究〉，《兩岸經濟統計月報》，153: 67-76，http://www.mac.gov.tw/big5/statist

美國尼克森研究中心 http://www.nixoncenter.org/

美國白宮 http://whitehouse.gov

美國在台協會 http://www.ait.org.tw/

美國參議院 http://www.senate.gov/index.htm

美國國土安全部 http://www.whitehouse.gov/homeland/

美國眾議院 http://www.senate.gov/index.htm

美國傳統基金會 http://www.heritage.org/

王輝青（孫子兵法研究會）。1999。〈從地緣政治到地緣經濟──論當代全球性戰略的基本趨勢〉。《大公報》。1999.4.14。http://.future-china.org.

林保華，2005，〈中國正在揚棄韜光養晦策略〉，《自由電子報》，2005年 8 月 15 日，http://www.libertytimes.com.tw/2005/new/

Thompson, Drew. 2004. "Economic Growth and Soft Power: China's Africa Strategy." Asiamedia, http://www.asiamedia.ucla.edu/articl

Landau, Saul. 2005. "Chinese Influence on the Rise in Latin America." Foreign Policy In Focus, http://www.fpif.org/commentary/2005/0506 chinese.html

Magnus, Ralph. 2006. " Middle East" Encyclopedia Americana, http://ea.grolier.com/cgi-bin/article?assetid=0269970-00.

四、英文書籍

Cass, Deborah Z., Brett G. Willams and George Barker. eds. China and the World Trading System-Entering the New Millennium. UK: Cambridge University, 2003.

Dougherty, James E., Robert L. Pfaltzgraff Jr. Contending Theories of International Relations-A Comprehensive Survey. New York: Longman, 2001.

Friedman, Thomas L. The Lexus and the Olive Tree: Understanding Globalization. New York: Farrar, Straus and Giroux, 1999.

Gilpin, Robert. Global Political Economy: Understanding the International Economy Order. New Jersey: Princeton University, 2001.

Hoekman, Bernard M. and Michel M. Kosteki. The Political Economy of the World Trading System: From GATT to WTO. Ithaca, New York: Cornell University, 1990.

Keohane, Robert O. After Hegemony: Cooperation and Discord in the World Political Economy. Princeton: Princeton Universiy——. International Institutions and State Power. Bouder Colorado: Westview Press, 1989 ——. and Joseph S. Nye. Power and Interdependence. Tonronto: Little, Brown and Company, 1977.

Lardy, Nicolas R. Integrating China into the Global Economy. Washington, D.C., Brooking Institution Press, 2002.

Smil, Vaclav, 2004. China's Past, China's Future － Energy, Food, Environment. New York: Routledge Curzon.

Arnold, Guy. 1994. The Third World Handbook. London: Cassell.

Braillard, Philippe & Djalili, Mohammad-Reza. 1986. The Third World and international relations. Boulder, Colo.: Lynne Rienner Publishers.

Kim, Samuel S. 1989. China and the world : new directions in Chinese foreign relations. Boulder : Westview Press.

Sevilla, Christina R.. 2003. "The WTO''s North-South Conflict: A Dangerous New (Old) International Economic Order?" The National International economic.　Spero, Joan Edelman 著，楊鈞池等譯，1994，《國際政治經濟學》，台北：五南。

王世誼，2003，〈論中共三代領導集體全球戰略觀的演變〉，《藍色戰

略──當代中國戰略研究》，http://www.54479.com/study/show

Blagov, Sergei."Shanghai Cooperation Organization Prepares for New Role", EurasiaNet.org, April 29, 2002.

Brzezinski, Zbigniew."The grand chessboard : American primacy and its geostrategic imperatives.", New York: Basic Books, 1997.

Huntington, Samuel."The Clash of Civilizations and the Remaking of World Order", Simonand Schuster, 1996, p.321.

Allen, Kenneth W. 2000. 'Senior Analyst, Asian Security Program, The Analytic Science Corporation, US'. "PRC Military Modernization

Blackwill, Robert D. and Dibb, Paul.2000. "America's Asian Alliances". The MIT Press Cambridge, Massachusetts. London, England.

Bush, George W. 2002a"The National Strategy for Homeland Security"The White House July 16, 2002. http://www.whitehouse.gov/hom

\Cohen, Willam. Secreatary of Defense S, 2000. "Annual Report to the President and the Congress" .http://www.defenselink.mil/execsec/

Gill, Azam. 2001. "Winds Change: Geopolitics and the World Order ". Writers Club Press. U.S.A.

Han Sung-joo. 2002. "U.S.-Asian Relations in 2001: Beyond Septemer 11". Brookings Center for Northeast Asian Policy Studies. Northeast Asia

Kim, Taeho. 2001. "The Bush's Administration and East Aian Security: Policy Priorities, the China Factor, and Future Outlood". "The 2nd Annual International Seminar on National Security & Military Strategy". Plibished by National Defense University. 2001/12/21.金泰虎。2001。〈布希政府東亞安全政策中的優先順位、中國因素與未來展望〉。《國防大學第二屆國家安全與軍事戰略國際學術研討會》。

Ahn, Byung-Joon. 2004. "The Rise of China and the Future of East Asian Integration", Asia-Pacific Review, Vol.11, No.2.

Barfield, Claude. 2004. "The United States, China and the Rise of Asian

Regionalism", paper delivered at the Western Economics Association Affair.

Economy, Elizabeth. 2005. "China's Rise in Southeast Asia: implications for the United States", Journal of Contemporary China, pp.409-425.

Vogel, Ezra F. 2004. "The Rise of China and the Changing Face of East Asia, Asia-Pacific Review, Vol.11, No.1.

Woo, Wing Thye. 2003. "The Economic Impact of China's Emergence as a Major Trading Nation"
http://www.econ.ucdavis.edu/faculty/woo/Woo.US-China%20statement.1Feb04.pdf

國家圖書館出版品預行編目

話中有劃——美中戰略經濟對話 / 翁知銘作.
-- 一版.- 臺北市 : 秀威資訊科技, 2009.06
　　面 ;　　公分. -- (社會科學類 ; AF0110)
BOD 版
參考書目 : 面
ISBN 978-986-221-233-2 (平裝)

1.中美關係　2.中美經貿關係　3.國家戰略

578.522　　　　　　　　　　　　　98008180

社會科學類　　AF0110

話中有劃——美中戰略經濟對話

作　　者 / 翁知銘
發 行 人 / 宋政坤
執行編輯 / 藍志成
圖文排版 / 陳湘陵
封面設計 / 蕭玉蘋
數位轉譯 / 徐真玉　沈裕閔
圖書銷售 / 林怡君
法律顧問 / 毛國樑　律師
出版印製 / 秀威資訊科技股份有限公司
　　　　　台北市內湖區瑞光路 583 巷 25 號 1 樓
　　　　　電話:02-2657-9211　　傳真:02-2657-9106
　　　　　E-mail:service@showwe.com.tw
經 銷 商 / 紅螞蟻圖書有限公司
　　　　　台北市內湖區舊宗路二段 121 巷 28、32 號 4 樓
　　　　　電話:02-2795-3656　　傳真:02-2795-4100
　　　　　http://www.e-redant.com

2009 年 6 月 BOD 一版
定價:330 元

讀　者　回　函　卡

感謝您購買本書，為提升服務品質，煩請填寫以下問卷，收到您的寶貴意見後，我們會仔細收藏記錄並回贈紀念品，謝謝！

1.您購買的書名：＿＿＿＿＿＿＿＿＿＿＿＿＿＿＿＿

2.您從何得知本書的消息？

　　□網路書店　　□部落格　　□資料庫搜尋　　□書訊　　□電子報　　□書店

　　□平面媒體　　□ 朋友推薦　　□網站推薦　□其他＿＿＿＿＿＿

3.您對本書的評價：(請填代號　1.非常滿意 2.滿意 3.尚可 4.再改進)

　　封面設計＿＿　 版面編排＿＿　 內容＿＿　 文/譯筆＿＿　 價格＿＿

4.讀完書後您覺得：

　　□很有收獲　　□有收獲　　□收獲不多　　□沒收獲

5.您會推薦本書給朋友嗎？

　　□會　　□不會，為什麼？＿＿＿＿＿＿＿＿＿＿＿＿＿＿＿＿＿

6.其他寶貴的意見：＿＿＿＿＿＿＿＿＿＿＿＿＿＿＿＿＿＿

＿＿＿＿＿＿＿＿＿＿＿＿＿＿＿＿＿＿＿＿＿＿＿＿＿＿＿

＿＿＿＿＿＿＿＿＿＿＿＿＿＿＿＿＿＿＿＿＿＿＿＿＿＿＿

＿＿＿＿＿＿＿＿＿＿＿＿＿＿＿＿＿＿＿＿＿＿＿＿＿＿＿

讀者基本資料

姓名：＿＿＿＿＿＿＿＿＿　年齡：＿＿＿＿　性別：□女 □男

聯絡電話：＿＿＿＿＿＿＿　E-mail：＿＿＿＿＿＿＿＿＿

地址：＿＿＿＿＿＿＿＿＿＿＿＿＿＿＿＿＿＿＿＿＿＿＿

學歷：□高中(含)以下　　□高中　　□專科學校　　□大學

　　　□研究所(含)以上 □其他＿＿＿＿＿＿＿

職業：□製造業 □金融業 □資訊業 □軍警 □傳播業 □自由業

　　　□服務業 □公務員 □教職　　□學生 □其他＿＿＿＿＿

To：114

台北市內湖區瑞光路 583 巷 25 號 1 樓

秀威資訊科技股份有限公司　　　收

寄件人姓名：

寄件人地址：□□□

(請沿線對摺寄回,謝謝!)

秀威與 BOD

BOD（Books On Demand）是數位出版的大趨勢，秀威資訊率先運用 POD 數位印刷設備來生產書籍，並提供作者全程數位出版服務，致使書籍產銷零庫存，知識傳承不絕版，目前已開闢以下書系：

一、BOD 學術著作—專業論述的閱讀延伸
二、BOD 個人著作—分享生命的心路歷程
三、BOD 旅遊著作—個人深度旅遊文學創作
四、BOD 大陸學者—大陸專業學者學術出版
五、POD 獨家經銷—數位產製的代發行書籍

BOD 秀威網路書店：www.showwe.com.tw
政府出版品網路書店：www.govbooks.com.tw

永不絕版的故事・自己寫・永不休止的音符・自己唱